LA BATAILLE DES CONVOIS DE MOURMANSK

DU MÊME AUTEUR

AUX PRESSES DE LA CITÉ :

La Bataille de Malte, 1940-1943.
La Bataille des Philippines, Leyte, 1944.
L'Aventure Kamikaze, 1941-1945.
Pearl Harbor, 1941. (A paraître en 1988.)

JEAN-JACQUES ANTIER

LA BATAILLE DES CONVOIS DE MOURMANSK

PRESSES DE LA CITÉ

ISBN : 2 - 266 - 01565 - 6

A Jeannine Balland
efficace et silencieuse
comme l'escorteur du cargo
dans la nuit arctique.

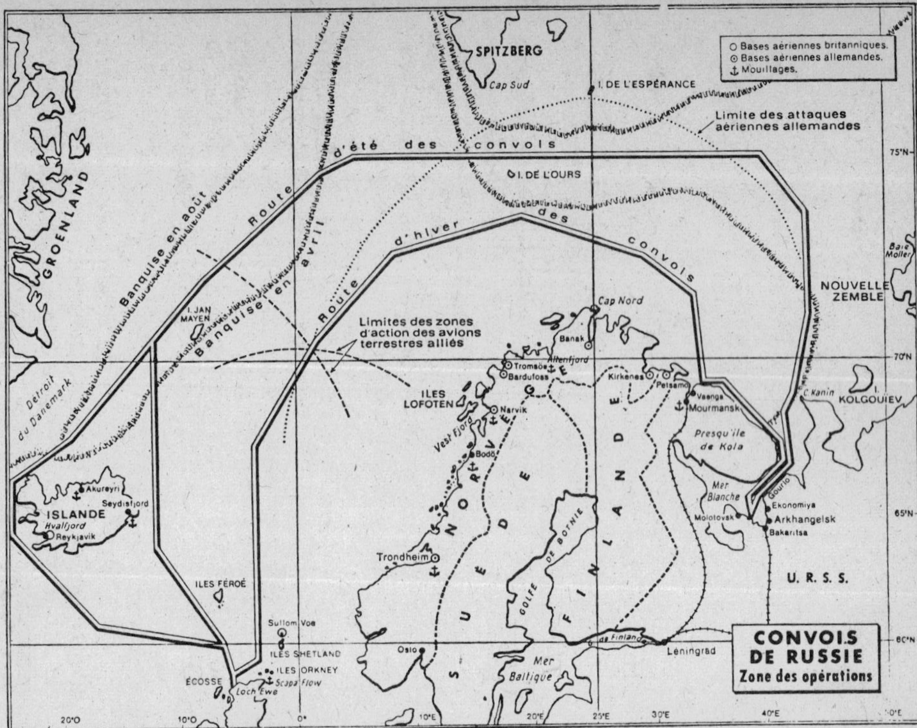

CONVOIS DE RUSSIE
Zone des opérations
○ Bases aériennes britanniques.
⊙ Bases aériennes allemandes.
⚓ Mouillages.
SPITZBERG
Cap Sud
I. DE L'ESPÉRANCE
Limite des attaques aériennes allemandes
Route d'été des convois
I. DE L'OURS
Route d'hiver des convois
Banquise en août
Banquise en avril
GROENLAND
Detroit du Danemark
I. JAN MAYEN
Limites des zones d'action des avions terrestres alliés
ILES LOFOTEN
Vest Fjord
Cap Nord
Banak
Altenfjord
Tromsöe
Bardufoss
Narvik
Bodö
Trondheim
Kirkenes
Petsamo
Vaenga
Mourmansk
Presqu'île de Kola
Mer Blanche
Molotovsk
Gourlo
Ekonomiya
Arkhangelsk
Bakaritsa
NOUVELLE ZEMBLE
Baie Möller
C. Kanin
I. KOLGOUIEV
U. R. S. S.
NORVÈGE
SUÈDE
FINLANDE
GOLFE DE BOTNIE
G. de Finlande
Léningrad
Oslo
Mer Baltique
ISLANDE
Akureyri
Seydisfjord
Hvalfjord
Reykjavik
ILES FÉROÉ
Sullom Voe
ILES SHETLAND
ILES ORKNEY
Scapa Flow
ÉCOSSE
Loch Ewe
75°N
70°N
65°N
60°N
20°O
10°O
0°
10°E
20°E
25°E
30°E
40°E
50°E

1

LE *TIRPITZ* A LA POURSUITE DU PQ-12

Le 13 novembre 1941, le grand quartier général de Hitler, à la Wolfschanze, était en ébullition.

– Monsieur le grand amiral, vous avez la parole.

– Mon Führer, j'ai abandonné l'idée de lancer le *Tirpitz* en raider dans l'Atlantique.

Un frémissement parcourut l'assistance. Du puissant général Jodl au modeste commandant Puttkamer, tous songeaient au cuirassé *Bismarck*, détruit en mai dernier par une attaque combinée de porte-avions, de cuirassés et de destroyers britanniques. L'amiral Reader, chef de la Kriegsmarine, poursuivit :

– Oui, Messieurs, je sais ce que vous pensez. Moi aussi je me souviens du *Bismarck*. Mais on ne peut pas laisser inactive la plus grosse unité de notre marine. Comme il faut stopper ces convois anglais de Mourmansk qui empêchent nos armées d'écraser l'Union soviétique, je souhaite reprendre la maîtrise de l'océan Glacial en basant le *Tirpitz* dans un fjord de Norvège.

Hitler murmura :

– La Norvège, la terre du destin! Oui, les Anglais débarqueront là! Eh bien, monsieur le grand amiral, je vais réfléchir à la question. C'est une lourde responsabilité!

Le 29 décembre 1941, Hitler et Raeder se retrouvaient face à face. L'amiral insista :

– Nos troupes de Norvège, uniquement ravitaillées par mer, sont à la merci d'une attaque de la Home

Fleet, qui pourrait couvrir un débarquement là où elle le voudrait. Non seulement la présence du *Tirpitz* et de quelques autres cuirassés l'en empêcherait, mais encore ces bateaux joueraient un rôle de fixation des forces navales ennemies qui devront alors retirer des cuirassés de la Méditerranée pour les baser à Scapa Flow. En outre, le *Tirpitz* se trouvera à un point idéal pour attaquer les convois de Russie. Je propose que ce cuirassé appareille de Kiel le 14 janvier.

– Vous avez mon accord.

C'est ainsi que le *Tirpitz* prit son mouillage dans le fjord de Trondheim. Le 23 janvier 1942 les Alliés, qui le cherchaient partout, le découvrirent enfin avec consternation, et arrêtèrent leurs convois de Russie.

En février, l'amiral Ciliax amena de Brest, jusqu'en mer du Nord, les cuirassés *Scharnhorst* et *Gneisenau*, puis la grande concentration nordique des cuirassés allemands se réalisa : le *Tirpitz* et le *Scharnhorst* à Trondheim, le *Scheer* et le *Lützow* à Narvik, des croiseurs et des torpilleurs.

A l'Amirauté de Londres, le Premier ministre britannique, sir Winston Churchill, fit irruption dans le bureau de l'amiral Pound, Premier lord de la Mer :

– Je considère cette affaire comme de la plus grande urgence et de la plus haute importance. Toute la stratégie de la guerre tourne autour de ces bâtiments, qui, en immobilisant quatre cuirassés britanniques et deux américains, nous font perdre la maîtrise du Pacifique et menacent à la fois les convois de l'Atlantique et de l'Arctique. La mise hors de combat du *Tirpitz* est impérative.

Sir Dudley Pound hocha la tête.

– En effet, sir Winston. Les convois de Russie sont les plus menacés, leur escorte serait détruite avant d'avoir pu tirer un coup de canon.

– Quand attaquez-vous le *Tirpitz*?

– Cette nuit même la RAF attaquera avec seize bombardiers. Mais il n'y a pas d'illusions à se faire, sa

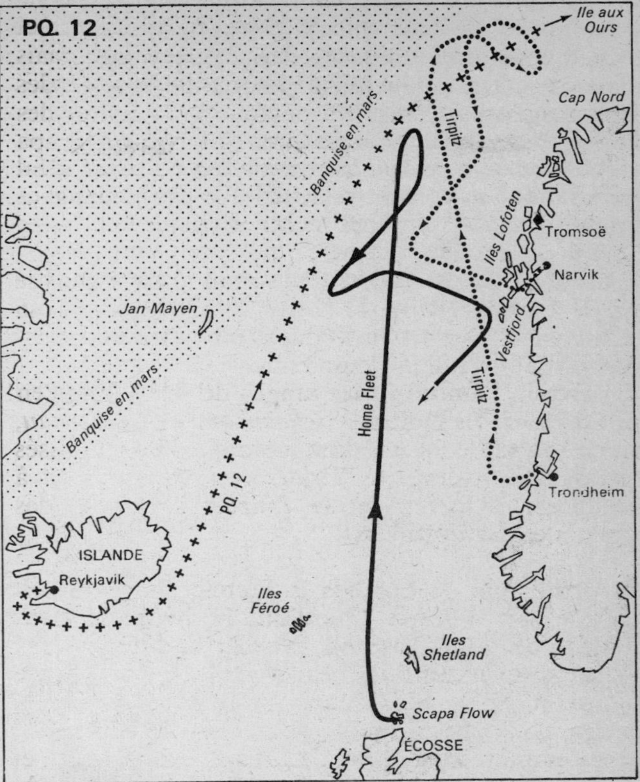

cuirasse est à l'épreuve de nos bombes. Seule une torpille pourrait l'endommager durablement; or il est impossible aux avions torpilleurs de lancer dans ce goulet étroit encadré de montagnes. En outre, le cuirassé est protégé par trois filets d'acier. Il faut attendre qu'il sorte de son repaire. Alors, la Home Fleet interviendra.

– Bien, dit Churchill. Mais pour qu'il sorte, il faut un appât. Reprenons les convois de Mourmansk.

Le 6 mars 1942, sur la passerelle du sous-marin britannique *Seawolf*, engagé dans le Frohavet, le bras de mer qui serpente entre les îlots défendant Trondheim, un veilleur crie :

– Escadre ennemie à tribord!

En trente secondes, le commandant Raikes a escaladé l'échelle verticale et se retrouve dans la baignoire. Mais c'est en vain qu'il tente d'apercevoir quelque chose. La brume et la neige masquent tout l'horizon.

– J'en suis certain, commandant : un grand bâtiment – sans doute le *Tirpitz* – flanqué de trois torpilleurs. Ils marchaient à grande vitesse, cap au nord-ouest.

– Bien. Impossible de les rattraper. Mais nous allons prévenir l'Amirauté.

Sur la passerelle du *Tirpitz*, l'amiral Ciliax ne détache pas son regard furibond de l'horizon noyé de brume d'où peut à tout instant surgir la torpille d'un sous-marin allié aux aguets. Cette sortie du plus puissant bâtiment de la marine allemande (1) pour tenter d'intercepter quelques cargos dans le désert glacé de l'Arctique lui semble une folie. Pire... une injure. Il croit encore entendre au téléphone la voix de son chef, le grand amiral Raeder, de son QG de Berlin, la veille au soir :

– Un convoi allié de quinze bateaux est signalé par la Luftwaffe à soixante-dix milles au sud de l'île Jan Mayen, route au nord-est. Appareillez, Ciliax, et détruisez-le!

– A vos ordres, amiral. Quelle est son escorte?

– Faible. Un croiseur et quatre destroyers ou corvettes. J'ai aussi donné l'ordre aux U-Boote de se porter à l'est du cap Nord pour torpiller les cargos qui pourraient vous échapper. Allez, Ciliax! Ce matériel de guerre de première importance ne doit pas parvenir

(1) Voir annexe 2.

aux Russes. Le Führer compte sur une victoire. Mais... ne prenez pas de risques, le *Tirpitz* est trop précieux!

A regret, l'amiral Ciliax avait aussitôt donné au commandant Topp l'ordre d'appareillage. Oui, le *Tirpitz* était trop précieux, il fallait le réserver pour l'attaque des Alliés contre la Norvège, qui ne manquerait pas de se produire. En outre, le combustible manquait. Jusqu'à l'attaque contre la Russie le 22 juin 1941, les Allemands avaient bénéficié, avec le pétrole roumain, de celui du Caucase, mais en si petite quantité! En attaquant son ex-allié russe, Hitler comptait bien s'emparer de tous ses champs de pétrole. Alors, l'Allemagne disposerait de l'indépendance énergétique et pourrait écraser l'Angleterre, son dernier adversaire. Mais ce plan, qui devait être réalisé en cinq mois, avait été retardé par la résistance opiniâtre des Russes. Les Allemands marquaient le pas devant Stalingrad, et, tout au nord, devant Mourmansk. Mourmansk, justement, la dernière base maritime russe avec sa voisine Arkhangelsk par où les Alliés ravitaillaient les Soviétiques! D'où l'ordre de Raeder d'intercepter ce convoi PQ-12, repéré de justesse par la Luftwaffe entre deux tempêtes de neige et des rideaux épais de brume.

Outre tous ces sous-marins alliés qui rôdaient dans les parages, se profilait la menace de la Home Fleet, la plus puissante flotte du monde, qui patrouillait en mer du Nord, prête à pousser des pointes sur la Norvège pour couper la route à toute escadre allemande qui se risquerait hors de ces fjords.

En effet, alerté de la sortie du *Tirpitz* par le *Seawolf*, l'amiral Tovey, qui avait pris la mer de Scapa Flow en vue de couvrir les passages simultanés du PQ-12 et du convoi de retour, le QP-8, fonçait maintenant à toute vitesse vers le nord-est, à la tête de trois cuirassés, deux croiseurs, du porte-avions *Victorious* et de douze destroyers. La partie semblait difficile. Au large de la Norvège, entre l'île Jan Mayen et l'île aux Ours, où Tovey comptait intercepter le *Tirpitz*, l'aviation alliée basée en Angleterre et en Islande n'avait plus un rayon d'action suffisant pour intervenir. Là, le ciel appartenait à la Luftwaffe, qui occupait tous les aérodromes norvégiens, et seule la présence du porte-avions rétablissait un certain équilibre. Il suffirait d'endommager le *Tirpitz*, de le ralentir, car il était plus rapide que les cuirassés britanniques, pour leur permettre de lui couper sa ligne de retraite. Ainsi avait péri le *Bismarck* dans l'Atlantique, en mai 1941.

Malheureusement, Tovey perdit en route deux croiseurs et deux destroyers par avarie de machines, rencontre d'une mine, heurt d'un iceberg ou recherche d'un marin tombé à la mer, autant d'impondérables imposés par les conditions de navigation du secteur.

Le convoi poursuivait sa route à dix nœuds, ignorant le péril mortel qui le menaçait. Seul le chef d'escorte avait été averti. On avait déjà bien assez à faire avec cette mer énorme, ces lames géantes qui balayaient les ponts encombrés d'avions en caisses et de chars d'assaut, ces embruns qui gelaient sur les superstructures, alourdissant dangereusement les cargos.

La journée du 6 mars s'écoula, puis vint la nuit. A l'aube, le *Tirpitz*, qui avait jusque-là navigué en longeant la côte, mit cap plein nord sur le grand large. Le temps se gâtait de plus en plus. Dans les giboulées de neige et les bancs de brume, le *Tirpitz* cherchait le convoi. Au sud-ouest, l'amiral Tovey, à bord du *King George V*, cherchait le *Tirpitz*.

La mer fumait. A l'avant, les torpilleurs allemands montraient leur quille dans les coups de roulis impressionnants. L'amiral Ciliax s'approcha du commandant Topp, visage buriné et cou de taureau, Topp dont le regard dur passait alternativement du ciel chargé de neige à la plage avant du cuirassé où déferlaient des paquets de mer jusqu'aux tourelles de 380. Deux pensées tendaient l'esprit des officiers, comme de tous les hommes à bord : où était le convoi, où était la Home Fleet?

– Commandant, croyez-vous qu'il soit possible de catapulter vos hydravions pour une reconnaissance?

Karl Topp se retourna et fixa froidement l'amiral. L'un et l'autre savaient : si les pilotes de ces légers appareils prenaient l'air si loin de leur base, ils n'auraient pas assez d'essence pour gagner la terre; tout amerrissage au large équivalait à la mort.

– Les pilotes sont à votre disposition, amiral!

Ciliax n'insista pas. Pourtant, combien les hydravions d'observation seraient utiles! Le 7 mars à midi, alors que le *Tirpitz* avançait dans une mer en apparence déserte, le convoi PQ-12, caché dans un épais grain de neige, défila à moins de soixante milles sur son arrière. Par une singulière malchance, le cuirassé venait de le manquer. Si les hydravions avaient pris l'air, ils auraient vu aussi, peu après, l'escadre de l'amiral Tovey avançant vers le *Tirpitz* canons battants, à seulement soixante milles au sud, prête à lui couper la retraite.

A 16 h 30, il y eut une courte éclaircie et, de la passerelle du torpilleur allemand *Friedrich Ihn* qui éclairait la route, on aperçut, menaçantes, les premières glaces de la banquise. Alors, on entendit à l'avant du torpilleur *Schoemann* un veilleur qui criait :

– Fumée à tribord!

Le convoi? Non. Seulement un cargo russe isolé, l'*Ijôra*, demeuré en arrière du convoi de retour QP-8 à cause d'une avarie de machines, mais qui fut pris pour un cargo du convoi montant annoncé.

Le *Schoemann* attaqua à la torpille. En catastrophe, les Russes larguèrent les baleinières et s'éloignèrent. Bientôt le cargo coula sur une mer encombrée de débris. Mais il avait eu le temps de lancer un appel de détresse, que capta l'amiral Tovey. Hélas, la position était incomplète! Le *Tirpitz* n'en était pas moins repéré, et la plus grande excitation régnait chez les Anglais, qui percevaient déjà des échos suspects dans les écrans de leurs radars.

A bord du *Tirpitz*, qui croyait avoir découvert le convoi, régnait la même excitation. Mais c'est en vain que les jumelles fouillèrent cette mer masquée par des tourbillons de neige et de brume. La nuit tomba.

– Amiral, le torpilleur *Friedrich Ihn* signale qu'il va être à court de combustible. Il demande l'autorisation de rentrer.

– Qu'il aille se ravitailler à Tromsoë.

Bientôt, les deux autres torpilleurs formulèrent la même demande au projecteur. Or il était impossible, avec ce temps, de mazouter comme prévu aux flancs du *Tirpitz*. Il fallait prendre une décision déchirante. Sans ses chiens de garde, le cuirassé se trouvait en danger d'être attaqué par des sous-marins ou des destroyers. Mais pouvait-on renoncer à ce convoi, là, presque à portée de la main! Il suffisait qu'un coup de vent dissipe cette brume, les hydravions d'observation prendraient l'air au petit matin et le repéreraient en moins d'une heure!

Ciliax, dans l'espoir d'une accalmie, conserva les deux torpilleurs toute la nuit. Or, au matin, la mer était aussi mauvaise.

– Les deux torpilleurs iront se ravitailler à Tromsoë. Le *Tirpitz* les accompagnera pendant quelques heures. L'escadre vira de bord et mit le cap au sud-est. La manœuvre allait à nouveau lui faire couper la route du PQ-12, qui défila à moins de cinquante milles et, une fois de plus, ne dut son salut qu'à la brume. Malgré l'ordre de l'Amirauté de passer au nord, le convoi se trouvait alors au sud-ouest de l'île aux Ours, à cause d'une accumulation menaçante d'icebergs. Par ailleurs, le mouvement vers l'est du *Tirpitz* éloignait du cuirassé la flotte britannique, qui, naviguant à quelque cinq cents milles dans le sud-ouest, avait elle aussi des problèmes de ravitaillement.

Le *Tirpitz* récupéra son premier torpilleur qui rentrait de Tromsoë, puis il remit le cap au nord à la recherche du convoi. Il n'était plus qu'à quelques dizaines de milles au sud de l'île aux Ours, lorsqu'à 11 heures l'amiral Ciliax reçut un message de l'amiral Raeder : « Cessez l'opération. » Aussitôt, le *Tirpitz* vira de bord et remit le cap sur Trondheim.

Les postes allemands de détection radiogoniométrique avaient enfin repéré l'escadre de l'amiral Tovey grâce à une indiscrétion radio volontaire, l'amiral n'ayant plus que ce moyen d'éloigner le *Tirpitz* du convoi. Il comptait ensuite lui couper la route du retour.

Dans cette mer démente où la visibilité, sauf exception, ne dépassait pas quelques milliers de mètres, rien n'était encore joué. Depuis deux jours, l'escadre de l'amiral Tovey briquait en vain la mer de Norvège à la recherche des Allemands. Où était le *Tirpitz*? Seule certitude, il n'avait pas attaqué le convoi, toujours silencieux. Toute la nuit du 8, tandis que les destroyers, malgré le danger des glaces, effectuaient des pointes très au nord, les cuirassés et le porte-avions balayèrent la mer à quinze nœuds.

Lorsque l'aube du 9 mars se leva, l'amiral Tovey ordonna le retour, et toute l'escadre, en bon ordre, remit le cap sur l'Ecosse. C'est alors qu'un message chiffré de l'Amirauté tomba : « Ennemi repéré au sud de l'île aux Ours. »

– Virez de bord! Cap au nord-est. Ordre à l'escadre : « Sus à l'ennemi! »

Ce fut seulement vingt heures plus tard que Tovey reçut de l'Amirauté l'information complémentaire indispensable : « L'ennemi fait route au sud. »

– Cap sur les îles Lofoten. On va lui couper la route!

A l'aube du 10 mars, le temps enfin se dégage. A bord du *Victorious*, un ordre retentit sur la passerelle :

– Lâchez les avions!

Quelques minutes plus tard, six Fairey Albacore de reconnaissance décollent dans un vrombissement furieux, suivis une heure plus tard de douze Swordfish armés de torpilles. Au cœur des pilotes bat l'ordre tant attendu : « Attaquez le *Tirpitz*! » avec ce message de l'amiral Tovey : « C'est une chance inespérée! Que Dieu soit avec vous! »

A 8 heures l'un des avions de reconnaissance clame sur les ondes :

– Cuirassé ennemi, flanqué d'un seul torpilleur, au large des Lofoten. Ils se dirigent à grande vitesse sur Trondheim.

– Bien reçu, on y va, répond laconiquement le chef de la flottille des avions torpilleurs, qui volent derrière.

A bord du cuirassé allemand fonçant dans un nuage d'écume vers son repaire en écrasant les murailles liquides qui se dressent sur son passage, le capitaine de corvette Schnarke aperçoit à bâbord les cimes neigeuses des îles Lofoten, sentinelles avancées de la Norvège, puis il regarde le ciel avec inquiétude; un ciel presque dégagé, strié seulement de quelques cirrus. « Le temps idéal d'attaque pour les porte-avions », songe le responsable de l'armement anti-aérien du cuirassé. Un armement formidable! Le *Tirpitz* est non seulement un affût de canons lourds capables d'envoyer à trente kilomètres des obus d'une tonne, mais aussi une batterie antiaérienne flottante : 16 pièces de 105 en affûts doubles, 16 canons jumelés de 37, et 48 de 20 à tir rapide (1)! De quoi créer un rideau mortel infranchissable.

Voire!

– Un avion à l'arrière! Un autre... Ils sont six!

Dans la tour de tir du *Tirpitz* le maître Finselberg a crié. Schnarke braque aussitôt ses jumelles au-delà de l'énorme sillage du cuirassé.

– Je les vois! Ce sont des mouchards. Catapultez deux hydravions. Alerte à la défense contre-avions!

Les sept cents hommes affectés aux canons antiaériens sont à leur poste. On capelle les casques, les culasses claquent, les servants approvisionnent les pièces. Tout est paré. Déjà, les deux hydravions du

(1) Voir annexe 2.

Tirpitz sont aux prises avec les Anglais, qui font demi-tour. L'un est touché et file au ras de l'eau en lâchant une traînée de fumée noire.

– Nouvelle vague d'avions au 320, distance 5 000 mètres. Ils attaquent!

Le lieutenant de vaisseau Spilss, l'adjoint du commandant DCA, les a repérés le premier. Des biplans, des avions torpilleurs Swordfish, ceux-là mêmes qui ont causé la perte du *Bismarck*! Le *Tirpitz* semble très menacé. Une seule torpille au but suffirait pour lui faire perdre son avantage de vitesse, permettant ainsi l'arrivée des cuirassés de la Home Fleet.

Alerté par l'officier de navigation Bidlinmaier, le commandant Topp vient de surgir sur la passerelle.

– J'ai mis le cap à l'est sur la côte, commandant. Vitesse trente nœuds.

Topp approuve d'un signe de tête.

– Des avions de porte-avions, n'est-ce pas? S'il n'y avait qu'eux! Mais les Anglais les font toujours escorter par des cuirassés. Dans quelques heures, nous aurons toute la Home Fleet sur le dos. Demandez l'intervention immédiate de la Luftwaffe; peut-être n'est-il pas encore trop tard...

Il se penche sur la carte.

– Là, les îles Lofoten. Nous allons essayer de passer par la Moskenesstraumen et de nous abriter dans le Vestfjord.

Bidlinmaier sursaute :

– Mais, commandant, on n'a jamais vu que des bateaux de pêche dans ce passage hérissé de récifs!

– C'est notre seul espoir.

L'amiral Ciliax arrive sur la passerelle. Il approuve.

A cet instant, on entend le sourd martèlement des pièces lourdes de la DCA, d'abord les 105, puis, au fur et à mesure que la distance diminue, les 37, enfin le tac-à-tac des canons de 20. Vacarme d'orage, ciel criblé d'éclatements.

On distingue au ras de la mer deux vagues d'assaut, de chacune six avions torpilleurs, l'une attaquant du nord, l'autre du sud. Le cuirassé ayant mis cap à l'est offre donc ses deux flancs à l'ennemi. A la lettre, il est pris en tenaille.

La première vague, gênée par le vent contraire, arrive par bâbord, accueillie par un feu meurtrier. Trois avions s'embrasent et s'écrasent dans la mer.

– Ils ont lancé!

Chaque avion a lâché deux torpilles, longs cylindres noirs qui tombent à l'eau dans un jaillissement d'écume et prennent leur immersion. De sa passerelle, le commandant Topp voit la traînée de bulles des sillages; les engins de mort foncent sur son bâtiment à quarante nœuds.

– La barre à tribord, toute!

Sous l'action du timonier Panje, le lourd cuirassé évolue avec une aisance stupéfiante, et présente son avant. Il file toujours trente nœuds.

Les torpilles défilent le long du bord à moins de vingt mètres, certaines vont même droit au but, mais en passant sous la quille ou en heurtant la coque sans exploser! Un cauchemar, dont les Allemands émergent sans trop croire encore à leur chance, car tout danger n'est pas écarté. D'autres sillages arrivent.

– A gauche 35, ordonne le commandant.

– Non! A droite toute! crie l'amiral.

L'homme de barre les regarde avec stupeur.

– Amiral, crie Topp, à bord de ce bâtiment, le commandant, c'est moi, et j'en assume la responsabilité. Homme de barre, à gauche toute!

Furieux, l'amiral s'éloigne vers l'extrémité de la passerelle, et Topp, menant son cuirassé comme un destroyer, lui fait effectuer un véritable gymkana.

La deuxième vague attaque par tribord. A nouveau la DCA se déchaîne. Comprenant que l'échec de leurs camarades est dû à un lancement trop éloigné, les pilotes anglais prennent encore plus de risques. Les torpilles lancées, les avions arrivent trop près pour éviter le monstre crachant sa mitraille par quatre-vingts bouches à feu. Avant d'avoir pu reprendre de l'altitude, ils survolent le *Tirpitz* et le mitraillent à leur tour. Les plus hardis sont désintégrés en plein vol.

Cette fois encore, les torpilles manquent leur but pourtant énorme, 241 mètres de long! Le commandant Topp est parvenu à temps à présenter l'étrave aux trajectoires mortelles: il semble aussi que des engins anglais soient défectueux. Il est vrai que cette mer démontée ne favorise pas une trajectoire rectiligne et les prises correctes d'immersion.

Enfin, les derniers avions s'éloignent, la DCA se tait. L'attaque a duré neuf minutes. Sur vingt-quatre torpilles, dix ont frôlé le bâtiment, deux au moins semblent l'avoir touché sans exploser!

L'amiral s'approche :

– Félicitations, commandant!

Puis il désigne la haute muraille menaçante frangée d'écume qui à l'avant barre maintenant tout l'horizon.

– Vous êtes toujours décidé à vous cacher dans ce nid de récifs?

– Oui, amiral; c'est notre seule chance. Les Anglais vont sûrement revenir. Tant qu'ils auront un avion capable de tenir l'air, ils attaqueront.

– Vous avez les cartes de cet archipel?

– Non. Aucun officier de navigation sensé n'aurait imaginé qu'on puisse aller pêcher par là!

– Bien, bien... Après tout, c'est vous qui êtes responsable de ce bâtiment. Moi, je ne suis que l'amiral!

Enfin, on découvre le passage étroit, à la pointe de Moskenesöy, entre des falaises abruptes, peuplées de myriades d'oiseaux de mer. Le *Tirpitz* s'y dirige lorsqu'un veilleur crie :

– Sous-marin à bâbord 35!

Presque aussitôt, on aperçoit le sillage des torpilles.

– La barre à droite toute!

Et une fois de plus l'étonnant bateau échappe à son destin. Le sous-marin russe posté devant les îles Lofoten a manqué son but.

A midi, le cuirassé franchit le Moskenesstraumen et, mettant le cap au nord vers Narvik, s'engage dans le dédale des chenaux. Lorsque les nouvelles vagues d'avions du *Victorious* se présentent – on avait chargé de bombes tout ce qui pouvait voler –, elles trouvent la mer vide.

A bord du *Tirpitz* maintenant à l'abri de ses filets pare-torpilles dans le Vestfjord, ses deux torpilleurs à couple tétant déjà goulûment son pétrole, on avait eu chaud. Hitler avait eu plus chaud encore. Les services d'écoute allemands avaient capté ce message britannique : « Le *Tirpitz* a été perdu de vue et probablement coulé. »

Le *Tirpitz* était sauf, mais le convoi aussi!

Tel fut le premier grand engagement provoqué par les convois de Mourmansk.

2

LA ROUTE DU GRAND NORD

Pour comprendre l'épopée des convois de Mourmansk, il faut retourner dix-huit mois en arrière, aux heures tragiques de la ruée allemande en Europe.

En 1940, toute la Norvège fut occupée. Ainsi donc, de la frontière russe sur l'océan Glacial Arctique à la frontière franco-espagnole, les Allemands tenaient toutes les côtes nord et ouest de l'Europe continentale, face à l'Angleterre, unique îlot de résistance.

Délaissant pour l'instant l'idée d'un débarquement dans les îles Britanniques faute d'une marine encore assez puissante, Hitler, qui espérait aussi négocier un jour avec l'Angleterre, se retourna en juin 1941 contre son allié Staline. Cette offensive brutale conduisit les Allemands jusqu'à soixante-dix kilomètres de Mourmansk et ne fut stoppée que par l'hiver et les difficultés du ravitaillement. Devant Mourmansk comme devant Stalingrad et Moscou, les trois clés de la percée allemande, les forces en présence se préparèrent.

Sans l'Angleterre, le sort de la Russie était scellé. Et, bien qu'hostile à l'idéologie communiste, Churchill savait qu'il ne pourrait pas battre l'Allemagne nazie sans l'aide des Russes, les Américains n'étant pas encore prêts à une guerre mondiale.

Hanté par le spectre de Hitler, Churchill ne craignait que modérément Staline, en qui il avait vu, dès 1938, le seul contrepoids sérieux contre le déferlement prévisible des armées allemandes. A peine nommé Premier ministre, en septembre 1939, il avait ordonné à l'Amirauté de travailler au plan Catherine : une flotte britannique basée à Cronstadt assurerait aux Anglo-Russes la maîtrise de la Baltique. Mais la Russie commit la faute de s'allier à Hitler. Aussi lorsque le 22 juin 1941 cent cinquante-trois divisions allemandes envahirent l'URSS, Churchill respira. Puis, devant la déroute de l'armée Rouge, il s'inquiéta. Une fois maître des champs de pétrole du Caucase, Hitler risquait de consentir à l'Union soviétique une paix séparée, comme celle de Brest-Litovsk en 1917.

Dès le 22 juin, Churchill avait prononcé au micro de la BBC un discours qui allait changer la face du monde :

« Depuis vingt-cinq ans, personne n'a été plus que moi l'adversaire irréconciliable du communisme. Mais tout s'efface devant ce qui se passe actuellement. Le passé disparaît avec ses crimes, ses folies, ses tragédies. Je ne vois plus que des soldats russes à la frontière de leur patrie défendant la terre que leurs aïeux ont cultivée depuis un temps immémorial. Il me faut annoncer la décision prise par le gouvernement de Sa Majesté, car il est nécessaire de nous déclarer immédiatement, sans attendre un seul jour : quiconque entre en lutte contre le nazisme recevra notre appui. Quiconque marche aux côtés d'Hitler est notre ennemi. Nous apporterons donc à la Russie tout l'appui que nous pourrons lui fournir. Nous demandons à nos alliés de faire de même, et de le faire comme nous, fidèlement et sans faillir, jusqu'au bout. »

Un mois plus tard, après l'occupation des pays Baltes et la rupture de la ligne Staline, les Etats-Unis emboîtaient le pas, comprenant qu'une capitulation de l'Union soviétique et la jonction de l'Allemagne avec l'empire nippon feraient de Hitler le maître de la moitié du monde. Le 28 juillet, un hydravion Catalina déposait à Arkhangelsk l'envoyé spécial du président Roosevelt, Harry Hopkins. Deux jours plus tard, après une longue traversée en chemin de fer, il se trouvait à Moscou, face à Staline.

Le discours enflammé de Churchill à la BBC avait

stupéfié le maréchal. Craignant une ruse de celui qu'il considérait avec raison comme un ennemi majeur du communisme, il n'avait pas répondu. Alors, Churchill lui avait écrit :

« Nous vous apporterons tout l'appui que nous permettront le temps et la situation géographique. »

Et maintenant, l'envoyé spécial de Roosevelt était là, au Kremlin! Le maréchal considéra avec curiosité l'Américain.

– Donnez-nous d'abord des canons antiaériens pour stopper les attaques incessantes de la Luftwaffe.

– Combien?

– Vingt mille pièces, de 20 à 100 mm.

L'envoyé de Roosevelt ne broncha pas. Peu à peu, Staline sortit de sa réserve. La passion de défendre son pays et la haine des Allemands étaient plus fortes que la haine politique qui le dressait contre ces Anglo-Américains capitalistes qui jadis avaient apporté toute leur aide aux ennemis de la révolution bolchevique.

– Ensuite, il me faut des mitrailleuses lourdes pour défendre nos villes. Et des fusils.

– Combien?

– Un... un million de fusils. Plus si possible.

Imperturbable, Hopkins écrivait.

– C'est tout, monsieur le maréchal?

– C'est tout pour ce qui est urgent. Mais on aura besoin aussi d'essence d'avion, d'aluminium pour les constructions aéronautiques, trente mille tonnes par mois, et d'acier pour construire les chars.

– Ce serait encore plus rapide de vous livrer les avions et les chars.

– Ah!

Staline croyait rêver. « Ils me haïssent, pensait-il. Ils voudraient me voir crever dans une mine de sel. Mais ils savent que sans moi Hitler ne sera jamais vaincu. »

Il jubilait. Cette joie sauvage n'échappa pas à Hopkins, mais l'Américain n'en laissa rien paraître.

– Combien d'avions, de chars?

– Quatre cents avions et cinq cents chars... par mois.

– Est-ce tout, monsieur le maréchal?

– Ah! des petits bâtiments de guerre; et aussi des camions, des jeeps, des motos; du caoutchouc, des médicaments, des vivres; et encore, des locomotives, des wagons, des téléphones de campagne.

Il parlait, il parlait. On eût dit un enfant heureux préparant sa liste au Père Noël. Et Hopkins notait. Soudain, le visage de Staline se ferma. Une sorte de détresse insondable se peignit sur sa face rusée de Mongol.

– J'ai encore autre chose à vous demander.

– Je vous en prie.

– Des bottes! Nos soldats se battent pieds nus dans la neige.

– Combien?

– Quatre cent mille paires... par mois. Nous payerons! L'Union soviétique a de l'or! L'or des tsars!

– Nous n'avons jamais envisagé notre aide sous cet angle, ni pensé à une rémunération. Le président étudie une formule prêt-bail, comme pour les Anglais. Au titre privilégié d'allié, vous pourriez recevoir pour un milliard de dollars de marchandises, comptabilisé comme prêt sans intérêt.

– Un milliard de dollars!

A nouveau, Staline ferma les yeux. Pour la première fois, il voyait clairement la défaite de Hitler, et l'armée Rouge triomphante faisant claquer ses bottes (américaines!) sur le pavé de Berlin écrasé. Hopkins le ramena à la dure réalité.

– Maintenant, il faudra transporter tout ce matériel! La totalité de notre capacité marine marchande est accaparée pour ravitailler l'Angleterre; quant à notre marine de guerre, nous ne pouvons pas dégarnir le Pacifique et l'Atlantique où pèsent de lourdes menaces.

– Bien, dit Staline. J'en parlerai à Churchill.

Staline avoua alors à Churchill qu'une menace mortelle pesait sur l'URSS, car les Allemands avaient déjà occupé la Russie occidentale où se trouvaient presque toutes les usines de guerre. Le matériel russe détruit au front n'étant plus renouvelé, l'effondrement paraissait inévitable.

Etant acquise l'aide américaine, Churchill, malgré l'état critique de l'Angleterre, accepta d'organiser les convois de Mourmansk. Ce détournement du flot vital des convois d'Amérique qui ravitaillaient l'Angleterre fut vraiment un choix douloureux et crucial. Il fallait d'abord donner au peuple russe l'impression qu'il n'était pas abandonné. Dans ses harangues au conseil des chefs d'état-major, Churchill, pour faire taire les récriminations occasionnées par le manque de matériel de guerre, osa lancer :

– Il faut aussi alimenter les armées soviétiques par un flot de fournitures, car leur défaite libérerait la masse des armées allemandes pour agir contre nous.

– Que réclame le maréchal Staline?

– Quatre cents avions et cinq cents chars... *par mois*, dans l'immédiat; ainsi que des véhicules militaires pour redonner sa mobilité à l'armée Rouge.

Un concert de protestations interrompit le Premier ministre.

– Nous manquons d'avions pour défendre l'Angleterre! Après tout, la Russie envahie par Napoléon s'était tirée d'affaire seule!

– Aucune comparaison avec la guerre moderne. Je vous le dis, la situation militaire et économique de l'Union soviétique est désespérée. Il n'existe plus de lignes de communication avec le front, faute de camions. Il en faudrait cent mille! Les soldats combattent pieds nus dans la neige; ils meurent de froid et de faim, il faudrait des centaines de milliers de tonnes de conserves, de vêtements, de chaussures.

– Le peuple anglais aussi a faim.

– L'Amérique nous aidera. Tout doit être tenté pour permettre à l'ours soviétique, rendu groggy par l'attaque allemande, de retrouver son souffle. Il faut lui saisir la patte gauche dans la mer Noire, et la patte droite dans la mer Blanche (1)!

(1) Mémoires de sir Philip Vian, amiral de la flotte.

Le conseil acquiesça. Puis un marin demanda :

– Pourquoi Mourmansk et Arkhangelsk? Certes, le ravitaillement avait ainsi été assuré en 1914-1917, mais les Allemands n'occupaient pas alors la côte norvégienne, et l'aviation maritime était inexistante. Pourquoi ne pas passer par le golfe Persique ou par Vladivostok?

– Ce port est trop éloigné des fronts occidentaux, et la voie unique du Transsibérien serait saturée. Quant au golfe Persique, cela nécessiterait, à moins d'un énorme détour par l'Afrique, de passer par la Méditerranée, où nos convois sont harcelés par les U-Boote. Et il n'existe aucun port assez vaste dans le golfe Persique, il faudrait le construire, ainsi qu'une voie ferrée vers l'URSS à travers l'Iran, qui nous est hostile. Cependant, nous étudierons toutes ces possibilités (1). Dans l'immédiat, il faut profiter de ce que l'Arctique est vide d'Allemands pour y faire passer nos cargos.

Alors, tout se déroula très vite.

Futur amiral de la flotte, le capitaine de vaisseau Philip Vian, brillant officier, s'était illustré dans la protection des convois de Malte comme chef de la quatrième flottille de destroyers. Le 12 juillet 1941, il venait d'être nommé contre-amiral lorsqu'il reçut un télégramme lui ordonnant de se présenter sans délai au Premier lord de la Mer. Il raconte dans ses mémoires :

« J'entrai le lendemain dans le bureau de Sir Dudley Pound et l'y trouvai avec le général Golikov, sous-chef d'état-major soviétique, qui devait devenir le héros de Kiev et maréchal. L'amiral m'expliqua que Golikov était envoyé à Londres par Staline pour réclamer de l'aide. »

Les Russes voulaient non seulement du matériel de

(1) Plus tard, une grosse quantité de matériel passera effectivement par l'Iran et Vladivostok.

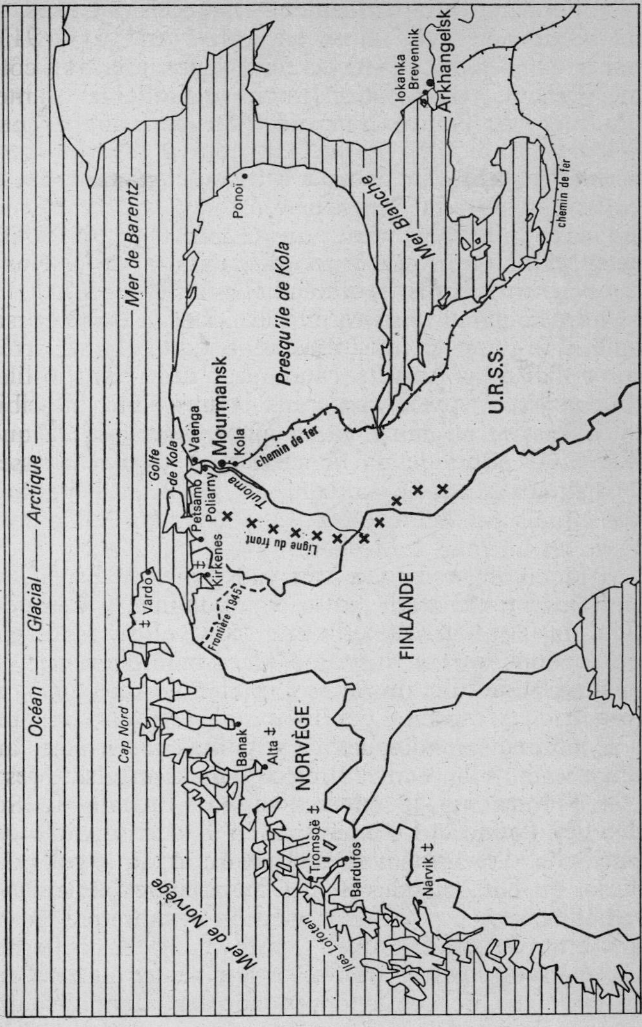
Océan Glacial Arctique
Mer de Barentz
Mer de Norvège
Golfe de Kola
Cap Nord
Vardo
Kirkenes
Petsamo
Poliarny
Vaenga
Mourmansk
Kola
Tuloma
chemin de fer
Presqu'île de Kola
Ponoï
Mer Blanche
Iokanka
Brevennik
Arkhangelsk
chemin de fer
Ligne du front
Frontière 1945
FINLANDE
U.R.S.S.
NORVÈGE
Banak
Alta
Tromsoë
Bardufos
Narvik
Iles Lofoten

guerre, mais une escadre basée devant Mourmansk pour stopper le ravitaillement continuel des armées allemandes qui, via les chenaux de Norvège, passait par le cap Nord. Cette escadre couvrirait aussi la deuxième partie du trajet des convois alliés.

– Bien, dit Pound. L'amiral Vian ira examiner sur place si votre base navale est apte à recevoir nos bâtiments, et il ira d'abord à Moscou en discuter avec votre chef, l'amiral Kuznetsov.

Deux jours plus tard, un Catalina de la RAF décollait de Greenock, emportant l'amiral et les Russes pour un périple dangereux vers Arkhangelsk.

Les Allemands tenaient tout le ciel de la Norvège et, au risque de se perdre, l'hydravion dut déjouer leur surveillance en volant très au large, à deux cents milles du cap Nord. Après vingt-deux heures d'un vol presque constant au-dessus des nuages, donc aux instruments, le pilote piqua vers la terre, trouva la mer Blanche et se posa à Arkhangelsk, ce qui, à l'époque, constituait un bel exploit. Le lendemain un avion russe les amenait à Moscou.

« Le commissaire à la Marine Kuznetsov avait l'air sinistre et n'admettait pas la contradiction. » L'entretien fut assez tendu. En bref, Kuznetsov pensait : « J'espérais voir arriver une escadre britannique, et on m'envoie un amiral qui prétend inspecter nos ports! »

Il donna néanmoins les autorisations nécessaires. Le lendemain, Vian était de retour à Arkhangelsk. Mais c'est Mourmansk, le seul port russe de l'Arctique libre de glace l'hiver, qui l'intéressait. Il voulait savoir si ce port et la base aéronavale de Polyarnoë, sur le golfe de Kola, étaient défendus contre les attaques aériennes.

Ils l'étaient si peu que la mission britannique, pour s'y rendre, dut embarquer à bord d'une escadrille de six chasseurs russes. Couchés à plat ventre au fond de la carlingue de cet avion monoplace, dont chacun emmenait un Anglais ou un accompagnateur russe, Vian et ses compagnons crurent bien leur dernière heure arrivée. On était en pleine zone de combats, il fallut déjouer la surveillance des Allemands maîtres de l'espace aérien, les chasseurs se perdirent et la moitié seulement, dont celui de l'amiral, aperçurent enfin Polyarnoë dans une trouée de nuages. Il était temps, les réservoirs étaient presque à sec!

On allait atterrir lorsqu'un raid de bombardiers allemands attaqua la base. Fortement escortés de chasseurs, ils engagèrent le combat contre les trois uniques avions qui défendaient le secteur, et l'un d'eux se fit descendre sur la piste même où l'avion de Vian, à court d'essence et criblé de balles, se posa enfin. Ecœuré, l'amiral anglais s'écria :

– J'ai compris! Mourmansk n'est pas défendu. Nous perdons notre temps ici!

En parcourant la base de Polyarnoë, la consternation de l'amiral Vian ne fit que croître.

En vain cherchait-il des yeux les indispensables escorteurs. Il n'y en avait pas. Enfin, il découvrit quelques sous-marins et demanda à l'amiral russe qui commandait la base :

– Vous permettent-ils d'interrompre le ravitaillement ennemi?

– *Niet!* Leurs équipages sont novices, ils n'ont pas la préparation suffisante.

Vian repartit pour l'Angleterre lesté d'un énorme pot de caviar, et, après le même dangereux périple, se présenta quelques jours plus tard à Londres devant la conférence des chefs d'état-major.

– Pas question d'envoyer des bâtiments de surface pour opérer à partir de la baie de Kola, du moins l'été. Les Allemands ont leurs aérodromes à cinquante kilomètres et la mer est truffée de U-Boote. Polyarnoë n'a ni défense anti-sous-marine ni guet antiaérien. Et pourquoi envoyer des croiseurs alors qu'il n'y a pas sur mer de bâtiments de surface allemands? Contre les convois ennemis, il faut envoyer un ou deux sous-marins pour aider les submersibles russes.

Les chefs d'état-major approuvèrent et emmenèrent le lendemain l'amiral Vian à la réunion du cabinet de guerre, présidée par M. Attlee. Pas de bateaux? Eden, ministre des Affaires étrangères, protesta. Il voulait qu'on donne satisfaction aux Russes, même si l'on perdait quelques bateaux. C'était une question de principe. Mais les chefs d'état-major maintinrent leur position.

Pour se dégager, Eden, qui avait promis une escadre à l'ambassadeur russe à Londres, Mainsky, emmena Vian chez Mainsky, qui s'obstina : Eden avait promis, on attendait les bateaux. Et pas un jour à perdre!

Alors les chefs d'état-major firent adopter un compromis. Les Anglais enverraient immédiatement deux sous-marins dans l'Arctique, et un pétrolier au Spitzberg pour ravitailler une escadre qui opérerait ultérieurement dans l'Arctique, sous le commandement de Vian. Ce qui fut fait. Mais on se rendit compte que les croiseurs de Vian, opérant sans couverture aérienne en face des aérodromes allemands de Norvège, couraient un danger mortel et on les ramena vite en mer du Nord.

Cependant, les premiers convois vers Mourmansk appareillaient. Les cargos étaient livrés presque sans protection à la Luftwaffe, mais Churchill et Roosevelt avaient tenu parole, l'Angleterre et les Etats-Unis aidaient la Russie au moment le plus tragique de son histoire.

Ainsi fut signé entre Staline, Harriman et lord Beaverbrook le protocole de Moscou : un milliard de dollars de matériel à livrer avant fin 1942, dont quatre cents avions et cinq cents chars Sherman chaque mois. Règlement : partie comptant en or, partie avec un prêt sans intérêt, remboursé cinq ans après les hostilités.

Le premier convoi, non immatriculé, appareilla d'Islande le 21 août 1941 (1). Il comptait sept cargos transportant des armes, des matières premières straté-

(1) Le premier envoi d'armes anglaises remonte à juillet 1941 : un cargo avait apporté des mines à Arkhangelsk. Voir annexe 1.

giques, de la laine pour habiller les soldats, et quinze chasseurs Hurricane destinés à remplacer les pertes éventuelles de la 151e Escadrille de la RAF, vingt-quatre chasseurs embarqués à bord du porte-avions *Argus*, et envoyés pour défendre Mourmansk, à partir de la base aérienne voisine de Vaenga. Dès qu'ils furent à portée de vol, les chasseurs décollèrent, et l'*Argus*, ainsi que les cargos poursuivirent leur route sur Arkhangelsk, qui, plus éloigné du front, se trouvait moins exposé aux attaques de la Luftwaffe.

A la grande surprise des Alliés, l'affaire se passa sans une perte; l'escorte éloignée, qui comptait un porte-avions, deux croiseurs et six destroyers, n'eut pas à intervenir, les Allemands n'eurent même pas connaissance du convoi et c'est avec stupeur que quelques jours plus tard les pilotes de la Luftwaffe virent surgir dans le ciel russe les chasseurs britanniques.

Parallèlement, les sous-marins anglais *Trident* et *Tigris* attaquaient efficacement les transports allemands qui, le long de la côte norvégienne, ravitaillaient l'armée.

Le second convoi (PQ-1, dix cargos), se glissant en silence le long de la banquise, apporta le 11 octobre 1941 à Arkhangelsk le matériel de guerre le plus urgent. Puis le croiseur *Suffolk*, qui conduisait l'escorte, embarqua dix tonnes d'or en barres, frappées du double sceau : l'aigle bicéphale des tsars et la faucille et le marteau de l'Union Soviétique, qu'il déchargea à Scapa Flow après avoir couvert le convoi QP-2 de retour. Devant Mourmansk, la ligne de résistance russe se renforça, et les Allemands, qui comptaient absolument l'enfoncer avant l'hiver, échouèrent dans leurs attaques.

Pour les Russes, il était temps. En octobre, Leningrad était assiégée et les Allemands n'étaient qu'à cinquante kilomètres de Moscou; la situation générale parut si dramatique que Churchill accepta d'envoyer un convoi tous les dix jours. Mourmansk bien retranché, il s'agissait toutefois d'écouler le matériel à plus de mille kilomètres vers les autres fronts, devant

Leningrad et Moscou. Comprenant qu'ils étaient en train de perdre une chance décisive d'en finir, les Allemands parvinrent, dans des combats furieux, à couper la voie ferrée Mourmansk-Leningrad. Aussitôt les Russes construisirent un embranchement qui relia Mourmansk à Arkhangelsk, elle-même reliée au réseau général russe.

Il ne fait aucun doute que les chars et les avions anglais qui parvinrent alors à Moscou sauvèrent la capitale lors de l'assaut furieux des Allemands. Fin 1941, l'Union soviétique avait reçu 750 chars, 800 chasseurs, 1 400 véhicules et 100 000 t d'approvisionnement d'urgence. 59 bateaux en 8 convois avaient réussi cet exploit malgré les difficultés de l'hiver polaire, et un seul cargo fut coulé (par un sous-marin), un autre dut faire demi-tour, endommagé par la tempête, 5 autres furent bloqués par les glaces.

Si Churchill avait pu voir la rage de Hitler, quel plaisir en eût-il tiré! Le 13 novembre 1941, le grand amiral Raeder se présenta au quartier général du Führer. Lui aussi n'apportait que de mauvaises nouvelles :

– L'armée n'ayant pas réussi, comme je le demandais, à s'emparer de Mourmansk, les cargaisons de matériel de guerre y affluent.

Hitler l'interrompit.

– Je ne le sais que trop! Nos armées piétinent devant Moscou, l'hiver arrive et il me faut renoncer cette année à emporter la capitale. Tout mon plan est bouleversé qui consistait à neutraliser la Russie en 1941 pour pouvoir rapidement régler son compte à l'Angleterre avant que les Etats-Unis n'entrent en guerre.

Raeder tenta de l'apaiser :

– Les Anglais ont envoyé moins de cargos qu'on aurait pu le craindre. Cependant, l'hiver qui arrive va leur être favorable. Dans la longue nuit arctique, avec ses brumes et ses tempêtes de neige, nos sous-marins et nos avions seront paralysés. Au moins faut-il d'urgence renforcer la reconnaissance aérienne au large des côtes norvégiennes.

Hitler murmura :

– Oui, monsieur le grand amiral. Je dirai au maréchal Goering de faire le nécessaire.

– Jusqu'ici, il s'est opposé à toutes mes demandes et nous payons cruellement l'absence d'aviation navale dont ses principes centralisateurs ont privé l'Allemagne. En outre, il nous faut un cuirassé embusqué dans les fjords pour attaquer les convois.

Hitler, qui, depuis la destruction du *Graf Spee* à Montevideo et du *Bismarck* dans l'Atlantique, n'aimait pas exposer ses cuirassés, grogna :

– Oui, oui; on verra...

– Il nous faut le *Tirpitz*, mon Führer. On le mettra en état d'affronter les rigueurs de l'Arctique.

– Le *Tirpitz*? Pas question! Je le réserve pour écumer l'Atlantique.

– Impossible! On n'a que 116 000 t de mazout en réserve. Le cuirassé de poche *Scheer*, qui brûle du gazole, fera l'affaire dans l'Atlantique.

– Non! Je ne risquerai pas le *Scheer* dans l'Atlantique, il se ferait détruire comme le *Graf Spee*. Le *Scheer* ira en Norvège, où vous pourrez aussi envoyer torpilleurs et sous-marins.

L'arrivée en Norvège de cinq contre-torpilleurs, très supérieurs à l'escorte classique qui flanquait les convois, fit peser sur ceux-ci une sérieuse menace. Ces escorteurs avaient à résoudre la quadrature du cercle... polaire. Capables de couvrir en ligne droite tout le trajet (1 700 à 2 000 milles), ils manquaient de combustible dès lors qu'ils devaient chasser les sous-marins, le ravitaillement en mer au pétrolier suiveur s'avérant trop souvent impossible dans cet océan perpétuellement agité.

En arrière-plan, l'amiral Tovey s'apprêtait à intervenir avec ses cuirassés, mais l'usure des bâtiments et des hommes était telle en hiver qu'on ne parvenait pas à maintenir le rythme d'un convoi tous les dix jours promis par Churchill à Staline. Un rythme bimensuel était le maximum, mais, grâce à l'hiver arctique, seuls les U-Boote pouvaient intervenir. Dans ces conditions inhumaines, cinq cargos du PQ-6 furent en décembre 1941 pris par les glaces en pleine banquise et bloqués sur place plusieurs mois! Et le 23 décembre, Arkhangelsk était bloqué à son tour.

Dès lors, les convois reçurent l'ordre de se disloquer après l'île aux Ours, chaque cargo, sans protection, gagnant isolément Mourmansk. C'est ainsi que fut coulé le cargo *Waziristan* par l'*U-134*, premier d'une longue série de victimes.

Au cours de cet hiver terrible, des forces gigantesques se mirent en place.

Parce qu'il redoutait une invasion de la Norvège – à laquelle Churchill songeait effectivement (1) –, Hitler avait enfin accepté de transférer ses cuirassés en Norvège. Tandis que ces forces s'embusquaient dans les fjords (Trondheim, Narvik et l'Altafjord étant les bases principales des cuirassés, Bergen, Trondheim, Kirkenes et Tronmsoë celles des sous-marins et des torpilleurs), la Luftwaffe occupait six bases aériennes tout le long de la côte, du cap Nord à Narvik (2).

Face à cette énorme menace qui pesait sur les convois, les Alliés, déjà accaparés en Méditerranée et dans le Pacifique, comptaient leurs maigres forces. Il fallait deux ou trois cuirassés pour s'opposer au *Tirpitz* qui, de toute manière, le plus rapide et le plus puissant bâtiment de ligne occidental (3), conservait la décision. Aussi la Home Fleet, qui devait garder un œil sur l'Atlantique et redoutait en outre l'aviation allemande, avait ordre de ne pas s'engager trop au

(1) Plan Jupiter. Dès l'entrée en guerre des Américains (décembre 1941), Churchill supplia Roosevelt d'attaquer en même temps au nord et au sud, « pour poser notre griffe droite sur l'Afrique du Nord, et, de notre gauche, arracher le cap Nord ». Les Américains s'y opposèrent. Ils n'avaient pas pour Staline la même sympathie que Churchill!

(2) Cependant, les Allemands avaient commis une faute grave en 1940 en n'occupant pas les îles Féroé et surtout l'Islande, qui allait devenir la base de regroupement avancée des convois alliés et celle de l'aviation navale.

(3) Les Japonais possédaient deux cuirassés de 60000 t armés de 406.

nord-est. Elle resta basée à Scapa Flow au nord de l'Ecosse, avec un relais en Islande, faute d'une base protégée en face de Mourmansk, le Spitzberg étant inutilisable.

Car la Luftwaffe possédait la maîtrise de l'air, du cap Nord à la banquise, alors que les appareils du Coastal Command britannique, basés au plus près en Islande, ne pouvaient pas opérer à plus de cent milles à l'est de l'île Jan Mayen (au tiers du trajet des convois), et même beaucoup moins pour la chasse, dont le rayon d'action utile ne dépassait pas alors cent cinquante milles. L'aviation russe étant inexistante au large, il aurait fallu deux porte-avions, mais les Alliés n'en disposaient plus pour l'Arctique. Les Américains étaient aux prises avec les Japonais, les Anglais défendaient désespérément Malte, clé de la Méditerranée (1).

La Luftwaffe maîtresse du ciel au large des côtes norvégiennes, les U-Boote y avaient aussi l'avantage, faute d'escorteurs alliés en nombre suffisant.

Une dramatique partie d'échecs allait se jouer.

(1) Voir, du même auteur, aux Presses de la Cité, *La Bataille de Malte*.

3

DE GREENOCK AU LOCH EWE

Un à un, venant de tous les ports de la côte ouest britannique ou par convois d'Amérique, les cargos affluaient à Greenock, grand port marchand de la côte ouest de l'Ecosse, sur l'embouchure de la Clyde, truffée de chantiers navals et de docks.

En ce mois de mars 1942, l'immense baie du Firth of Clyde était bourrée de centaines de navires de toutes nationalités au mouillage : cargos ventrus, élégants paquebots transformés en transports de troupes, escorteurs de convois, pétroliers ravitailleurs, caboteurs en tout genre.

John Sister, matelot à bord du cargo américain *Expositor*, attablé dans un pub dont la terrasse ouvrait sur le port, interpella d'un air dégoûté un col bleu de la corvette FNFL *Aconit*, qui venait de s'asseoir non loin de lui (1).

– Jadis, le Firth of Clyde était un endroit agréable, où les marins pouvaient se pousser de l'agrément! Le black-out et la guerre en ont fait un lieu sinistre!

L'Américain désigna d'un geste les montagnes violettes dont les sommets neigeux s'estompaient dans la brume. Cette haute terre brune et grise dont le pied verdoyant plongeait dans le loch aux eaux tranquilles n'était pas sans charme, mais, dans le cœur des

(1) FNFL. Les Forces Navales Françaises Libres du général de Gaulle, qui servaient aux côtés de la Royal Navy.

hommes, la guerre totale et omniprésente tuait toute velléité poétique. Le marin français grogna :

– Ma corvette est à Gourok, à l'entrée du Firth. On attend notre tour pour passer au chantier de Great Harbour. La traversée de l'Atlantique a été abominable, et on risque de moisir ici dix jours. Il paraît que le chantier a été bombardé.

– De toute façon, il faut charger les cargos ou attendre ceux qui arrivent d'Amérique. Alors, si tu veux t'amuser, va à Glasgow, la grande ville à vingt kilomètres dans les terres. Ici, à Greenock, la mentalité est mauvaise, et c'est pire à Gourok!

– J'ai vu... Le soir, il y a des batailles rangées dans les pubs. Je n'ai pas échappé aux U-Boote pour recevoir un coup de couteau dans le bide! Entre marins alliés, on pourrait quand même s'entendre!

– C'est pas un problème de nationalités, mais plutôt de boulot. Y a ceux qui naviguent – nous! – et les autres, les planqués des ports et des chantiers, sans parler des embusqués des bureaux! Va à Glasgow, petit. Tu flirteras avec une jeune Anglaise que tu entraîneras autour du Pont des Soupirs; et le soir, vous irez souper dans un petit bistrot italien qui vous régalera de civet de lapin avec des pâtes. Si ton Anglaise ne se laisse pas peloter, tu iras t'amuser dans les boîtes alentour. Là, les filles sont faciles et pas chères, la bière est bonne et tu fraterniseras avec les Canadiens français du régiment de La Chaudière.

– J'irai un peu voir là-bas... Mais vivement le large! Nous appareillerons pour l'Amérique dès que l'*Aconit* sera passée en cale sèche.

– Nous, on va à Mourmansk, dit sombrement l'Américain. Et je préférerais aller ailleurs. S'il n'y avait pas la prime!...

Il désigna du doigt un cargo de cinq mille tonnes mouillé dans l'estuaire.

– C'est mon bateau, l'*Expositor*. Il transporte des caisses de jus d'orange!

Le Français sursauta. L'Américain eut un rire qui sonnait mal.

– Disons qu'il y a cinq caisses de jus d'orange pour l'équipage, et cinq mille caisses de TNT pour les Rousky. Et, tout au fond de la cale, dix mille obus en prime!

– Je n'aimerais pas naviguer sur ce tas de pétards!

– De toute manière, si tu coules dans l'Arctique, tu crèveras. Personne ne peut rester vivant plus de quelques minutes dans de l'eau à un ou deux degrés.

L'Américain haussa les épaules. La bière le rendait fataliste.

– Bon bateau, heureusement, que notre *Expositor*. On n'est pas consigné à bord. A tour de rôle on va à terre. Et de Greenock, il faut moins d'une heure pour aller à Glasgow.

– Parle-moi encore de Glasgow, dit le Français.

– Tu sors de la gare et tu cherches un pub. Mais comme le whisky est rationné, faut faire plusieurs pubs pour avoir bonne ration! Ensuite, on se promène dans la ville. C'est envahi de militaires de tout poil, et la nuit règne une ambiance terrible malgré le black-out!

– A bord des corvettes, on ne peut pas s'absenter plus de vingt-quatre heures...

– C'est comme pour nous, au Commerce. Aussi faut faire gaffe à ne pas louper le dernier train de nuit. Mais les embarcations de Greenock n'assurent plus le service à cette heure, alors on va coucher au Seamen'Rest; seulement, après minuit, c'est fermé, et y a plus qu'à aller sonner au commissariat, qui nous loge chez l'habitant. Je te conseille l'habitant. Evite de te faire envoyer à l'YMCA, le foyer de l'Armée du salut. Dans ces grands dortoirs de trente lits, plus d'un mataf s'est fait voler son froc par quelque clochard anglais! Les civils, ici, sont généreux, tu trouves dans toutes les maisons une chambre disponible pour les militaires. C'est ce que Churchill appelle l'effort de guerre de la nation! Et si tu es soûl, on te pardonne. On pardonne toujours à ceux qui vont mourir!

Profitant du jusant, un cargo lourdement chargé

descendait la Clyde. Il disparut vers son destin derrière le coude de l'estuaire.

– Il faut que je parte, dit l'Américain. *Good bye,* matelot! On se retrouvera peut-être un jour sur un radeau dans l'océan Glacial!

Guidés par les bateaux pilotes, les cargos, en petits groupes, appareillèrent du Firth of Clyde et s'engagèrent dans le canal du Nord, vers la mer libre. A partir de là, il fallait veiller aux sous-marins; malgré la protection des chalutiers armés, on collait à la côte d'Ecosse déchiquetée, toujours belle et verdoyante au pied de ses collines aux sommets encore neigeux. Après vingt-quatre heures de navigation, les cargos pénétrèrent dans un loch profond barré de filets ASM, le loch Ewe, qu'annonçait un promontoire rougeâtre.

Une impression de paisible beauté s'en dégageait. Beauté trompeuse. Dans les cales de ces cargos mouillés sur ce lac tranquille s'entassaient des munitions, des avions de guerre, des chars d'assaut, des explosifs.

Les cargos qui allaient former le PQ-13 arrivaient les uns après les autres ou par petits groupes et mouillaient. Bientôt on vit rallier des pétroliers, ce qui réjouit les hommes des cargos, car ils attirent sur eux immanquablement les torpilles. On se mit à couple pour remplir les soutes. Des chalands de la Royal Navy apportèrent des caisses de munitions pour la DCA, chaque cargo étant armé de deux canons, et on chargea aussi des fumigènes et des fusées PAC de détresse. Puis les équipes militaires de canonniers s'entraînèrent sur leurs pièces.

Le lendemain, l'escorte rallia, corvettes et chalutiers armés, conduits par le puissant croiseur *Trinidad.* Quand tous les cargos furent là, le chef d'escorte, commandant le croiseur, convoqua commandants et capitaines à une conférence.

Une grande baraque de bois abritait ces débats. A

travers les planches mal jointes, on entendait le souffle puissant du vent d'ouest. Presque tous les capitaines marchands étaient en civil, mais on les reconnaissait à leur visage tanné, à leur démarche balancée. Les officiers de la Royal Navy entrèrent à leur tour, et le visage des capitaines marchands se ferma, vieille rivalité traditionnelle entre les deux marines, celle qui porte les canons et celle qui transporte la cargaison utile.

Les officiers s'assirent le long d'une table à tréteaux, et chaque capitaine marchand se mit à remplir une fiche indiquant ses effectifs. En face d'eux, à côté du commandant de l'escorte, avait pris place le commodore chef du convoi, un vieil officier de la Navy, trop heureux d'avoir été tiré de sa paisible retraite pour embarquer sur le cargo le plus rapide. Le commandant de la marine du loch Ewe présidait. Il présenta les officiers du commerce aux militaires, puis donna la parole au chef d'escorte.

– Messieurs, nous appareillons demain à l'aube. Comme vous le savez, les convois d'hiver passent au sud de l'Islande, à cause de la banquise, et de ce fait nous nous rapprocherons des côtes norvégiennes tenues par l'ennemi; mais nous bénéficierons par contre pendant trois cents milles de la protection des avions du Coastal Command basés en Islande et aux îles Shetland.

Le commandant désigna l'itinéraire sur une carte, et poursuivit :

– Naturellement, les parages de l'Islande sont infestés de sous-marins ennemis à l'affût, malgré les bi-moteurs Hudson en patrouille et les P 38 Lightnight du groupe de chasse de l'US Navy. Nous serons également couverts par la Task force 1 d'Islande, destroyers canadiens et corvettes françaises. Au-delà de l'île Jan Mayen cesse la protection aérienne, alors même que nous entrons dans la zone de patrouille de la Luftwaffe. Les Allemands sont très organisés. Tout avion qui repère le convoi le signale aux U-Boote. Réciproquement, les sous-marins tiennent le contact la nuit et guident les bombardiers. Grâce à la DCA dont est doté chaque cargo, on doit pouvoir se défendre. Malheureusement, depuis peu, un groupe de bâtiments de ligne allemands et de puissants contre-torpilleurs sont basés en Norvège; mais vous savez que la Home Fleet veille, prête à intervenir.

Le commandant fit semblant de ne pas remarquer le sourire sceptique sur le visage des capitaines, et poursuivit :

– Suivant les ordres de l'Amirauté qui a fixé l'itinéraire, le convoi naviguera plein nord cap sur le point A, à quatre cents milles au sud de l'île Jan Mayen, cette borne déserte plantée à la limite des champs de glace. Puis à l'est-nord-est sur le point B, à dix milles au sud de l'île aux Ours, baptisée « le rocher de la désolation ». Ensuite, nous longerons la banquise jusqu'au point C, à la verticale de Mourmansk, sur lequel on mettra alors le cap. Votre ordre de mission précise ces points, avec les horaires permettant aux cargos égarés à cause de la brume ou de la tempête, ou dispersés en cas d'attaque, de se retrouver et de bénéficier de la protection de l'escorte. Je passe maintenant la parole au commodore.

Le vieil officier se dressa. Dans son uniforme de la Royal Navy barré de quatre rangées de décorations, il avait grande allure. Quel pouvait être son âge? Soixante-cinq, soixante-dix ans? Malgré son grade élevé, son rôle demeurait difficile. Embarqué sur un cargo, il n'avait à sa disposition qu'une équipe de timoniers de la Navy. Il savait qu'au cours de ces douze à quinze jours de navigation il se heurterait à l'indiscipline innée des capitaines marchands, braves, compétents et désintéressés dans l'ensemble, mais au caractère ombrageux et souvent violent, très indépendants, surtout les non britanniques (1), non habitués à naviguer en groupe, leur tradition les portant au contraire à

(1) La Marine marchande britannique ayant été réquisitionnée et mobilisée en 1940, ses marins devaient obéissance à tout officier de la Royal Navy. Par contre, les marins américains et neutres restaient indépendants, liés seulement par leur contrat pour un voyage.

s'éloigner de tout bâtiment aperçu. Aussi cette première rencontre était-elle pour lui importante : Il allait être jugé et accepté par les capitaines. Il lui fallait imposer d'emblée son autorité en ménageant la susceptibilité d'hommes habitués à être en mer seuls maîtres à leur bord.

– Messieurs, nous naviguerons sur cinq colonnes de quatre navires, pour réduire les chances des U-Boote. Chaque bâtiment sera séparé de quatre cents mètres, le minimum requis pour éviter les abordages, et mille mètres sépareront entre elles les colonnes. Je serai en tête de la colonne centrale. Au départ, tous les cargos se placeront par rapport à moi. Votre ordre de mission précise votre numéro et votre place dans la colonne. Vous ne devez en sortir sous aucun prétexte, et en cas d'égarement nocturne ou d'avarie, y revenir, si possible, au plus vite. Les ordres constants, impératifs, sont de tenir son poste, de réduire les fumées et de masquer les hublots. Il y va de notre vie à tous. La vitesse prescrite est neuf nœuds.

Un concert de protestations s'éleva. Certains vieux rafiots semblaient incapables de tenir longtemps ce rythme, alors que les cargos modernes auraient pu en donner quinze. Mais le commodore fut inflexible.

– Tout bâtiment qui se laissera culer sera abandonné et contraint de faire route seul, à ses risques et périls, et les mêmes risques seraient courus par ceux qui tenteraient de s'échapper en avant. Un cargo isolé a toute chance – parlons plutôt de malchance! – d'être coulé, le bilan de l'Atlantique le démontre : 70 % des bâtiments coulés sont des isolés... Y a-t-il des questions, messieurs?

– Que se passera-t-il pour ceux qui s'égareraient la nuit, ou par temps de brume?

– Nos escorteurs naviguent sur les côtés, à l'avant et à l'arrière. Ils tiennent l'ensemble du convoi sur leur écran de radar, avec un graphique des routes, et iront récupérer les égarés pour les ramener à leur poste. A ce sujet, je rappelle les mesures à suivre en cas de brume. A intervalle régulier, les bâtiments sifflent en morse leur numéro, ce qui doit permettre de garder continuellement le contact avec son matelot avant et arrière, et aussi de savoir ce qui se passe sur les côtés. En outre, chaque bateau remorque un capuchon de cuivre soulevant une gerbe d'eau d'un mètre de haut retombant en cascade, très visible de la passerelle du suiveur. Avec la brume et les tempêtes de neige, le plus grand danger sera les glaces. Entre l'Islande et le cap Nord, des icebergs de plusieurs kilomètres de long dérivent, détachés de la grande banquise. Le radar des escorteurs devrait les détecter à temps, mais les petits icebergs sont très dangereux.

– Y aura-t-il des évolutions?

– En principe, le convoi ne zigzague pas dans l'Arctique, à cause des glaces. Il effectue seulement, en cas de nécessité, des changements de route tous à la fois par la contremarche, par exemple sur avis radio de l'Amirauté annonçant qu'un sous-marin opère dans les parages. L'ordre en est donné par moi à la sirène : un coup pour tribord, deux pour bâbord, confirmé par signaux flottants (pavillons). Dans chaque colonne, le navire de tête abat le premier. Le suivant avance jusqu'au point où le premier a viré et vire à son tour, les autres font de même. Mes ordres seront captés par le guide de chaque colonne et répétés par lui, le signal passant ensuite de bateau à bateau. Est-il besoin de vous dire que dans la brume ou la pénombre du bref crépuscule, tout signal manqué par un timonier distrait aurait des conséquences catastrophiques : risques d'abordage, rupture du convoi (1). Et si un sous-marin se trouve dans les parages, il aura beau jeu pour frapper, car dans la mêlée des coques, l'asdic des escorteurs est inopérant (2). Pas d'autres questions?

Un jeune capitaine se leva :

(1) A cette époque, aucun cargo ne disposait du radar.

(2) L'asdic (appelé aujourd'hui sonar) émet comme le radar un faisceau (ici des ondes sonores) qui revient à l'émetteur après avoir heurté un but. Les différences de densité de l'eau (salinité et température), très importantes dans l'Arctique, faisaient souvent dévier les faisceaux, et les sous-marins en profitaient.

– Qui commande le convoi? Le commodore ou le chef d'escorte?

– Le commodore dirige le convoi, il décide de tout ce qui concerne la navigation et la sécurité, et veille aux règlements touchant le black-out et les fusées; mais seule l'Amirauté peut détourner le convoi, le faire changer de route ou le disperser. Le commodore n'a aucune autorité sur l'escorte, qui obéit directement à l'Amirauté, et réciproquement le chef d'escorte ne peut donner d'ordre au commodore. Je sais qu'il y a ambiguïté, mais je n'y peux rien. L'*escort commander* du PQ-13 est notre ami, j'espère bien qu'il le restera, si mon foutu cargo n'est pas envoyé par le fond.

Pour la première fois, un sourire éclaira le visage tanné du commodore, qui ajouta :

– Avec la dernière météo, on va vous remettre le code des signaux. Ceux-ci devront être limités à l'indispensable. Le silence radio est naturellement impératif, sauf détresse ou contact avec l'ennemi. Vous le savez, en cas d'abandon du navire, ces documents doivent être mis dans des sacs lestés de plomb, et jetés à la mer. A vous revoir tous à Mourmansk, messieurs! Et bonne route!

4

L'OR DE L'*EDINBURGH*

Le lendemain 20 mars 1942, le PQ-13 appareilla à l'aube. Quatre jours plus tard, une formidable tempête dispersa les dix-neuf cargos et l'escorte. Pour éviter de chavirer, les cargos avaient dû faire face à la mer. On entendait des bruits énormes et sinistres dans les cales et sur les ponts, où les caisses d'avions et les chars de vingt tonnes menaçaient de se désarrimer. Cinglant les ponts et les passerelles d'un vent glacé gonflé de grêle et de neige, la tempête souffla quatre jours. Quand elle s'apaisa, le chef d'escorte se retrouva tout seul sur la mer, bateaux éparpillés sur cent cinquante milles. La *River Afton*, qui arborait la marque du commodore, avait même dérivé vers les îles Lofoten!

Le 28 mars, le ciel se dégagea et la Luftwaffe repéra le croiseur *Trinidad*, qui tentait de regrouper les rescapés au sud-ouest de l'île aux Ours. Deux heures plus tard, Heinkel et Junkers attaquaient, coulant deux cargos. En même temps, la flottille des contre-torpilleurs de Kirkenes prenait la mer et fonçait à trente nœuds sur l'ennemi. Elle coula dans la nuit un cargo isolé, mais à l'aube, alors que le temps se détériorait à nouveau, les Allemands se heurtèrent au croiseur *Trinidad* que couvrait le destroyer *Fury*.

Le combat s'engagea au canon. Atteint par un obus, le contre-torpilleur *Z-26* s'embrase, mais les deux autres attaquent à la torpille. Le *Trinidad* décroche de justesse; une bourrasque sépare les adversaires. Les grains se succèdent. Jumelles braquées, les hommes se guettent dans cette confusion, cherchant à qui tirera le premier.

C'est alors que se produit l'un de ces hasards de la guerre qui bouleversent toutes les prévisions humaines. Les Anglais, plus puissants, ont nettement l'avantage. Et voilà qu'entre deux grains le contre-torpilleur *Z-26*, en feu, désemparé, apparaît à la vue des veilleurs du *Trinidad*. Son commandant ordonne aussitôt :

– Achevez-le avec une gerbe de torpilles!

Elles sont parties! Mais le gel a-t-il déréglé le délicat mécanisme des gyroscopes, ou la mer agitée a-t-elle dévié une torpille? L'un des engins lancés par le croiseur anglais, après une trajectoire capricieuse, revient vers son lanceur, et, tel un boomerang, le frappe en pleine coque!

Le *Trinidad* ne coula pas, grâce à ses cloisons étanches. Mais, vitesse réduite à huit nœuds, échappant aux torpilleurs allemands, il gagna la base russe de Polyarnoë où les chantiers furent incapables de le réparer. Ses malheurs ne faisaient que commencer.

Pendant ce temps, un combat furieux opposait en pleine tempête les torpilleurs allemands aux destroyers britanniques, qui avaient couvert la retraite du croiseur blessé. Le *Z-26* coula dans des conditions dramatiques; on ne put recueillir que quatre-vingt-seize survivants, le tiers de l'équipage. Au même moment, les groupes épars du convoi PQ-13 se heurtaient à une meute de sous-marins, qui coulèrent deux cargos, bientôt vengés par le destroyer *Fury*, qui envoyait par le fond l'*U-585*. Des cargos s'étaient égarés dans les glaces. Entre les icebergs dérivaient des canots bondés de cadavres gelés.

Le 1er avril, quatorze cargos rescapés parvenaient enfin à Mourmansk.

Malgré ces lourdes pertes, l'Amirauté, harcelée par Staline, lança le 8 avril 1942 le PQ-14 sur l'Arctique, vingt-quatre cargos fortement escortés sous la conduite du croiseur *Edinburgh*, qui amenait à Polyarnoë les tôles de rechange pour la remise en état du *Trinidad*. Alertée par un avion d'observation, la flottille des contre-torpilleurs allemands de Kirkenes, que conduisait le capitaine de vaisseau Schulze-Hinrichs, à bord du Z-7 *Schoemann*, se lança à la recherche du convoi. Dans la tempête et la brume elle ne parvint pas à le trouver. Une énorme tornade de force 9 s'était abattue sur la mer de Norvège. A peine plaqués contre les superstructures des torpilleurs, les paquets de mer gelaient et la température descendit au-dessous de moins quinze. Puis la neige se mit à tomber, bouchant ce qui restait de visibilité.

A bord du *Schoemann*, cap au nord face à la tempête, le second vint rendre compte au commandant Witting :

– Les canons de l'avant sont définitivement bloqués par la glace, commandant. Ceux de l'arrière peuvent encore tirer, mais la direction centrale de tir a tous ses appareils de visée givrés.

– Les hommes ne peuvent-ils intervenir pour débloquer la glace?

– Impossible, commandant. Les canonniers ne peuvent même pas tenir sur le pont, qui est verglacé. Regardez!

En vain le commandant tenta d'apercevoir quelque chose à travers le givre qui recouvrait les vitres de la passerelle.

– Les grenades, les torpilles?

– Inutilisables. Et les hommes sont épuisés.

Le contre-torpilleur escalada une lame et s'arrêta au sommet, comme en équilibre, puis il s'écroula de l'autre côté dans le vide et parut s'enfoncer comme un sous-marin dans la mer. Alors, le chef de flottille renonça :

– Signalez en optique au *Z-24* et au *Z-25* : « Demi-tour. » La raison doit l'emporter sur le prestige.

Le convoi était-il sauvé pour autant?

Dans la tornade glacée, le bel ordre prescrit par le commodore s'était rompu. Les capitaines avaient tenté de faire route isolément, naviguant dans un cauchemar blanc ou gris, craignant à tout instant de s'écraser sur un iceberg. Le convoi s'était ainsi égaré au sud-ouest de Jan Mayen dans les dédales de la banquise, que l'on croyait beaucoup plus au nord, et seize cargos, endommagés, avaient dû faire demi-tour pour l'Islande. Les huit autres parvinrent enfin à trouver un passage vers l'est.

Cependant, harcelés par la Luftwaffe et les U-Boote qui profitaient des moindres éclaircies, ils étaient encore loin d'être sauvés. L'*Empire Howard* fut ainsi torpillé à l'est de l'île aux Ours et le commodore Rees périt dans le naufrage. Sept cargos seulement atteignirent Mourmansk. Le convoi de retour (QP-10, ex-PQ-13) eut plus de chance, il ne perdit que quatre cargos.

Tout le monde enrageait! Staline à Moscou, Churchill à Londres, et Hitler à Berlin.

Après la sortie manquée du *Tirpitz* en mars précédent, Hitler avait déjà convoqué l'amiral Raeder.

– A votre demande, monsieur le grand amiral, le *Tirpitz* a été affecté à la base de Trondheim. Et pourtant, le PQ-12 est passé!

– Nous l'avons manqué de peu, mon Führer. Quelques dizaines de milles! Mais le fait que la Home Fleet ose s'avancer dans nos eaux de Norvège sans être écrasée par notre aviation montre l'insuffisance de notre défense aérienne et même de la reconnaissance qui n'a pu signaler le convoi au *Tirpitz*; et c'est encore l'absence de la Luftwaffe qui a failli perdre ce cuirassé lors de l'attaque de l'aviation navale britannique.

Hitler avait blêmi :

– Vous avez dit « le perdre »?

– Oui, mon Führer! Si les avions torpilleurs du *Victorious* n'ont pas eu de succès, ce fait doit être attribué à une chance insensée plutôt qu'à nos manœuvres de défense. Il est significatif de notre faiblesse que l'ennemi ait pu parvenir jusqu'à la côte norvégienne sans être anéanti par la Luftwaffe. Souvenez-vous de Pearl Harbour!

– Que demandez-vous?

– Un peu plus d'enthousiasme de la part du maréchal Goering, qui devrait faire de la destruction des porte-avions anglais son objectif prioritaire. Enfin, il faut accélérer la construction de notre porte-avions *Graf Zeppelin*. Avec lui, deux ou trois cuirassés, trois croiseurs et deux escadrilles de contre-torpilleurs, on pourrait constituer dans l'Arctique un groupe de combat invulnérable, et plus aucun convoi ne s'y risquerait.

– Vous aurez votre porte-avions, monsieur le grand amiral. Je donnerai les ordres.

– En attendant, la Marine demande que toute sortie de la flotte soit soutenue par de puissantes formations aériennes : éclaireurs, bombardiers et avions torpilleurs.

– Les 26e et 30e Escadres aériennes recevront des ordres. J'en parlerai au maréchal.

Raeder avait été étonné de la facilité avec laquelle il avait obtenu tout ce qu'il demandait. En fait, Hitler était toujours hanté par la perspective d'un débarquement allié en Norvège.

Le 30 mars 1942, l'état-major Nord-Mer allemand avait reçu un rapport de l'attaché militaire finlandais à Stockholm, personnage introduit aussi chez les Alliés : « J'apprends de sources sûres qu'un débarquement allié en Norvège du Nord pourrait se dessiner. La décision serait sur le point d'être prise à Londres. »

Hitler avait convoqué à nouveau l'amiral Raeder.

– Qu'en pensez-vous, monsieur le grand amiral? L'amiral Canaris a eu des échos similaires.

– Je reste sceptique, mon Führer. Trop de risques pour les Alliés. Ces échos ne sont que des bobards lancés à dessein par Churchill pour tranquilliser Staline et nous tenir en haleine.

Hitler avait explosé :

– Mais la résistance russe, ce n'est pas un bobard! La Wehrmacht n'arrive pas à enfoncer les fronts devant Moscou, Stalingrad et Mourmansk! Les Russes tiennent parce que le matériel de guerre américain leur arrive par l'Arctique. Cette aide ne peut que s'accentuer. Il faut en finir! J'ordonne...

Hitler avait sonné. Un sténographe s'était présenté :

– Ecrivez : « Les informations venues de l'adversaire concordent pour démontrer qu'Anglais et Américains veulent maintenir la résistance russe, grâce à un approvisionnement accru de matériel de guerre et de vivres; en outre, établir un second front en Europe. Le fort trafic régulier entre l'Ecosse et Mourmansk peut servir à ces deux fins. Il faut donc compter éventuellement sur des opérations de débarquement sur les côtes de la mer polaire. Pour cette raison, on mettra un terme au trafic allié sur cette mer. »

Dans son bureau du 10 Downing Street à Londres, Churchill, l'œil sombre, écoutait les explications embarrassées de l'amiral Tovey, chef de la flotte.

– Oui, nous avons tenu le *Tirpitz* à bout portant, et nous l'avons raté. Mais c'est la première fois qu'on utilise cuirassés et porte-avions pour escorter un convoi; les équipages n'ont pas l'habitude, les pilotes n'étaient pas entraînés.

– Considérez désormais la défense des convois de Mourmansk comme votre mission prioritaire.

– Ce n'est pas le rôle de la Home Fleet, monsieur le Premier ministre. Nous avons été créés pour le combat d'escadre.

– Les convois vous amèneront sur les cuirassés allemands. Vous ne les trouverez pas autrement, sir Jack!

– Ces missions sont contradictoires. Pour protéger un convoi, il faut diviser ses forces. Pour attaquer un ennemi aussi puissant que le *Tirpitz*, il faut les regrouper. Je suggère également que l'Amirauté cesse de diriger le combat de Londres, sans avoir la vision exacte des événements. On avait ainsi prescrit au PQ-12 de passer au nord de l'île aux Ours, alors que la mer y était prise par les glaces!

– L'Amirauté est au centre du réseau de renseignements. Elle est donc mieux placée que vous au large pour diriger la flotte, qui doit impérativement garder le silence radio, sous peine de se faire détecter par l'ennemi qu'elle compte surprendre.

– Alors, quels sont les ordres, monsieur le Premier ministre?

– Faites passer les convois de Mourmansk. Faites-les passer à tout prix! Il y va du salut de la Russie... et de l'Angleterre.

– Peut-on au moins compter sur l'aide des Etats-Unis quant aux forces de soutien?

– Absolument. La Home Fleet va effectuer un raid pour s'emparer de Madagascar, ce qui nous oblige à dégarnir provisoirement la force qui couvre les convois de Mourmansk. Mais le président Roosevelt m'a promis de nous relayer.

Le 25 mars 1942, la Task force 39 appareillait des Etats-Unis, sous le commandement de l'amiral Wilcox, dont la marque flottait à bord du cuirassé *Washington*. Jeune amiral plein d'allant, Wilcox comptait bien, avec ses deux cuirassés, son porte-avions, ses deux croiseurs et ses destroyers, réussir là où Tovey avait échoué : détruire l'escadre de ligne allemande et dégager ainsi la route des convois. En Amérique, l'opinion voyait d'un mauvais œil tous ces cargos américains disparaître dans l'océan Glacial, ou revenir penauds s'entasser dans l'immense rade de Reykjavik qui s'engorgeait. Il fallait en finir.

Le 26 mars, la Task force se heurta dans l'Atlantique à une énorme tempête. Bien que situé à dix-sept mètres au-dessus de la mer, le pont d'envol du *Wasp* était balayé par les vagues. Dans leur hangar, les avions désarrimés menaçaient de se démolir les uns les autres. Les destroyers roulaient abominablement, suivant à grand-peine les navires de ligne dont l'énorme masse écrasait comme un bélier les vagues gigantesques qui déferlaient sur leur plage avant, fouettant les tourelles des canons.

L'amiral Wilcox aimait ce gros temps, qui lui rappelait l'époque où il commandait un destroyer. Au lieu de rester bien au chaud dans son salon capitonné, il revêtit ses vêtements de mer, passa un ciré, coiffa le suroît et enfila ses bottes. Puis, se dirigeant par l'extérieur vers l'échelle de la passerelle pour aller plus vite, il déboucha sur le pont.

A cet instant, une vague de vingt mètres de haut déferla. L'amiral s'agrippa désespérément. Mais les tonnes d'eau, en refluant, l'emportèrent dans les flots qui se refermèrent sur lui.

Impensable de mettre une embarcation à la mer. Par acquit de conscience, le commandant du *Washington* demanda au *Wasp* de tenter de faire décoller un avion. Quelques minutes plus tard, l'appareil, plaqué par une rafale, s'écrasait dans la mer. On ne put repêcher le pilote. Les bâtiments de l'escadre mirent pavillon en berne, signe ultime de l'impuissance des hommes face aux éléments.

Ce coup du sort marqua profondément les Américains qui, contrairement aux Anglais, n'étaient en guerre que depuis quelques mois. Et cela se passait dans l'Atlantique, alors que les équipages américains des cargos qui rentraient de l'Arctique évoquaient avec horreur les tempêtes, la brume et les glaces, moindre mal, cependant, par rapport aux attaques allemandes qui se déchaînaient dès que le temps consentait à redevenir maniable.

Mais Churchill l'avait bien compris : les Allemands étaient encore plus à redouter que l'océan et les glaces. Envers et contre tous, il continua à faire naviguer les convois l'hiver.

La Task force 39 (moins le *Wasp* qui gagna Malte) se joignit à Scapa Flow au cuirassé britannique *King George V*, au porte-avions *Victorious* et au croiseur *Kenya* pour constituer la Task force 99, qui prit la mer le 28 avril avec une double mission : couvrir le convoi PQ-15 et assurer le retour du QP-11 (ex-PQ-14).

Apparemment vide, ce convoi recèle un trésor. Le 27 avril 1942, le croiseur de dix mille tonnes *Edinburgh*, qui porte la marque de l'amiral Bonham-Carter, a embarqué à Mourmansk, dans le plus grand secret, quatre-vingt-treize caisses de bois d'apparence anodine, type munition de DCA. Mais lors des manipulations, une caisse s'est écrasée sur le pont, libérant douze barres d'or pur, que contemplent les marins stupéfaits. Chaque barre pèse douze kilos!

La neige qui tombe drue fait fondre la peinture rouge de la caisse et un marin s'écrie :

– Regardez, le bois saigne! Cet or russe est couvert de sang! Il nous portera malheur!

Cinq tonnes et demie d'or sont ainsi enfermées dans une soute à munitions de l'*Edinburgh*, qui appareille aussitôt avec six destroyers et quatre corvettes (1). Ils prennent position autour du QP-11.

Le 29 avril, le convoi est repéré par la Luftwaffe. De Narvik, l'amiral Schmundt ordonne :

– Faites appareiller immédiatement la meute Paladin et mettez bombardiers et torpilleurs en état d'alerte.

Sept sous-marins au kiosque peint en blanc prennent la mer. Le 30 avril, l'*U-88* détecte le convoi, mais l'escorte est si puissante qu'il ne peut approcher. Il lance à grande distance et manque tous ses buts.

Cependant, malgré les charges furieuses des destroyers, la meute ne lâche pas sa proie. Sans s'être donné le mot, tous les commandants de sous-marins se concentrent sur ce gibier de choix que constitue le croiseur anglais *Edinburgh*. A côté de cet objectif, le

(1) Il s'agit du cinquième transport d'or russe, en règlement partiel des fournitures. En octobre 1941, le croiseur *Suffolk* a ramené dix tonnes d'or d'Arkhangelsk; en février 1942, le *Cairo* dix tonnes de Mourmansk; en mars le *Kenya* dix tonnes avec le QP-9; le 15 avril le croiseur *Churchill* et le destroyer *Piorum* trente tonnes, cette fois pour les Etats-Unis, via Halifax.

convoi sur lest ne représente pas grand-chose. Les Allemands savent-ils qu'il transporte de l'or?

L'*U-436* attaque : quatre torpilles, lancées à trois mille mètres, manquent le but. Puis l'*U-456* de Teichert se place à son tour. Il est seize heures.

– Gouvernez au 34, vitesse dix nœuds. Tubes 1, 2 et 4 parés pour une attaque en plongée. Distance de l'ennemi, 3200 mètres, vitesse vingt-cinq nœuds. Paré à lancer!

– Tubes 1, 3 et 4 parés.

– Feu! Plongée profonde!

Sur l'*Edinburgh*, les veilleurs repèrent à cinq cents mètres le sillage des torpilles.

– La barre à droite toute! hurle le commandant Faulkner.

Deux torpilles frôlent la coque, la troisième frappe en plein centre, à moins de cinq mètres de la soute aux munitions où est entreposé l'or. Par une brèche énorme, assez grande pour laisser passer un autobus londonien à impériale, l'eau s'engouffre. La soute est noyée, le bâtiment prend une forte gîte.

– Rendez compte des avaries, demande le commandant.

Les avis affluent bientôt sur la passerelle :

– Les cloisons étanches tiennent, les ponts 2 et 3 sont privés d'électricité. On déplore cinquante morts.

– Rétablissez l'assiette en remplissant les ballasts tribord.

L'ordre n'a pas encore été exécuté qu'une quatrième torpille, lancée par l'*U-456*, frappe le croiseur à la poupe. Le bâtiment désemparé se soulève et retombe en frappant la mer dans un bruit de tonnerre. Sa tourelle arrière – deux cents tonnes – est arrachée et projetée à l'eau. Le croiseur tourne en rond, la vitesse tombe à huit nœuds. Les avis alarmants arrivent sur la passerelle :

– Gouvernail hors d'usage.

– Deux hélices neutralisées. Les machines 1 et 2 tournent encore.

– Importante voie d'eau à l'arrière.

– Fermez les cloisons étanches, ordonne le commandant.

Dix marins n'ont pas le temps de s'échapper, ils périront enfermés. Le bâtiment peut encore naviguer à huit nœuds, à condition d'être guidé en remorque. Le commandant et l'amiral se concertent. Pas d'autre solution que de tenter de regagner Mourmansk, à deux cent cinquante milles.

– Et le convoi, amiral?

– Qu'il continue sans nous. Partageons l'escorte. Gardons les destroyers *Forester* et *Foresight*, ainsi que les torpilleurs russes dont le retour à Mourmansk était d'ailleurs prévu.

On entend le sous-marin rôder alentour. L'*Edinburgh* semble perdu.

Faire naviguer par une mer démontée un bâtiment avarié, coque crevée, gouvernail bloqué et donnant de la bande semblait utopique. Il faudrait deux fois vingt-quatre heures à cinq nœuds pour rejoindre le golfe de Kola dans une mer infestée de sous-marins. Mais tant que le ciel restait couvert, on ne craignait pas la Luftwaffe, péril majeur.

Le commandant Faulkner tenta d'abord de gouverner aux machines, mais il embardait sans cesse à cause de la tempête qui le faisait dériver.

Pourtant, il fallait se hâter, l'eau gagnait dans les cales. Tandis que les torpilleurs russes harcelaient les sous-marins, les destroyers anglais tentèrent de frapper des remorques; mais elles cassèrent tour à tour. La mer ne cessait de cogner avec violence par le travers.

L'*U-456* avait refait surface et épiait sa proie, attendant une occasion favorable pour l'achever. A plusieurs reprises, Teichert essaya de se placer, mais les charges furieuses des torpilleurs russes qui matraquaient la mer de grenades l'écartèrent. A court de combustible, les autres sous-marins s'étaient éloignés vers leur base. Pour la même raison, les torpilleurs russes les imitèrent, et la nuit couvrit miséricordieusement de son voile le croiseur blessé, que les deux destroyers anglais avaient renoncé à remorquer, pour se consacrer à leur rôle ASM.

Le 1er mai, le remorqueur russe impatiemment réclamé se pointa enfin à l'horizon. Mais il n'était pas assez puissant, et dut se contenter de maintenir le croiseur à son cap à une allure désespérante : trois nœuds!

Pendant vingt-quatre heures encore, l'*Edinburgh* lutta ainsi contre la mort, la coque alourdie par l'eau qui gagnait. Pourtant, les cloisons tenaient toujours, le vaillant petit remorqueur gardait son cap et les destroyers anglais refoulaient l'*U-456* qui s'accrochait, en émettant sa position. Qui l'emporterait dans cette lutte d'usure?

Soudain, un veilleur de l'*Edinburgh* cria :

– Nous sommes attaqués par trois contre-torpilleurs allemands!

C'est le 1er mai à minuit trente que le capitaine de vaisseau Schulze-Hinrichs, commandant le groupe des contre-torpilleurs « Nord-Mer » à Kirkenes, reçut l'ordre d'opération qui l'avait fait bondir de sa couchette pour sonner l'appareillage immédiat. « Attaquez et détruisez dans le carreau AC croiseur ennemi endommagé par *U-456* qui tient le contact. »

Depuis la veille, les trois puissants contre-torpilleurs de 2 500 t (*Schoemann, Z-24* et *Z-25*) étaient sous pression en état d'alerte, les équipages, consignés, brûlant de prendre leur revanche sur la vaine chasse du PQ-14. Quelques heures plus tard, un nouvel ordre arriva de Marine-Narvik :

« Position du croiseur momentanément perdue. Attaquez QP-11 dans carreau AB. »

Le QP-11, ex-PQ-14! Le tient-on, cette fois, ce rescapé de toutes les tempêtes? Les conditions sont presque aussi mauvaises que lors de l'attaque manquée d'avril. Un vent glacé du nord-est chasse des rafales de neige qui forment sur la mer autant de nuages opaques. Dans les grains, la température descend à dix degrés au-dessous de zéro et tout laisse craindre que cette fois encore les armes ne soient inutilisables, bloquées par la glace qui déjà s'accumule. Il faudrait diminuer cette vitesse démentielle dans la tempête pour réduire les embruns qui, aussitôt gelés, alourdissent les superstructures. Mais alors, l'ennemi s'échapperait.

A 13 h 40, l'ennemi est en vue. Rappel aux postes de combat.

A travers les vitres givrées de la passerelle du *Schoemann*, le chef de flottille Schulze-Hinrichs essaie de distinguer parmi la grisaille ces formes noires que les veilleurs de l'extérieur ont repérées, puis il se tourne vers le commandant :

– Qu'en pensez-vous, Witting?

– Sûrement pas le convoi, ils avancent trop vite. Sans doute l'escorte rapprochée. Il y a là quatre destroyers, des « quinze cents tonnes ».

La bataille se présente bien pour les Allemands. Certes, les Anglais sont plus nombreux; mais les Allemands, beaucoup plus puissants et plus rapides, alignent huit pièces de 150 et quatre de 127, contre lesquelles les huit canons de 120 britanniques ne font pas le poids. Inutile, cependant, d'espérer un combat classique, les glaces flottantes rendent impossibles les ruées à trente nœuds qui préludent aux lancements des torpilles. Il faudrait évoluer, manœuvrer, ruser, l'ennemi étant l'Anglais, mais aussi les glaces, la mer, la brume, la neige.

Soudain, un cri tombe de la passerelle supérieure du *Schoemann* où un officier, déjà transformé en bloc de glace, tente à la jumelle de situer l'ennemi :

– Convoi en vue derrière l'escorte! J'aperçois les vapeurs qui longent la banquise à toucher les glaces.

– Bien, dit Schulze-Hinrichs; on va attaquer le convoi à la torpille, tandis que notre artillerie, qui tire plus loin que celle des Anglais, tiendra à distance les destroyers.

Pour le QP-11, l'affaire est grave. Le convoi a déjà

subi l'assaut de quatre avions torpilleurs (dont c'est la première manifestation dans l'Arctique), puis il a réussi à grand-peine à secouer une meute de sous-marins qui l'avait accroché. Le temps de chien, rafales de neige, icebergs et froid intense, a joué en sa faveur. Mais voilà qu'après les avions et les sous-marins, les contre-torpilleurs attaquent!

La première charge est lancée à quatorze heures. Immédiatement, les destroyers anglais se portent à la rencontre de l'ennemi, ce qui oblige les Allemands à lancer d'assez loin. Leurs torpilles foncent en direction du convoi, qui aussitôt s'égaille. En vain. Trois engins frappent leur but, un cargo soviétique est coulé, les deux autres cargos tentent de se maintenir à flot.

Cependant, les U-Boote que l'on avait semés ont entendu les détonations et accourent au canon, mais ils sont de l'autre côté et doivent plonger précipitamment pour éviter les torpilles perdues qu'ils voient exploser alentour contre des icebergs. Sous l'eau, ils sont alors privés de communication avec les contre-torpilleurs.

Pendant tout l'après-midi, une furieuse bataille se livre dont l'enjeu est le convoi QP-11. A cinq reprises, les contre-torpilleurs allemands tentent de s'approcher des cargos, mais chaque fois les destroyers, conduits par le *Bulldog*, le bien nommé, arrivent à temps pour leur barrer le passage. Désavantagés sur le plan de l'artillerie, les Anglais encaissent plusieurs coups sans faiblir, mais ils restent à la merci d'un seul obus bien placé.

Soudain, les Allemands abandonnent!

Marine-Narvik vient enfin de donner la position précise du croiseur *Edinburgh*, 72° nord, 30° est, et Schulze-Hinrichs doit abandonner à regret le convoi. Son escadrille a déjà épuisé la moitié de ses munitions. Or sa mission principale reste la destruction du croiseur. Avec soulagement et surprise, les Anglais et les marins du convoi regardent s'éloigner l'assaillant.

Toute la nuit, la flottille allemande fonce vers l'est, le croiseur avarié ne peut plus échapper. L'*U-456* de Teichert tient toujours le contact et ses brefs messages radio guident les contre-torpilleurs. Ce que le sous-marin, qui a des ennuis de périscope, ne peut faire, harcelé par les deux destroyers dont les asdic le localisent en permanence dès qu'il essaie d'approcher, les torpilleurs allemands vont le tenter. Mais l'escorte britannique s'est renforcée. Aux destroyers *Foresight* et *Forester* se sont joints un torpilleur russe et quatre dragueurs anglais.

A l'aube du 2 mai, de hautes fumées blanches apparaissent à l'horizon entre deux grains de neige. Toutes les jumelles allemandes se braquent sur elles. C'est l'*Edinburgh*, dérivant vers le sud à petite vitesse. Les destroyers ont aussi repéré les Allemands et font face aussitôt, tandis que le croiseur, livré à lui-même, tourne en rond sur la mer.

Schulze-Hinrichs, qui a décidé d'ignorer l'escorte, commande :

– Formation d'attaque en ligne de front, cap sur l'avant du croiseur. Parvenu à distance de tir, on virera de bord pour lancer par le travers, tous en même temps pour obtenir un effet de feu croisé des torpilles. Aussitôt après, la flottille se retirera derrière un rideau de fumée.

Alors que les trois contre-torpilleurs prennent la position d'attaque prescrite, une tourmente de neige vient masquer l'horizon. Tout est noyé dans des tourbillons blancs qui aveuglent les veilleurs. Où est l'ennemi? Il ne doit pas être loin, on navigue dans une mer irisée par le mazout que le croiseur blessé perd en abondance.

Tout à coup, sur la passerelle du *Z-25*, un projecteur clignote :

– Ombre à cinquante degrés tribord avant.

– Attaquez!

Profitant de l'éclaircie, les trois contre-torpilleurs allemands foncent cette fois sur leur objectif, qui, incapable de manœuvrer, semble perdu. La bourrasque en décide autrement; un nouveau grain de neige s'interpose miséricordieusement.

A bord du croiseur, malgré le danger mortel, on n'a

pas perdu tout espoir. Les canonniers sont à leur poste, et dans la tourelle de tir le directeur attend impatiemment le moment où, tenant l'ennemi dans son télémètre, il donnera l'ordre de feu, neuf canons de 152 (après neutralisation de la tourelle arrière), et douze de 102. Mais, presque stoppé, ou tournant en rond, il offre une cible facile. Les fantaisies des grains de neige, en lui interdisant d'ouvrir le feu à grande distance, favorisent les Allemands.

Effectivement, le contre-torpilleur chef de flottille *Schoemann* a pu se placer à quelques milliers de mètres, il arrive à portée de lancement et vire de bord pour rendre battants ses tubes, mais en même temps, se présentant par le travers sur toute sa longueur, il offre une cible idéale aux canons du croiseur. Le *Schoemann* lance. Une première torpille a déjà quitté son tube. Pour l'*Edinburgh,* il n'y a plus une seconde à perdre :

– Gisement 272, distance 2 200 mètres. Feu!

Trois gerbes de 152 s'élèvent de la mer, juste derrière le *Schoemann.*

– Trop long, deux cents mètres. Feu!

La deuxième salve anglaise part, alors que la torpille allemande arrive et passe à frôler le croiseur, dont la salve d'obus, elle, s'abat au but. Un coup parfait : un obus explose en pleine salle des machines. Littéralement assommé, l'allemand stoppe en crachant sa vapeur. Conduite de tir hors d'usage, fonds envahis par la mer, il prend de la bande en achevant de courir sur son erre, tandis que les incendies éclatent partout à bord.

– Lancez les bouées fumigènes.

Un brouillard artificiel le dérobe aussitôt à la vue du croiseur. Les destroyers anglais attaquent à leur tour; la situation est retournée.

Le *Schoemann* tente de se défendre. Chaque pièce, chaque tube, peut encore tirer au coup par coup, à l'initiative du chef de pièce, mais, sans direction de tir qui coordonne le feu, observe les impacts et donne la distance, les chances de faire but sont réduites. Quatre torpilles sont ainsi lancées sur les destroyers à quatre mille mètres; les Anglais les évitent.

Tandis que le *Schoemann* coule, pavillon haut, les deux autres contre-torpilleurs, malgré le rapport de forces désormais à leur désavantage, ignorant les destroyers anglais et l'artillerie du croiseur, s'occupent de leur mission principale : achever l'*Edinburgh*.

Le *Z-25*, qui a pu enfin le saisir dans ses télémètres à travers la fumée et la neige, lâche sa bordée de quatre torpilles. L'une passe sous la quille du destroyer *Forester*, qui s'était mis en écran; une seule, presque en fin de course, frappe le croiseur, qui la voit arriver mais se trouve incapable de manœuvrer. L'engin explose à l'opposé de l'énorme brèche provoquée par la première torpille de l'*U-456*, à quelques mètres du stock d'or. « On s'attendait, dira l'amiral, à voir le bâtiment se briser en deux. »

Chaudières noyées, le croiseur stoppe.

A côté, le combat meurtrier continue.

Tandis que le *Z-24* est occupé à recueillir les naufragés du *Schoemann*, les destroyers *Forester* et *Foresight* se sont rués sur le *Z-25* pour venger le croiseur, mais l'artillerie redoutable de l'allemand les crible. Le *Forester* reçoit trois obus, son commandant est tué, le bâtiment stoppe, hors de combat. Le *Foresight* reçoit quatre obus et cesse le feu à son tour. Par ce retournement imprévu, les Anglais ont été mis hors de combat avant même d'avoir pu placer leurs coups, et ce ne sont pas leurs dragueurs de mines qui pourront changer la situation. La défaite britannique semble totale, il ne tient qu'aux Allemands de l'achever avec quelques torpilles.

Pendant le combat, le *Z-24* tente de se placer bord à bord du *Schoemann* pour en évacuer l'équipage et le chef de flottille. Les blessés, nus, qui viennent d'être soignés sur la table du carré, passent ainsi d'un bord à l'autre dans des conditions acrobatiques, fouettés par les paquets de mer et les embruns glacés. On hisse aussi les embarcations mises à l'eau. Des hommes réfugiés sur des radeaux grimpent aux échelles de corde qu'on leur tend. Deux cent cinquante-quatre naufragés, dont le chef de flottille, sont enfin à l'abri, quand le malheureux bâtiment, se dressant à la verticale, disparaît dans la mer.

La fumée et les grains de neige masquant les combattants, la situation parut alors confuse aux Allemands, qui ignoraient l'étendue de leur victoire. Et voici que du sud-est montaient des fumées! De toute évidence, des renforts russes arrivaient. La disparition brutale de son bâtiment et le choc du transbordement avaient-ils fait perdre son agressivité au commandant Schulze-Hinrichs? Il ordonna :

– Route du retour, à toute vitesse!

Cet ultime retournement va-t-il sauver l'*Edinburgh*? La gîte atteint dix-sept degrés. Aucun anglais n'est désormais capable d'assurer la remorque, d'autant que le croiseur est maintenant alourdi et immobilisé. Et pourtant, Mourmansk n'est qu'à cent soixante-dix milles! Où sont les remorqueurs russes?

A huit heures, l'ordre d'abandon est donné. Impossible de sauver les 465 barres d'or. Depuis le premier impact, la soute, noyée, est inaccessible.

Dans une mer démontée hachée de rafales de neige, l'évacuation des blessés est dramatique. Priorité est donnée aux marins du commerce recueillis au cours de l'escorte. Au total, les Britanniques déplorent 68 morts et 48 blessés, dont le calvaire va se poursuivre à l'« hôpital » russe de Vaenga.

Cependant, l'*Edinburgh* refuse de couler. En raison du risque de retour en force des Allemands, l'amiral ordonne au *Foresight* de l'achever d'une torpille.

Lorsque deux remorqueurs russes se pointent enfin à travers les grains de neige, il est trop tard. L'*Edinburgh* et son trésor gisent par deux cent soixante mètres de fond (1).

(1) L'or russe sera récupéré en 1981 par le navire de plongée profonde *Stephaniturm*, affrété en grande première par la société britannique Two W d'Aberdeen en Ecosse (ancienne élève de la COMEX française), après entente avec les autorités britanniques et soviétiques : 37 % aux Russes, 18 aux Anglais et 45 % au consortium privé engageant douze plongeurs civils agissant sur contrat draconien : « *No cure, no pay* ». Il leur faudra prendre des risques insensés, ramper dans un réservoir de mazout et découper au chalumeau les cloisons de la soute à munitions remplie d'obus de DCA à

Après ce drame, les envois d'or furent arrêtés, jusqu'en mars 1944, lorsque le *Black Prince* apportera à Scapa Flow dix tonnes et demie en barres, avec le convoi RA-57.

Mais revenons au lieu du combat.

Il restait encore sur la mer un canot et deux radeaux, des naufragés du *Schoemann.* Aucune chance de survivre au froid mortel s'ils n'étaient secourus immédiatement. Schulze-Hinrichs ne voulut pas prendre ce risque. Il se contenta de lancer ce message inhabituel sur la fréquence des U-Boote :

« Carré AC 5917. Survivants du *Schoemann* à sauver. »

L'*U-88* capta le message et se porta à toute vitesse sur le lieu du combat, où il recueillit dans des conditions invraisemblables cinquante-six hommes à demi morts de froid. La plupart ayant les pieds et mains gelés, la difficulté fut grande pour les hisser au sommet du kiosque, puis leur faire descendre l'échelle verticale du poste central.

Sous la surface, un U-Boot attendait. L'*U-456*, qui le premier avait découvert et torpillé l'*Edinburgh*, n'avait eu que la ressource de plonger pour éviter un mauvais coup sur cette mer où pleuvaient les obus et les torpilles. Les sous-mariniers avaient noté les coups au but qu'ils entendaient : le torpillage du croiseur, l'explosion du *Schoemann*, ainsi que l'arrivée puis le départ des remorqueurs.

Lorsque tous les bruits eurent cessé, l'*U-456* émergea avec prudence au milieu d'un gigantesque champ de débris surnageant dans des nappes de pétrole. Des cadavres flottaient, mais il ne trouva aucun survivant.

fragmentation et de petites bombes d'avion au phosphore. Les marins britanniques apprécieront peu la plaisanterie d'un de ces plongeurs qui, ayant trouvé un crâne humain, le plaça bien en vue dans la soute avec un bâtonnet fluorescent à l'intérieur, pour effrayer l'équipe suivante. La vue de l'or, intact, éblouissant sous les projecteurs, les réconfortera! L'hiver arctique et la tempête interrompront le sauvetage : 431 barres seront récupérées (valeur : environ cinquante milliards de nos actuels centimes). 34 barres demeurent au fond de la mer de Barentz. Gageons que les Soviétiques vont un jour s'en occuper!

L'*U-88* avait replongé avec les derniers rescapés du *Schoemann.*

La malchance n'avait pas fini de frapper les Anglais. Très loin dans l'ouest, à la tête de la Task force 99, l'amiral Tovey assurait la couverture éloignée des deux convois, prêt à intervenir en cas de sortie des cuirassés allemands. Le 1er mai, dans la tempête et les grains de neige, le cuirassé amiral *King George V* éperonna le destroyer *Punjabi* et l'envoya proprement par le fond. En coulant, les grenades ASM du destroyer explosèrent, mettant presque hors de combat le cuirassé du chef de la Home Fleet, qui fit piteusement demi-tour pour rentrer à petite vitesse à Scapa Flow, et transféra sa marque sur un autre cuirassé. Seul le QP-11 s'était échappé, croisant sans le voir le PQ-15 qui faisait route sur Mourmansk.

Mais le 2 mai, un nouveau drame se déroulait, auquel les Allemands étaient bien étrangers. Lorsque les escorteurs britanniques du PQ-15, *Seagull* et *Saint-Albans*, se ruèrent sur l'écho asdic qui venait de se révéler à bâbord du convoi, ils ne se doutaient pas que le sous-marin qu'ils envoyaient par le fond, coque broyée, était non un allemand, mais le polonais *Jaztrab*, l'un des bâtiments de guerre qui avaient refusé la défaite et rallié l'Angleterre. Dans la tempête, une erreur d'estime l'avait écarté de sa zone de patrouille où une telle méprise eût été impossible.

Les Anglais se réjouissaient encore de ce qu'ils croyaient être une victoire lorsqu'ils encaissèrent, à l'aube du 3 mai, une attaque simultanée de la Luftwaffe et des U-Boote.

Six avions torpilleurs, que les radars n'ont pas repérés, surgissent de la brume et, rasant la crête des vagues, attaquent le PQ-15. La DCA se déchaîne, un avion explose en l'air et s'abîme dans la mer, puis deux autres. Indifférents à la muraille de feu et d'acier, les Heinkel poursuivent leur attaque et lancent leurs torpilles, frappant le convoi à la tête. Quelques secondes plus tard, le cargo *Bothaven*, qui porte la marque du commodore, est ébranlé par une explosion et coule. Un peu plus loin, le transport de munitions *Cap Corso* explose et s'évapore dans les airs dans une colonne de feu de trois cents mètres de haut. Quand la fumée se dissipe trente secondes plus tard, il n'en reste rien sur la mer.

De son canot de sauvetage, le commodore, atterré, contemple le spectacle. Soudain, un troisième cargo, le *Jutland*, est ébranlé par l'explosion d'une torpille et coule aussitôt.

– Mais que se passe-t-il encore?

De la passerelle du cargo *US Expositor*, que l'on a déjà vu au loch Ewe, et qui transporte toujours obus et TNT, un cri jaillit :

– *Submarine!*

A moins de vingt mètres, un kiosque a émergé! Une angoisse mortelle saisit les marins américains. Le U-Boot est si proche que du pont du cargo on ne peut pointer les canons. Heureusement, le sous-marin ne peut davantage lancer, il serait pulvérisé par l'explosion. Les cargos voisins ont vu aussi le kiosque, mais ils ne peuvent tirer sans risquer d'atteindre l'*Expositor*.

Enfin, le sous-marin s'écarte. A trois cents mètres, il lâche une torpille, mais avec une telle précipitation qu'elle manque l'*Expositor,* passant à frôler son étrave. Les cargos se sont mis à tirer, un obus frappe le sommet du kiosque et rebondit sans exploser, le sous-marin plonge en catastrophe et disparaît sous les eaux, profitant de la mêlée des cargos pour échapper à l'asdic des escorteurs.

Harcelé par les sous-marins et bombardé par les Junkers 88, le convoi PQ-15, se dissimulant dans une tempête de neige, parvient sans autres pertes à Mourmansk. A peine à quai, l'*Expositor* est attaqué par les avions. Cette fois encore, il échappe et peut décharger sa cargaison d'explosifs. Mais pour le matelot John Sister et ses compagnons, l'aventure n'est pas terminée.

5

LA CORVETTE *ROSELYS* APPAREILLE AVEC LE PQ-16

> « Les corvettes arrivaient du large, astiquées par l'océan, griffées, mordues, décapées, parfois défoncées et tordues, rouillées et cabossées, marquées de cette noblesse des bâtiments qui ont pendant trois semaines affronté la houle du grand large. Et nobles aussi ces hommes à leur bord, avec leur barbe de quinze jours, leur regard délavé, leurs gestes souples mais précis, tous réservistes provenant des professions les plus diverses, amalgamés dans ce rude creuset de l'océan. »
>
> Commandant Maurice GUIERRE.

Les marins transportaient le matériel de guerre, se battaient, mouraient sans un cri dans l'eau glaciale de l'Arctique, ignorant les tractations des hommes politiques au plus haut niveau; et pourtant, de la décision de trois d'entre eux, Roosevelt, Churchill et Staline, dépendait leur sort, et celui de millions de combattants engagés dans la plus inhumaine des guerres totales, et au-delà, le sort de milliards d'êtres humains sur cette planète.

Après la mise en place par les Allemands d'une force cuirassée en Norvège et les malheurs de la Home Fleet, Churchill hésita à faire appareiller les convois de Russie. Certes, les pertes des convois d'hiver avaient été modérées, mais le retour du printemps donnait l'avantage tactique aux Allemands : à la longue nuit polaire facilitant le dérobement des convois allait maintenant faire suite le jour presque continu, beaucoup moins chargé de brume et de nuages protecteurs. Dans un ciel dominé par la Luftwaffe qui allait à nouveau faire décoller massivement ses avions, quel espoir pouvait avoir un convoi se traînant à huit ou dix nœuds, proie également facile pour les U-Boote qu'aucune tempête ne freinerait plus? Quant aux cuirassés allemands, à nouveau assurés d'une couverture aérienne, ils retrouveraient l'avantage sur la Home Fleet, qui ne risquait jamais ses porte-avions au-delà de l'île Jan Mayen.

Cependant, les Etats-Unis avaient tenu parole. Plus de cent cargos avaient pris la mer en avril, chargés du matériel de guerre indispensable à l'Union soviétique. Ces bâtiments encombraient maintenant les ports britanniques et islandais, mais Churchill n'osait pas les lancer dans l'Arctique. Il aurait fallu tripler les forces d'escorte, donc dégarnir le secteur vital des atterrages occidentaux, c'est-à-dire le glacis même de la Grande-Bretagne, qui ne survivait, elle aussi, que grâce aux approvisionnements américains.

Alors, Staline, inquiet, écrivit à Churchill :

« J'ai une demande à vous adresser. Quelque quatre-vingt-dix vapeurs (*en réalité cent sept*) chargés de divers matériels de guerre très importants pour l'URSS sont actuellement bloqués en Islande, ou sur la route Amérique-Islande. Je crains que le départ de ces navires soit retardé pendant longtemps, parce qu'il est difficile d'organiser les convois escortés par vos forces navales. Je me rends compte des difficultés qui se présentent et des sacrifices consentis par la Grande-Bretagne dans ce domaine. Je me crois cependant obligé de vous demander de prendre toutes les mesures possibles pour assurer l'arrivée en Union soviétique, au cours du mois de mai, du matériel mentionné ci-dessus, qui a une importance extrême pour notre front. »

A partir du 12 mai, les cargos du PQ-16 se concentrèrent en Ecosse. Vingt-cinq devaient appareiller pour Mourmansk chargés d'un matériel de guerre inestimable, aussi la Royal Navy avait-elle fourni une défense considérable : pour l'escorte rapprochée, cinq destroyers, cinq corvettes, quatre chalutiers armés, un *flak ship* DCA, deux sous-marins, un pétrolier ravitailleur, un dragueur et un navire de sauvetage (*rescue ship*). En outre, une escadre de quatre croiseurs devait patrouiller au large de l'île aux Ours, prête à intervenir, tout en assurant au passage la couverture du croiseur *Trinidad*, le rescapé du PQ-13, qui revenait de Mourmansk. Enfin, la Home Fleet devait appareiller le 15 mai, prête à intervenir en cas de sortie des cuirassés allemands.

Parmi l'escorte rapprochée, l'un des plus petits bâtiments était la corvette FNFL *Roselys* (925 t). Ce type de bateau, construit à plus de cent exemplaires, devait par la suite jouer un rôle essentiel dans la protection des convois.

Arrivant d'Halifax, la *Roselys*, qui avait appareillé avec une section du PQ-16 de sa base de Greenock, était commandée par le lieutenant de vaisseau Bergeret, qu'assistaient les enseignes Pétrochilo et Jean de Montoussé et l'aspirant François Flohic, qui plus tard deviendra l'aide de camp du président de Gaulle, dont le fils Philippe combattait lui aussi à bord d'une corvette F.N.F.L. dans l'Atlantique. L'équipage comprenait soixante-dix hommes et un officier de liaison britannique chargé des documents secrets et des transmissions, avec sous ses ordres cinq marins anglais (codeurs, timoniers et radios).

Déplaçant entre 925 et 1 200 t, ces corvettes avaient été construites au port de pêche d'Aberdeen chez le spécialiste écossais des baleiniers, dont leur coque fut inspirée. Malgré leur faible vitesse, quinze à seize nœuds (les U-Boote en donnaient dix-sept), il s'agissait d'un bâtiment anti-sous-marin très efficace et manœuvrant, armé de soixante grenades, plus tard du hérisson (1). Chassant à l'asdic (plus tard au radar), elle disposait en outre d'un canon de 102, d'un Bofors de 40 AA et de deux mitrailleuses Lewis ou d'Œrlikon de 20.

Très marins, ces petits bâtiments roulaient cependant beaucoup, à tel point que par grosse mer il était prudent de retirer les boîtes d'amorce des grenades, au cas où elles fileraient à la mer! Ils étaient armés par des marins français, tous volontaires réservistes, surtout de jeunes Bretons, au moral élevé, animés du désir ardent de se battre, n'ayant jamais accepté la capitulation de 1940. Outre l'épreuve résultant du fait qu'ils n'avaient aucune nouvelle de leur famille demeurée en France occupée, l'existence de célibataires de ces marins exilés était assez triste en Angleterre, malgré les efforts des autorités pour organiser à Greenock et à Glasgow un accueil dans les familles, qui sera d'ailleurs parfois suivi de mariages. Mais le plus souvent, passé la tournée des pubs, ces marins profitaient de leurs loisirs pour suivre à terre des cours les faisant accéder à une spécialité, ou, pour les officiers, la tactique navale. Une seule chose comptait pour eux, se préparer au combat.

Entre le 16 et le 17 mai 1942, les bâtiments marchands levèrent l'ancre et prirent leur ligne de file dans le chenal de la Clyde. Les corvettes avaient aussi appareillé de Gourok et les attendaient dans le North Channel. Puis les bâtiments mirent le cap au nord-nord-ouest.

A bord de la *Roselys*, personne parmi l'équipage ne connaissait encore la destination. Ce secret rigoureux s'avérait indispensable car les pubs des ports britanniques étaient infestés d'espions allemands. Lorsqu'on eut perdu de vue la terre, le commandant Bergeret rassembla l'équipage :

– La *Roselys* a été désignée pour participer à l'es-

(1) Le hérisson (*hedgehog*) était un mortier permettant de lancer sur l'avant, jusqu'à deux cents mètres, vingt-quatre projectiles de quinze kilos explosant au contact. Il évitait d'avoir à aborder un sous-marin en surface, ce qui était toujours très dangereux...

corte d'un convoi de Mourmansk. Vous pouvez vous attendre à du sport. Le « *Captain D* » (1) a déclaré : « Puisque ces Français s'ennuient et se plaignent de la monotonie du travail en Atlantique, on va leur donner quelque chose de plus excitant. »

Les marins applaudirent bruyamment. A bord, tout le monde se doutait que le Pacha avait dû intriguer ferme dans les états-majors pour obtenir cette mission, et on en était heureux, malgré l'angoisse sourde que les nouveaux ressentaient à l'annonce de Mourmansk, évocateur de tant de combats et de tempêtes.

Le 18 mai, on entendit un grondement de moteurs, mais il s'agissait seulement d'un lourd Catalina, hydravion du Coastal Command basé en Islande, qui assurait la surveillance des approches de l'île. Les rivages, violemment contrastés de glaciers, de falaises et de fjords, dominés par de hautes montagnes neigeuses aux volcans à demi endormis, apparurent bientôt à l'horizon.

L'Islande est une grande île volcanique de trois cents à cinq cents kilomètres de large, truffée de fjords profonds. En 1941, plusieurs d'entre eux, bien que mal protégés des tempêtes et continuellement battus par les vents glacés, constituèrent autant d'abris naturels pour les bâtiments de guerre, les ravitailleurs et les convois venus d'Amérique et de Grande-Bretagne, qui y opéraient leur concentration avant d'appareiller sous bonne escorte pour la Russie ou pour l'Europe.

Les corvettes mouillèrent l'ancre au Seyditzfjord, à la pointe est de l'île, où un étroit goulet s'évase peu à peu en eau profonde entre deux sommets abrupts étincelants de neige. Sur le rivage se nichait au fond du fjord une charmante petite ville aux maisons blanches coiffées de toits multicolores, entourée de torrents et de cascades. Des fermettes s'étageaient sur les pentes et

(1) Le chef des escorteurs de Gourok.

on voyait sur les routes des poneys velus croiser des jeeps militaires.

Les cargos du PQ-16, eux, et les gros bâtiments de l'escorte, mouillèrent au sud de l'île, dans l'immense baie de Reykjavik, dont l'une des criques profondes, le Hvalfjord, abritait la base militaire principale de l'Islande. Deux navires ateliers s'y trouvaient en permanence, à la disposition des bâtiments en difficulté.

C'est le 7 juillet 1941 que la Task force 19 américaine s'était établie en Islande, alors de souveraineté danoise, inaugurant le relais des convois, et relevant la petite garnison britannique qui, contre le gré de ses habitants (de race norvégienne viking mêlée de quelques émigrants irlandais et écossais), avait occupé l'île en 1940 après l'invasion brutale du Danemark par les Allemands. Il s'agissait d'abord d'empêcher ceux-ci de s'emparer de l'île.

Les Islandais, peuple fier et très évolué, qui avaient entre-temps proclamé leur indépendance, acceptèrent les Anglo-Américains de mauvaise grâce, sous promesse qu'après la guerre les Alliés garantiraient cette indépendance, promesse qui sera tenue. Les Américains construisirent en 1941 une grande base aérienne et un hôpital militaire moderne, tandis qu'un fjord abrité servait de plan d'eau au décollage des hydravions de grande patrouille.

Aux vingt-cinq bâtiments de commerce du PQ-16 arrivés d'Ecosse devaient s'en ajouter dix autres venus d'Amérique. C'est aussi en Islande que se formait le gros de l'escorte. Les hommes des croiseurs et des destroyers passaient souvent une partie de l'hiver au Hvalfjord, avec pour seule distraction quelques visites à l'intérieur du pays, et à la capitale Reykjavik, toute proche, qui comptait alors quarante-cinq mille habitants. Mais si les femmes étaient jolies et élégantes, les marins, à leur grande déception, devaient vite réaliser qu'il n'y aurait pas d'idylles en dehors du mariage, d'ailleurs très rare, en raison de la suspicion qu'éprouvait la population à l'égard des « occupants » alliés, des militaires et des marins en général.

C'est pour essayer de parer à cette absence d'ambiance que les autorités alliées avaient créé le Cercle récréatif, dans des baraques métalliques préfabriquées Nissen, pour les militaires de la base et pour les marins qu'une maladie ou une blessure contraignait à débarquer. Ils y trouvaient une bibliothèque, un ping-pong, des billards et jeux divers, sans compter toutes les boissons non alcoolisées à bas prix. Pour les marins habitués aux bars et bordels de Liverpool et de New York, c'était une grande déception. Errant mélancoliquement d'une salle à l'autre, ils attendaient la projection du film de cow-boys et la distribution des beignets aux noisettes, en rêvant aux impressions fortes des quartiers chauds des bonnes villes maritimes anglo-américaines.

On avait bien tenté d'organiser des bals, mais on n'y vit jamais une seule Islandaise. Marins et militaires en étaient réduits à danser entre eux, la base ne possédant pas de personnel militaire féminin.

L'armée américaine avait aussi ouvert un grand magasin qui débordait de produits divers; les hommes y harcelaient en vain les jolies vendeuses islandaises. C'était à en devenir fou, mais cette réserve des femmes apparaît bien explicable. Ces hommes qui risquaient continuellement leur vie sur mer n'étaient pas des modèles de vertu à l'escale, où ils comptaient se défouler. Les premiers contacts avec la population féminine avaient été brutaux. Au début, quelques jeunes filles s'étaient laissé séduire en vue du mariage, toute union libre passagère étant impensable pour ce peuple puritain. Puis les hommes étaient repartis en oubliant leurs « fiançailles de guerre », qui n'avaient trop souvent été qu'un prétexte à flirts plus ou moins poussés. Dans cette société très stricte, les « fiancées » avaient été aussitôt déconsidérées, voire déshonorées, les autres avaient compris et suivi à la lettre les conseils de leurs mamans. Alors, marins et militaires respectèrent les Islandaises. Il y eut même une centaine de mariages.

Pour la *Roselys*, appelée de l'autre côté de l'île à relever la corvette britannique qui montait la garde à l'entrée du Seyditzfjord où les U-Boote mouillaient souvent des mines, la nuit se passa calmement. En croisant sa *sister ship*, la *Roselys* lança ironiquement au projecteur :

– Payez-vous du bon temps, les Anglais!

– Comment voyez-vous ça, les Français?

– Vin, femmes et rêves.

Le 20 mai, les cinq destroyers de l'escorte, conduits par l'*Ashanti* portant la marque de l'*Escort commander* Onslow, se pointèrent en rade de Reykjavik, et aussitôt se tint la conférence des commandants. Outre les vingt de l'escorte, s'alignaient vingt-trois capitaines américains, huit anglais et quatre russes.

– Messieurs, dit Onslow, le convoi que nous allons escorter vers Mourmansk est le PQ-16. C'est le plus important qui ait jamais navigué vers l'Union soviétique : trente-cinq bâtiments. Nous aurons sur le dos toute l'aviation ennemie basée en Norvège. A ce sujet, j'ai une très mauvaise nouvelle à vous communiquer. En raison de la défaillance de l'aviation de chasse soviétique, notre croiseur *Trinidad* (le rescapé du PQ-13), qui avait enfin pu appareiller de Kola après s'être remis en état grâce au matériel apporté par l'infortuné croiseur *Edinburgh*, a été attaqué par la Luftwaffe à moins de cent milles des côtes russes et coulé (1). Deux croiseurs en deux mois et trois destroyers, la Royal Navy paye un dur tribut aux convois de Mourmansk!

L'*Escort commander* promena un regard lourd sur les officiers, dont pas un n'avait bronché. Il poursuivit :

– De plus, l'Amirauté signale que notre aviation de

(1) L'amiral Bonham-Carter, qui avait déjà arboré sa marque sur l'*Edinburgh*, voyait donc son deuxième croiseur lui couler sous les pieds! Les Anglais comptaient soixante et un morts, auxquels s'ajoutèrent vingt marins marchands, blessés déjà rescapés d'un cargo et de l'*Edinburgh* qui les avait recueillis. C'était donc leur troisième et dernier naufrage!

reconnaissance a repéré de gros bâtiments de guerre allemands. Le cuirassé *Tirpitz* et le croiseur lourd *Hipper* sont à Trondheim; plus menaçant encore, le cuirassé de poche *Admiral Scheer* vient même de remonter jusqu'à Narvik, ce qui justifie la couverture rapprochée de l'escadre des croiseurs de l'amiral Burrough, qui appareilleront avec nous, prêts à se porter au-devant du *Scheer*, s'il prend la mer. Contrairement à ce qui s'est passé jusqu'ici, ces croiseurs évolueront ensuite indépendamment des convois montants et descendants, qu'ils couvriront tour à tour, entre Jan Mayen et l'île aux Ours, tandis que la Home Fleet croisera au nord-est de l'Islande, prête à intervenir contre le *Tirpitz*. En outre, deux sous-marins accompagneront le convoi, huit autres étant déployés devant les côtes norvégiennes, pour dissuader la sortie des cuirassés allemands.

Le visage de certains capitaines était devenu blême.

– Quelle est la protection aérienne? demanda l'un d'eux.

– Quatre hydravions du Coastal Command, opérant d'Islande, assureront la couverture ASM (1) jusqu'à deux cents milles de l'île aux Ours.

– Je parlais de la chasse, pour s'opposer à la Luftwaffe!

– Aucune couverture aérienne n'est prévue, capitaine; tous nos porte-avions sont engagés dans un combat à mort en Méditerranée pour la protection des convois de Malte et d'Alexandrie. Cependant, compte tenu de l'importance décisive du PQ-16, et du fait que les croiseurs ne se risqueront pas en mer de Barentz, les Russes ont promis de fournir une couverture aérienne massive dès qu'on entrera dans leur rayon d'action.

Un sourire sceptique vint aux lèvres des officiers qui avaient déjà pratiqué les convois de Mourmansk. Après un bref échange de vues, les capitaines regagnèrent leur bord, le cœur serré d'une lourde angoisse.

(1) A.S.M. : Anti-sous-marine.

6

LE PQ-16 DANS LA BATAILLE

La marque du commodore Gale flottant sur l'*Ocean Voice*, le convoi appareilla le 20 mai 1942 au soir et contourna l'Islande par l'ouest et le nord. La brume s'était levée, rendant la navigation difficile, mais nul ne songeait à s'en plaindre car elle dissimulait les cargos aux avions et aux sous-marins.

La *Roselys* et les quatre autres corvettes appareillèrent le 22 mai pour rallier le convoi. En sortant du fjord, on aperçut des mines à la dérive, au-delà du chenal balisé par le dragueur. Quelque sous-marin les avait pondues dans la nuit, et la drague les avait libérées. Les fusiliers du bord se mirent à les tirer au mousqueton, exercice d'autant plus apprécié que l'explosion massacrait les poissons que les cuisiniers récupéraient au passage avec une longue épuisette.

Le lendemain, la corvette remonta le convoi qui se formait lentement en huit colonnes, et prit son poste à tribord. Un peu dans le sud naviguait la puissante force des croiseurs de l'amiral Burrough. On entendait dans le ciel le ronflement rassurant de la protection du Coastal Command.

Premier incident : un cargo dut faire demi-tour et rentrer en Islande pour des ennuis de machines.

Dans la brume, les escorteurs avaient fort à faire pour maintenir les cargos à leur poste. L'*Alcoa Banner*, qui avait dû se détourner pour éviter un iceberg de dix mètres de haut, perdit le convoi. D'autres cargos s'égarèrent dans la brume et les escorteurs se mirent à les chasser au radar. Dès qu'ils les avaient retrouvés, ils demandaient leur numéro, puis ils les raccompagnaient à leur poste dans le convoi.

On traversa un champ de mines dérivantes mouillées par les sous-marins. Tout bateau qui en voyait une la signalait par pavillon et la file s'écartait de la dangereuse marmite noire aux antennes dressées comme tétons de sorcière.

Le 24 mai vers seize heures un bâtiment de l'escorte eut un contact asdic et hissa la flamme noire d'alerte ASM. Tous les escorteurs, en répétant le signal, rappelèrent aux postes de combat. Deux destroyers trouvèrent un écho dans le sud-est et grenadèrent vigoureusement, mais l'ennemi se déroba.

A bord des navires marchands, les hommes des machines avaient entendu les sourdes explosions.

– La danse commence, dit un mécanicien, nous sommes repérés.

Le bruit s'en répandit aussitôt dans tout le convoi, et l'angoisse étreignit les hommes. Elle atteignit son paroxysme le 25 mai à six heures lorsqu'on entendit au-dessus de la brume le ronflement d'un avion. A cette longitude, il ne pouvait plus s'agir d'un appareil allié. De toute évidence, un avion allemand de reconnaissance cherchait le convoi repéré par le sous-marin. Pouvait-on au moins espérer que celui-ci, chassé par les escorteurs, avait perdu le contact? Hélas, sous la mer, le battement des machines de soixante et un navires peut s'entendre à bord d'un sous-marin à des dizaines de milles, et l'explosion de grenades bien davantage, grâce aux hydrophones.

Au fur et à mesure que le PQ-16 remontait vers le pôle, le froid devenait plus intense. La brume épaisse se maintenait, les escorteurs naviguaient au radar et les cargos cul contre proue, dans une ambiance laiteuse où le temps paraissait aboli, car on avait dépassé la latitude où le soleil ne se couche plus. Les hommes avaient l'impression de vivre dans un unique jour éternel, tous rythmes rompus, et dans le danger cette continuité se révélait épuisante.

Vers midi, la brume se dissipa, découvrant une mer calme parsemée de petits blocs de glace. Impression terrible d'être livrés à l'ennemi.

C'est alors que le PQ-16 croisa au-delà de l'horizon le convoi QP-12 (quinze cargos), qui rentrait de Mourmansk. La concentration de navires alliés atteignait son point culminant. Il paraissait impossible que quelque attaque ne se déclenchât pas. L'angoisse résultant de l'attente devint telle que les hommes en vinrent à souhaiter la bataille.

A 13 heures, l'oiseau de malheur, un hydravion trimoteur de reconnaissance Blohm & Voss 138, apparut enfin dans le ciel dégagé, très au sud, hors de portée de la DCA. Quelques heures plus tard, un message de l'Amirauté qui avait intercepté ses émissions annonçait au chef d'escorte : « Vous êtes repéré par un avion ennemi qui rassemble vers vous les sous-marins opérant dans les parages. »

A force de monter vers le nord pour s'éloigner au maximum des aérodromes de Norvège, le PQ-16 avait atteint la banquise, paysage d'une terrible beauté. A bâbord, les falaises aux arêtes tranchantes d'un blanc éblouissant scintillaient sous le soleil de minuit, rendant dérisoires ces bateaux qui avançaient lentement, couverts de givre, sur cette mer d'un blanc nacré à peine soulevée par un résidu de houle.

Désormais, il n'y a plus d'échappatoire possible vers le nord. Le salut ne peut résulter que de la fuite en avant vers Mourmansk, sur cette mer hostile infestée de U-Boote, sous ce ciel dégagé dont la Luftwaffe est maîtresse. Tour à tour pâle ou incandescent, le soleil bas décrit des cercles autour de la ligne d'eau, éblouissant les hommes de veille et les canonniers.

A dix-sept heures trente, un signal monte aux drisses du commodore, donnant ordre d'infléchir la route du convoi plein est. Une heure plus tard, l'*Alynbank*, le flak ship DCA pourvu d'un radar, signale : « Avions ennemis à l'est-sud-est à dix-sept milles, se dirigeant sur le convoi. » Aussitôt, tous les canonniers se ruent sur leurs pièces.

De manière à obtenir une concentration de feu optimale, les bâtiments de l'escorte et les croiseurs se rapprochent à mille mètres des files extérieures du convoi, qui navigue sur huit colonnes. Cette disposition permet de déployer le maximum de pièces battantes contre les bombardiers attaquant en général par l'arrière, tout en offrant le moins de prise possible aux torpilles, toujours lancées sur les côtés.

Quelques minutes après l'alerte, surgissent, volant à quinze mètres seulement au-dessus de la mer, quatre avions torpilleurs Heinkel 111, suivis par six bombardiers Junkers 88, qui, eux, prennent de la hauteur. Cette approche implacable dans le soleil revêt un aspect terrifiant. Sous le ventre des Heinkel, qui pour lancer ont réduit leur vitesse à 180 km/h, on distingue bientôt à la jumelle la forme sinistre des deux torpilles.

La DCA se met à tirer. D'abord les grosses pièces de 140 des croiseurs, dont les obus explosant dans la mer forment une haute gerbe d'eau jaillissant comme un barrage face aux avions torpilleurs. Puis les 102 des destroyers, suivis de l'aboiement sec des Bofors de 40 et du tac-à-tac rageur des Œrlikon de 20 débitant leurs chapelets d'obus à soixante coups-minute.

Le vacarme devient alors si infernal que l'on ne distingue plus les coups individuels. Dans le ciel zébré de projectiles traçants pourtant diversement colorés, aucun canonnier ne peut plus reconnaître les siens!

Ce barrage mortel est si efficace que les pilotes des Heinkel n'osent pas s'approcher pour lancer à une distance assez courte – moins de six cents mètres – qui seule rendrait toute parade impossible. A mille mètres, ils larguent leurs huit torpilles, des engins de 775 kg qui à trente-cinq nœuds filent sur la ligne tribord du convoi.

Sur les passerelles, les veilleurs, jumelles aux yeux, ont observé le jaillissement de l'eau résultant de la chute des torpilles, puis aussitôt le mouvement vers le haut de l'avion reprenant de l'altitude.

– Paré à manœuvrer!

Il semble impossible que quelques-unes d'entre elles ne frappent pas un navire, puisqu'elles vont tour à tour couper les huit colonnes. Mais sur la mer calme on repère bientôt les sillages, une cicatrice lisse qui s'allonge à toute vitesse, 60 km/h. Propulsées à l'air comprimé, les torpilles forment aussi un sillage de bulles si visible sous la mer que tous les bâtiments menacés font face et parviennent à manœuvrer assez tôt pour les éviter, tandis que les escorteurs les mieux placés, tout en tirant de toutes leurs pièces, larguent des grenades avec l'espoir de faire exploser prématurément les torpilles.

Elles foncent sur le convoi lorsqu'on entend, venu du ciel, le hurlement des bombardiers Junkers qui piquent. Parvenus à 2 500 mètres d'altitude, à un ordre du leader ils ont soudain basculé dans le vide. Rompant leur formation impeccable, ils tombent à 500 km/h, avec un angle de cinquante degrés, sur la proie qui leur est assignée.

Partout les bombes pleuvent. Comme les moutons d'un troupeau harcelé par un chien enragé, les cargos tentent en zigzaguant d'échapper à cette étreinte mortelle. Les projectiles s'écrasent dans la mer en soulevant d'énormes gerbes d'eau qui retombent sur les ponts. Continu, rageur, le vacarme de la DCA se mêle à l'explosion des bombes. Les destroyers, les croiseurs, et surtout le flak ship se couvrent d'éclairs fulgurants tandis qu'une âcre fumée sort des bouches des pièces chauffées à blanc. Les canonniers, mitraillés à leur tour par les Junkers 88 arrivant en fin de piqué, tirent désormais sans précision : comment atteindre une cible volant à cette vitesse? Avec terreur, mal protégés par le masque de leur pièce, ils observent les flammes jaune-vert sortir des canons de l'avion, ils entendent les obus exploser autour d'eux en criblant le pont, ils voient les camarades tomber, ensanglantés.

Certains avions n'en finissent pas de piquer, on dirait qu'ils veulent s'écraser sur le pont. On distingue nettement leurs grandes croix noires sur les ailes et le fuselage, et surtout les quatre bombes de 250 kg accrochées en dessous et sous les ailes. Soudain, les projectiles se détachent et, dans un bruit de tonnerre, l'avion amorce enfin sa ressource.

Etranges, ces bombes. Ceux qui ont eu le courage de regarder s'avancer la mort les ont vues d'abord comme flotter en l'air, cherchant leur proie, puis, comme téléguidées, foncer sur le bateau. A ce moment, il n'y a plus rien à faire pour tenter de les éviter. Certains ont vu les gros cylindres noirs, et même leurs numéros! Ces canonniers, ces marins-là, rescapés de tous les combats, savent qu'une bombe aperçue comme un cylindre n'est pas pour eux. La bombe qui vous est destinée, on la voit comme un disque bien rond. Alors, il n'y a plus qu'à prier.

Tout à coup, un signal s'élève à la drisse du croiseur amiral. Avec angoisse, tous les timoniers braquent leurs jumelles pour déchiffrer le frêle pavillon qui claque au vent. Le premier qui le voit pousse un énorme juron :

– Il dit, ce salaud : « Avancez les montres d'une heure! »

Un formidable éclat de rire secoue les hommes de la passerelle, gagnant les autres bateaux.

Le ciel, brusquement, s'est vidé d'avions, les canons se sont tus, on n'entend plus que cette énorme vague de rire qui succède à l'angoisse et aux affres du péril mortel auquel ils viennent d'échapper.

A bord de l'un des cargos américains, un canonnier, le doigt bloqué sur la gâchette de sa Lewis, tire, tire sans cesse dans le ciel bleu et vide, sans pouvoir s'arrêter. Le lieutenant des canonniers se précipite vers lui :

– Arrêtez! Vous gaspillez les munitions!

L'homme ne l'écoute pas, il ne l'entend pas. Ses mains crispées sur la détente, il s'y agrippe, rejeté en arrière par le recul de la pièce. Il est devenu fou.

Enfin, la mitrailleuse s'arrête, faute de munitions. Un grand silence enveloppe le convoi. Pas un seul navire n'a été touché.

Dans le ciel, hors de portée, l'épervier allemand d'observation a repris son poste. Impossible de s'en décoller! A bord de la *Roselys*, l'équipage s'y est habitué et l'a surnommé Georges. Le radio du bord entend toutes ses émissions, qui se bornent souvent à deux lettres avec un numéro. Les Allemands ont ainsi quadrillé tous les océans du globe.

– Il appelle les sous-marins comme la fermière appelle ses poules, pour leur donner du grain, le salaud! Avec ce temps clair, on ne va pas tarder à recevoir de nouveau de la visite.

A vingt et une heures, postes de combat.

Douze Junkers 88 attaquent en piqué. Instruits de l'échec de la première vague, ils ont l'air beaucoup plus agressifs, et se sont placés dans le soleil pour éblouir les canonniers, qui tirent alors sans précision. Avec une incidence de cinquante degrés, espacés de quelques secondes, les avions, dans un sifflement terrifiant, piquent de cinq mille mètres et, pour augmenter l'effet d'épouvante, les pilotes actionnent leur sirène. Depuis les passerelles et les plates-formes de tir, les marins aperçoivent bientôt les bombes, quatre engins de 250 kg.

Indifférents au barrage de la DCA, les Junkers continuent à piquer. A moins de cinq cents mètres, ils ouvrent le feu sur les hommes de la DCA, et leurs balles viennent cribler le pont des cargos, provoquant parfois un instant de panique. A moins de trois cents mètres d'altitude, ils amorcent enfin leur ressource en lâchant leurs bombes, et passent en grondant au-dessus des passerelles, qu'ils arrosent de balles.

Attaque massive de grand style, à peine contrariée par la DCA. Pas de naufrage. Un croiseur encadré, cinq cargos touchés par de nombreux éclats et fortement ébranlés par les explosions, certains même avec début d'incendie. On continue, sauf l'*USS Carlton*. Le matelot Akims se souvient :

« L'homme venait de prendre son quart, comme veilleur à l'avant. Il tremble de peur. Juste en dessous de lui, dans la cale 1, deux cents tonnes de munitions. Et encore deux cents tonnes entre lui et la passerelle! »

Deux bombardiers piquent. Les canonniers refoulent le premier, mais le second fait presque mouche : ses bombes explosent dans l'eau à un mètre de la coque. Le bateau est secoué comme une coquille de noix. Akims s'accroche en s'attendant à être envoyé en l'air par l'explosion de la cale 1. Puis il entend gueuler le capitaine Hansen :

– Tout le monde sur le pont des embarcations!

Mais quand il y arrive, le Vieux a changé d'avis. Alors, Akims grimpe sur la passerelle, où il a aussi son poste de quart. Le second l'agrippe :

– Ah, Akims! Allez en bas avec Kelly pour voir s'il y a de l'eau dans le tunnel.

Le tunnel de l'arbre porte-hélice! Il n'y a rien de plus bas à bord de ce rafiot! Il descend effrayé dans la machine. Des tuyaux de vapeur ont éclaté. Dans le tunnel, heureusement, ça tourne rond, et il se hâte de remonter. Nouvelle attaque. Deux bombes explosent dans la mer, mais tout près.

Le *Carlton* stoppe. Il paraît perdu, mais le capitaine Hansen est de ceux qui résistent. Cependant, un destroyer anglais s'est approché, et son commandant embouche un mégaphone :

– J'ai ordre de vous couler!

– Merci, hurle Hansen. Allez vous faire foutre!

– Vous immobilisez des escorteurs. Remettez en route, sinon je suis obligé de vous couler.

– Je n'abandonnerai pas mon bateau. Nous rentrons en Islande!

– D'accord. Je vous envoie le chalutier *Northern Spray* pour vous prendre en remorque.

« Le convoi et l'escorte, raconte Akims, disparurent à l'horizon, nous laissant déplorablement seuls, avec notre chalutier. Le petit frère nous tira vers l'ouest pendant douze heures, puis les gars de la machine remirent leur bécane en route, et nous continuâmes à dix nœuds. Bêtement, ils avaient fait passer un tuyau de pétrole par la citerne d'eau douce, de sorte que nous n'eûmes pas de café, alors qu'on en avait rudement besoin! Mais bah! Nous nous attendions à être coulés d'un instant à l'autre, par un avion ou par un sous-marin... »

Le *Carlton* s'en sortira et mouillera le 30 mai à Reykjavik. En attendant le prochain convoi de Mourmansk!

Suivant les Junkers 88, sept Heinkel 111 torpilleurs attaquaient au ras des vagues. Le chef d'escorte décida alors de leur opposer le chasseur Hurricane embarqué à bord du *CAM-ship* (1) *Empire Lawrence.* Du fait qu'aucune base alliée ne se trouvait à portée, l'avion était sacrifié, mais ce sacrifice en valait la peine.

La catapulte lança l'appareil. Le pilote, capitaine Hay, se rua sur l'escadrille des Heinkel, dont la surprise fut totale. Il abattit l'un d'eux, un autre, touché, prit la fuite. L'attaque brisée, les autres avions lancèrent à grande distance dans le désordre, donnant au convoi le temps de faire face et d'éviter les torpilles.

Pour le capitaine Hay, le moment était venu de tenter de sauver sa vie. Après avoir pourchassé les Heinkel, il retournait vers le PQ-16 pour sauter en parachute aussi près que possible d'une corvette, lorsque toute la DCA du convoi, le prenant pour un Allemand, ouvrit le feu et l'abattit. La nervosité des canonniers était telle après les heures d'angoisse, qu'ils criblèrent même le pilote alors qu'il descendait en parachute. Le destroyer *Volunter* parvint à le repêcher vivant.

Grâce au captage du bref message radio qu'un premier U-Boot suiveur avait envoyé à sa base, à l'aviation et aux autres sous-marins de la meute pour les faire rallier, on s'attendait à une autre attaque.

(1) *Catapult Aircraft Merchant ship*, navire marchand armé d'un avion sur catapulte.

Difficile de faire lâcher prise à ce sous-marin mouchard! Il n'attaquait pas, restant toujours hors de portée des radars et des armes. Mais sa position pouvait être déterminée approximativement par la radiogoniométrie à terre (Grande-Bretagne et Islande) qui en avisait le chef de l'escorte du convoi, ou encore directement et cette fois avec précision par le chef d'escorte lui-même, grâce à ses appareils de repérage *huff duff* (1).

Eléments d'une muraille mobile autour d'une cible mouvante, les escorteurs avançaient en écran du convoi, à deux mille ou trois mille mètres sur l'avant et sur les côtés, zigzaguant en explorant le site au radar et à l'asdic, qui émettait à de brefs intervalles.

Le 26 mai à deux heures du matin (rappelons qu'il faisait jour), l'alerte ASM retentit dans tous les postes. Un destroyer venait de repérer un U-Boot qui, après avoir profité des mauvaises conditions de fonctionnement des asdic pour forcer le passage de l'escorte, naviguait impunément en surface à l'avant du convoi. Avec son kiosque peint en blanc on le distinguait nettement sur la grisaille de la mer. Les destroyers et un croiseur ouvrirent le feu, tandis que les deux sous-marins britanniques s'écartaient prestement pour éviter toute méprise.

Mais cette apparition fut si brève – moins de trente secondes – qu'aucun pointeur n'eut le temps de régler sa pièce, aucun destroyer de lâcher ses torpilles. Le sous-marin avait plongé. Les destroyers arrivaient à vingt-cinq nœuds en criblant la mer de grenades. Puis un grand silence se fit. Les escorteurs avaient presque stoppé pour écouter les bruits des profondeurs, mais les mastodontes du convoi qui arrivait rendaient vaine

(1) Radiogoniométrie HF-DF à ondes courtes pratiquée par deux bâtiments de l'escorte, grâce à des antennes spéciales. Les Allemands croyaient encore à tort qu'il était impossible de localiser un sous-marin émettant en morse un bref message (une seconde), transmis sur ondes très courtes par téléimprimeur, et même les messages classiques de dix à vingt secondes. Dönitz a avoué que, s'il savait ses U-Boote détectés, ce ne pouvait être que par des postes lointains à terre, dont la précision n'excédait pas dix milles, alors que grâce au *huff duff* l'escorte elle-même du convoi détectait les sous-marins à un mille près!

cette tentative de repérage par hydrophone, tout comme celle par asdic.

Soudain, on entendit une détonation violente au milieu du convoi. Le cargo *Syros* venait d'être torpillé. Il coula peu après. Un dragueur et un chalutier récupérèrent les rescapés. On comptait neuf morts, tous hommes des machines.

Incroyable! Il y a donc un sous-marin au milieu du convoi! Comment a-t-il pu déjouer le radar et l'asdic? Parbleu! le salaud a fait surface au milieu du convoi. L'asdic, dont le faisceau a été détourné, une fois de plus, par les différentes couches bathymétriques, n'a pas joué son rôle. Ce U-Boot-là est conduit par un as, on aura du mal à l'avoir et il va faire de gros dégâts!

Enfin, l'opérateur asdic d'un destroyer crie :

– Contact très faible. Relèvement 172. Distance 3 000 mètres.

Alerté, le commandant bondit sur la passerelle.

– Je prends.

– Le commandant prend le quart, dit l'officier de quart.

– En avant toute; rappelez aux postes de combat. Calculez la route pour arriver sur son avant.

– Il faut venir au 185, commandant, annonce l'officier de navigation.

– Gouvernez au 185, ordonne le commandant.

– Nous sommes en route au 185, confirme l'homme de barre.

– Chef de timonerie, signalez au chef d'escorte et au commodore que nous chassons un sous-marin au 185, ajoute le commandant.

Tandis que le klaxon d'alerte hurle et que les machines montent en puissance, l'escorteur fonce à toute vitesse sur le point indiqué. Dix jumelles fouillent la nuit. Enfin, le commandant aperçoit une ligne blanche, le sillage du sous-marin, qui a refait surface. Il va tenter de lui couper la route.

– La barre à gauche 5.

– La barre est à gauche 5.

– Zéro la barre.

Le destroyer voit alors s'élever des gerbes d'embruns autour du sous-marin qui plonge. Car dans le kiosque, l'officier de quart allemand a enfin repéré l'escorteur grâce au double jaillissement de sa lame d'étrave; il a crié :

– A la cave, à toute vitesse!

L'eau s'engouffre déjà dans les ballasts alors que le dernier homme du kiosque disparaît à l'intérieur en bouclant le capot, et c'est l'air brutalement chassé qui provoque des gerbes d'embruns. L'Allemand a disparu sous la mer. Trente secondes suffisent avec un équipage entraîné. Lorsque l'escorteur arrive à vingt-cinq nœuds, il ne trouve qu'un tourbillon phosphorescent.

– Lancez un phoscar!

La boîte tombe à la mer; aussitôt, le carbure de calcium qu'elle contient produit de la fumée au contact de l'eau. On largue aussi une bouée qui émet des éclats lumineux, très visibles de tout le convoi.

– Lancez les grenades au jugé. Faible immersion.

– Feu! ordonne à l'arrière l'officier grenadeur.

Un *pattern* comprend dix grenades jumelées de 250 kg chacune, réglées de manière à exploser simultanément, ce qu'elles font en soulevant d'énormes gerbes d'eau, un instant immobiles comme de grands piliers fantomatiques, puis elles s'écroulent dans un bouillonnement d'écume.

– Mettez l'asdic sur l'ampli de la passerelle.

Maintenant, il faut le harceler avant qu'il ait le temps de se remettre. On réduit la vitesse pour permettre l'écoute passive.

– Contact net. Distance 1 300 mètres. L'inclinaison augmente, le but se déplace sur bâbord, annonce la voix un peu oppressée de l'écouteur.

– La barre à gauche 10.

Le U-Boot a plongé à grande profondeur. On lui largue des *patterns* de grenades, dont l'explosion est réglée à la profondeur maximale et, pour faire bon poids, une grenade géante d'une tonne, lancée par le tube lance-torpilles.

– Avec le bonjour de M. Churchill!

Après chaque attaque, les équipes de grenadeurs se démènent furieusement pour recharger les glissières. A l'exercice, il faut quinze secondes; beaucoup plus dans l'océan Glacial. Les palans amènent les caisses de 340 kg des soutes vers les parcs du pont. Lorsque le destroyer évolue à toute vitesse, ou lorsque la mer est creuse, le pont verglacé est dangereux, les caisses échappent aux hommes et partent au roulis, elles peuvent écraser les marins qui tentent de mettre les grenades sur les rails. En outre, des paquets de mer s'abattent sur la plage arrière glissante, et des hommes ont parfois de l'eau jusqu'à la ceinture.

L'opérateur asdic de l'escorteur entend soudain dans son casque un bruit d'air comprimé chassant dans des ballasts. Le sous-marin, gravement touché ou à bout de souffle, a décidé de refaire surface. Dès qu'il jaillit de la mer, tous les projecteurs du bord se braquent sur lui. Il est si près que les canons de 120 ne peuvent le saisir dans la lunette de visée. Mais les Bofors le criblent allégrement, balayant ses canonniers qui se sont rués sur les pièces : un canon de 127 ou de 105 et deux pièces légères à tir rapide.

Le U-Boot passe maintenant par le travers. L'escorteur lâche des grenades à la profondeur minimale, quinze mètres. Le sous-marin fuit alors en surface comme un tigre traqué. Pour les deux protagonistes c'est le moment le plus dangereux. Le destroyer ouvre enfin le feu au canon de 120, le seul vraiment capable de crever la coque épaisse. Le sous-marin réplique à coups de torpilles, lâchées par les deux tubes arrière.

Mais il manque sa cible mobile dont il ne voit que l'étrave. Les Allemands n'ont pas encore mis au point leurs imparables torpilles acoustiques, qui foncent droit au but, guidées par le bruit des hélices. En vain le sous-marin tente de prendre l'escorteur de travers; dans ce duel en surface ce dernier est plus mobile, plus rapide. Le destroyer n'arrive pas à crever la coque de son ennemi; ses obus, tirés de trop près, ricochent sur l'épaisse tôle ronde d'acier.

Ici, le choix est crucial pour l'anglais, enfin arrivé en position pour aborder le sous-marin. Les Américains et les Français le font à leurs risques et périls, mais l'Amirauté britannique l'a interdit aux siens. On a vu des escorteurs rentrer au port l'étrave démolie, la quille brisée, la cloche asdic crevée. Certains ont même été mis hors de combat, gouvernail et hélice arrachés, pour être passés par-dessus le submersible! Si la visibilité est suffisante, mieux vaut encore essayer de l'avoir au canon; mais un sous-marin de mille tonnes est aussi bien armé qu'une corvette, la lutte risque d'être chaude. Plus tard, l'escorteur disposera du *hedgehog* (hérisson), batterie de mortiers qui lancent à cent cinquante mètres des gerbes de projectiles de quinze kilos explosant au contact.

Le sous-marin, qui voit arriver d'autres escorteurs, est contraint de replonger. Paradoxalement, il est alors sous la mer en état d'infériorité; avec moins de douze nœuds aux moteurs électriques, il devient plus lent que l'escorteur, et à cette allure il est très bruyant (1). Il ne peut pas non plus échapper par le fond, sa coque ne résistant pas au-delà de cent vingt à cent cinquante mètres; enfin, il est aveugle. Il entend seulement les machines des escorteurs quand ils arrivent au-dessus de lui, ce qui lui laisse une très faible marge pour éviter les grenades, dont il perçoit aussi la chute.

Le destroyer va donc matraquer le sous-marin à la grenade, pour le détruire ou au moins l'épuiser, afin de laisser au convoi le temps de s'éloigner. De jour, le sous-marin s'en sort difficilement. De nuit, il tenterait de s'échapper en refaisant surface.

(1) Rappelons que le sous-marin navigue en surface aux diesels à 17 nœuds, et en plongée à 12 nœuds maximum aux moteurs électriques, dont les accumulateurs sont tous les jours rechargés (en surface) par une dynamo couplée à un diesel, qui, jusqu'à l'invention du schnorchel en 1944, ne peut tourner qu'à l'air libre. Voir annexe 3.

S'il choisit de rester sous la mer, la lutte sera longue, et il devra plonger profondément (plus de cent mètres) pour échapper au cône du faisceau asdic, qui est presque horizontal (1).

Toute l'opération est alors entre les mains de l'opérateur asdic, dont la cabine ouvre sur la passerelle de l'escorteur, où le *ping-ing* de l'écho est entendu grâce à l'amplificateur. Par l'effet Doppler (2), un opérateur entraîné juge si le sous-marin se rapproche ou s'éloigne; note aiguë, il se rapproche; note grave, il s'éloigne. En fait, la seule chance du sous-marin est souvent de tromper son adversaire en lui envoyant de faux échos (avec un nuage de bulles d'air) ou en lui faisant croire qu'il est coulé, en lâchant du pétrole, voire même des vêtements par les tubes! Il lui faudra alors se maintenir longtemps à grande profondeur. Là, non seulement il sera plus difficile à accrocher dans le faisceau de l'asdic, mais encore à atteindre avec les grenades dont il entendra assez tôt le plongeon pour les éviter. A cent mètres sous la mer, il dispose d'un délai de plusieurs secondes pour évoluer; or, seul un coup très rapproché (moins de six mètres) pourra le mettre hors de combat.

Le sous-marin aura-t-il assez de puissance aux batteries pour demeurer en plongée? Sa coque, ébranlée par les explosions, sera-t-elle toujours parfaitement étanche et, dans la négative, restera-t-il assez de puissance aux pompes pour expulser l'eau, assez d'air comprimé pour chasser aux ballasts? Enfin, les nerfs des hommes, soumis pendant des heures à cette épreuve, tiendront-ils? Tel est le jeu.

L'escorteur abandonna la poursuite. Impossible de demeurer plus longtemps loin du convoi, qu'il rallia à toute vitesse.

(1) Aujourd'hui, l'asdic (sonar) peut tenir le contact à la verticale et par grande profondeur, grâce au « poisson » remorqué.

(2) Lorsque le but est en mouvement, il y a modification de la longueur d'onde reçue par l'asdic, et cela se traduit auditivement par une différence de tonalité.

Les U-Boote étaient là, ils ne lâcheraient plus le PQ-16. Comment leur échapper, à douze ou treize nœuds, alors qu'ils en faisaient dix-sept? Les escorteurs, qui les repéraient à l'asdic à 2000 ou 3000 mètres au maximum, pouvaient seulement s'efforcer de les éloigner du convoi. Mais à trois mille mètres, une torpille a encore de bonnes chances de frapper dans une masse de soixante navires!

Une heure après ce torpillage, on vit l'escadre des croiseurs et leurs trois destroyers s'éloigner du convoi, et le cœur des hommes se serra. Fuyaient-ils le péril sous-marin? L'amiral Burrough déclara qu'ils allaient seulement dans le sud-ouest s'établir en barrage pour dissuader toute attaque des bâtiments de ligne allemands embusqués dans les fjords de Norvège, maintenant proches de trois cents milles. Cette interprétation ne satisfaisait pas les hommes. Quatre croiseurs ne dissuaderaient pas le *Tirpitz*, le *Scheer* et le *Lützow*, qui n'en feraient qu'une bouchée. Il y avait autre chose. A mille kilomètres de là, le chef de la Home Fleet, qui se souvenait de l'élimination du *Trinidad* et de l'*Edinburgh*, avait tranché : « On ne peut pas davantage exposer nos croiseurs aux attaques aériennes massives qui ne vont pas manquer de se produire. Déjà, le *Norfolk* a été encadré par les bombes. »

Terriblement diminué en défense antiaérienne, le convoi avança, face à tous les périls. Désormais, deux bâtiments seulement, le flak ship *Alynbank*, et le gros destroyer *Martin*, possédaient des canons de 120 AA susceptibles d'atteindre les bombardiers avant l'amorce de leur piqué; ensuite, il ne resterait plus grand-chose à faire.

Avec le méridien du cap Nord, le PQ-16 atteignit le point critique de son périple. Sur bâbord, la banquise continuait à défiler lentement, ligne ininterrompue de falaises blanches, mur de glace d'un océan gelé, désert et inaccessible. Sur tribord, invisibles mais si proches de menaces, à deux cent cinquante milles, moins d'une heure d'avion, moins d'une journée de sous-marin, les côtes ennemies de Norvège et de Finlande dont chaque fjord abritait un nid de U-Boote, ou de torpilleurs, ou de cuirassés, ou quelque plan d'eau pour Heinkel 115. Et il restait à courir quatre fois vingt-quatre heures avant Mourmansk! Dans ce jour perpétuel, les hommes comptaient les heures. Quand les Allemands leur laissaient du répit, ils mesuraient le temps qui coulait. Et chaque heure qui passait était une victoire pour les survivants. Mais l'heure prochaine, à qui le tour?

A bord de la corvette *Roselys*, la routine avait repris. On capta Radio-Vichy :

« Un convoi anglo-américain à destination de Mourmansk et fortement défendu est engagé sans relâche par la Luftwaffe. »

– Les fumiers! On est bien renseigné, à Vichy!

A 11 h 10, le klaxon rappela effectivement aux postes de combat. Aussitôt, le ciel se couvrit de vrombissements menaçants. Ouvrons le journal de l'enseigne de vaisseau Jean de Montoussé.

« Les attaques se succèdent sans répit toutes les deux ou trois heures et se font plus précises et plus méchantes. Notre puissance de feu est très amoindrie depuis le départ des croiseurs, et les piqués sont plus audacieux. Nous passons sans trêve du poste de combat au poste de veille. Veut-on descendre au carré pour essayer d'avaler un sandwich? " Postes de combat! " S'écarte-t-on dans un coin pour dormir dix minutes? " Lieutenant, moins le quart! " Les hommes ont les yeux rouges et les paupières gonflées par le manque de sommeil, la poudre, l'éblouissement d'un soleil que l'on a tant fixé qu'il semble s'être imprimé sur la rétine et qu'il vous poursuit partout où le regard se pose. De plus, nous sommes devenus sourds et même dans les intervalles de calme nous hurlons pour nous faire entendre. »

L'attaque aérienne du 26 avait endommagé cinq cargos. Ils purent cependant maîtriser leurs incendies, colmater leurs voies d'eau et leurs fuites de vapeur, et rallièrent le convoi. En outre, deux escorteurs avaient été encadrés par les bombes. Cette fois encore, seul le tir nourri de la DCA avait empêché les pilotes de se livrer à des attaques plus précises, donc mortelles. Mais les Allemands n'étaient pas décidés à abandonner, malgré leurs pertes. Les pilotes, des hommes de l'escadrille qui avait détruit Rotterdam en 1940, en avaient vu d'autres. Et sur les aérodromes de Bardufoss, de Banar et de Petsamo l'ordre était : attaquez, attaquez sans répit!

A peine de retour, l'avion est pris en charge par les « rampants ». On fait le plein, on charge bombes et torpilles, on approvisionne les chargeurs des canons. Pendant ce temps, au mess, l'équipage se nourrit à la hâte, sans même quitter la tenue de vol. L'avion est paré. En route, les moteurs!

Là-bas, au-dessus de l'Arctique, « Georges », l'épervier, tournait toujours en rond en vue du PQ-16 en bavardant sur les ondes. Alors, d'un escorteur, un officier de quart exaspéré, branchant son micro sur la longueur d'ondes de l'Allemand, lui cria :

– Oh fils! tu nous donnes le tournis! Ne pourrais-tu tourner dans l'autre sens?

– Trop heureux de vous être agréable, répondit le pilote.

Et l'avion se mit à tourner en sens inverse.

27 mai.

Le temps est beau, désespérément clair, la mer calme, le vent nul. Des stratus couvrent le ciel. Le plafond est bas, assez épais pour gêner l'attaque des bombardiers, pas assez pour dissimuler le convoi et empêcher l'attaque des avions torpilleurs.

A 0 h 39, un premier vol de huit Heinkel 111 a trouvé le convoi, qui fait route à l'est en rasant la banquise. Dès que les radars les ont repérés, quatre destroyers se portent en avant à leur rencontre. Cette tactique échoue. Les avions reprennent de l'altitude au passage des destroyers, puis ils piquent à nouveau sur le convoi. L'absence rapprochée des destroyers à l'énorme puissance de feu se fait aussitôt sentir. Le barrage étant moins dense, les pilotes s'enhardissent et lancent leurs torpilles à moins de mille mètres. Dans ces conditions, l'engin ne met que cinquante secondes pour atteindre son but, qui a bien peu de temps pour l'éviter. Deux cargos sont ainsi touchés, mais ils parviennent à colmater leurs rentrées d'eau.

Les Allemands attendaient le dégagement des nuages pour lancer les bombardiers. Et la banquise s'allia à eux. A trois heures trente le convoi se heurta à une avancée des glaces et dut faire une abattée pendant deux heures vers le sud-est. A 7 h 45, lorsque la première vague décolla de Bardufoss, le plafond de nuages était remonté à neuf cents mètres, conditions idéales d'approche.

Prenant leur temps pour se regrouper, les bombardiers attaquent à 9 h 40. Pendant douze heures, les vagues d'avions vont se succéder sans interruption, au rythme d'une vague de six à quinze avions par heure. Même si l'attaque ne dure que quinze minutes, en comptant le temps d'approche, les équipages ont l'impression d'une attaque ininterrompue. Dans son journal, l'enseigne de Montoussé note : « Attaques aériennes presque sans interruption. » Le feu de la DCA est de moins en moins nourri, car les réserves de munitions s'épuisent, et il faut tenir encore trois jours jusqu'à Mourmansk.

Deux cargos, l'*Alamar* et le *Mormacsul*, sont touchés et abandonnés, victimes promises aux U-Boote qui, telles des hyènes suivant une caravane, s'apprêtent à bondir sur tout ce qui reste en arrière sans protection.

Les pilotes se font de plus en plus hardis. Les rapports des précédentes missions l'ont montré, la DCA est peu efficace. Des avions sont cependant touchés, des pilotes, navigateurs ou mitrailleurs blessés, mais il en faut davantage pour les faire reculer. Les pilotes lâchent maintenant à deux cent cinquante mètres des bombes de cinquante kilos. Chaque Junkers 88 en emporte seize. Tous les cargos étant chargés de munitions et d'explosifs, l'incendie est souvent la manière la plus efficace de les éliminer.

Le liberty ship *City of Joliet* est ainsi touché, sa passerelle incendiée. L'avion mitraille le cargo en passant au-dessus de lui à trente mètres. Peu après onze heures, ce cargo est ébranlé par l'explosion d'une bombe de 250 kg qui éclate dans la mer à cent cinquante mètres, disloquant les tôles rivetées. L'eau se met alors à gagner dans les fonds, malgré les pompes d'épuisement.

A 12 h 47, le cargo *Empire Lawrence* (12 000 t) est attaqué simultanément par six Junkers. Mettant la barre toute à gauche, il parvient à éviter un premier chapelet de bombes. Mais le second bombardier arrive en hurlant, et il se passe une chose extraordinaire. Le pilote, touché à trois cents mètres par un éclat de DCA, perd connaissance (peut-être est-il déjà mort), et l'avion, alors en plein piqué, vient s'écraser à 500 km/h sur la plage avant, avec toutes ses bombes, dans une explosion gigantesque.

Lorsque la fumée se dissipe, le cargo est stoppé, avant enfoncé. Il coule. Sur le pont jonché de cadavres et de blessés, dans une énorme fumée noire, des camions flambent (ils sont livrés aux Russes avec le plein d'essence).

La panique s'empare des survivants. Dans le désordre, ils tentent de mettre une embarcation et les radeaux à la mer. Des grappes d'hommes, craignant l'explosion du cargo, se jettent directement à l'eau, mais beaucoup sont aussitôt saisis de congestion et meurent. D'autres, à demi paralysés, atteignent les radeaux sans avoir la force de s'y hisser.

L'*Empire Lawrence* coule ainsi en quelques minutes. Le cargo qui suit dans la file, *City of Joliet*, traverse ces scènes d'épouvante sans s'arrêter, luttant lui-même contre l'eau qui l'envahit. Des naufragés implorent qu'on les recueille, mais les ordres sont formels, aucun cargo ne doit stopper.

Heureusement, le chalutier *Lady Madeleine* arrivait sur les lieux au moment où l'*Empire Lawrence* disparaissait sous la mer. Il se mit alors en devoir de récupérer les naufragés qui surnageaient dans un océan de mazout. Il ne put en recueillir que seize, dont certains succombèrent peu après. Un témoin a rapporté que la peau des Noirs était devenue gris cendre.

Au-dessus de ce gâchis, le carrousel aérien continuait. Tous les canons tiraient dans un vacarme couvert par le hurlement des piqués et l'éclatement des bombes. Pris à partie par les Junkers, le chalutier remit en route à toute vitesse et échappa de justesse aux bombes, qui explosèrent dans la mer en achevant plusieurs naufragés qu'il n'avait pas eu le temps de récupérer.

Vers treize heures, le cargo russe *Stari Bolchevik* encaisse une bombe qui a explosé sur la plate-forme du canon, tué son armement, et mis le feu à ses munitions. L'affaire est grave. Le bâtiment est chargé de ce qu'il y a de pire : essence d'avion et explosifs TNT !

Depuis l'appareillage de Reykjavik, ce bateau n'a cessé d'exciter l'imagination des équipages, car il compte quelques femmes, phénomène alors absolument impensable dans les marines marchandes occidentales (1). Certes, tous les bâtiments russes sont mystérieux, personne ne peut monter à bord, mais l'information ici a filtré parce que le cargo est armé par les Alliés, l'équipe des canonniers étant même britannique. A Reykjavik, quelques officiers ont été invités à bord et le capitaine russe Athanasev leur a offert le thé. Alors, on a aperçu les filles. L'une, plutôt maigre, occupe la fonction de second officier mécanicien. Deux autres, bien en chair, blondes et roses, sont stewards et plus d'un marin s'imagine déjà en leur compagnie, voguant après naufrage dans l'Arctique à bord d'une chaloupe abondamment pourvue de vivres et de vin, vers quelque île de la Nouvelle-Zemble. Le

(1) Les Alliés refusaient tout simplement les engagements des femmes ! La seule exception fut une femme britannique, second officier mécanicien d'un cargo.

rêve est-il en train de se réaliser? Il risque d'être payé cher, car si ce bateau explose, il emportera avec lui ses sauveteurs dans la mort.

Sur la passerelle du destroyer chef d'escorte *Ashanti*, un projecteur clignote en direction de la *Roselys* :

– Assistez le *Stari Bolchevik*.

La corvette s'élance sur la mer. Bientôt, elle est à couple du cargo, qui avance à huit nœuds en laissant derrière lui un panache énorme de fumée. Malgré les risques mortels d'explosion, le capitaine refuse de faire évacuer, et il n'y a pas à bord un syndicat de marins pour le contester! A vingt mètres, le dialogue s'engage en anglais entre le capitaine Athanasev et le commandant Bergeret :

– Avez-vous besoin de secours?

– Oui. La bombe a démoli mon collecteur d'incendie. Nous ne sommes plus maîtres du feu, et nous avons des morts et des blessés.

– On va vous passer une manche.

A dix mètres, le tuyau est lancé, le jet puissant braqué sur les foyers. Ici, un curieux incident. Est-ce pur héroïsme, ou envie des filles russes ou de la *Victoria cross?* Sans ordre, le destroyer britannique *Martin* s'approche et signale à la *Roselys* :

– Laissez-nous la place, on a des moyens plus efficaces que les vôtres!

Le commandant Bergeret n'a que trois galons sur les manches, le commandant du destroyer en a quatre. Ce grade n'intimide pas l'officier français, qui fait la sourde oreille. Furieux de voir lui échapper cette occasion chevaleresque de venir en aide au cargo russe qui pourtant menace à tout instant de sauter, l'Anglais se fait menaçant, s'égosillant dans le porte-voix en débitant des injures à l'intention de ces *Frenchmen* indisciplinés.

Mais les Junkers piquaient à nouveau, attirés par la fumée et ces trois bateaux agglomérés, cible tentante. L'Anglais s'éloigna sans demander son reste. Une bombe explosa entre le cargo et la *Roselys*, la gerbe d'eau noyant le pont en retombant. Grâce au feu nourri de la corvette, les bombes, lancées de trop haut, manquèrent leur but. Deux heures plus tard, l'incendie était maîtrisé à bord du cargo russe, et, rejoignant son poste, la *Roselys* passa ostensiblement devant le *Martin*, dont le commandant, beau joueur, la félicita.

Les attaques aériennes continuaient. A 15 h 20, l'*Ocean Voice*, le cargo du commodore Gale, encaissa. Incendié et coque crevée, il ne coula pas. Toutefois, incapable de tenir son poste, il contraignit le commodore à hisser sa marque à bord du flak ship *Alynbank*. La même attaque avait gravement endommagé la *City of Joliet*, dont tout l'avant était en feu et qui stoppa sur la mer. Avant même d'en avoir reçu l'ordre, un groupe de marins affala deux canots. Ils touchèrent l'eau, mais le capitaine leur ordonna de rester le long du bord. Enfin, les avions s'éloignèrent.

– Remontez à bord, bande de froussards!

Très penauds de leur panique, ils tirèrent sur les garants des palans. En s'affalant sur le pont, certains hommes étaient encore malades de peur. Cependant, avaries maîtrisées, le cargo avait repris sa route, et, gîtant fortement, tentait de regagner son poste.

Les attaques aériennes reprenaient, tandis qu'à l'arrière les U-Boote harcelaient les retardataires. Puis un ou deux sous-marins réussirent à pénétrer à l'intérieur du convoi, y semant la confusion. Il était alors difficile d'y voir clair. Tant bien que mal, collant à la banquise qui dressait au nord ses falaises blanches, le convoi poursuivit sa route vers l'est, en formation irrégulière rompue toutes les heures par les attaques aériennes.

A dix-huit heures, le bilan des pertes s'élevait à quatre cargos coulés et un abandon. De nombreux navires, frappés, criblés, incendiés, abandonnés, avaient été récupérés par leur équipage et avaient rallié, surpris du peu d'agressivité des sous-marins qui n'auraient pas dû laisser échapper des proies aussi vulnérables.

Le moral des équipages marchands n'en était pas

moins très bas en raison de la fatigue (personne ne dormait depuis deux ou trois jours) et de la tension nerveuse. Beaucoup, mal amarinés, avaient « craqué » et en arrivaient à souhaiter que leur bateau coule au plus vite pour embarquer sur des canots qui eux, au moins, ne seraient pas bombardés!

A nouveau, les Junkers 88 s'acharnaient. Soudain, au milieu du convoi, on vit une lueur aveuglante, et, montant vers le ciel jusqu'à mille mètres, une colonne de feu, aussitôt suivie d'un ébranlement gigantesque. L'*Empire Purcell*, avec ses quatre mille tonnes de TNT, venait en une seconde d'être volatilisé par une bombe. A bord des cargos les plus proches, on avait ressenti le déplacement d'air brûlant, comme le souffle du Sahara au milieu de l'atmosphère glacée de l'Arctique. La colonne de feu atteignit deux mille mètres et s'élargit comme un champignon, passant du blanc aveuglant au jaune, puis elle s'éteignit. Tout cela n'avait duré que quelques secondes, il n'y avait pas de fumée dans le ciel, et, ce qui parut le plus effrayant aux témoins de ce drame, pas d'épaves, de traces sur la mer, comme si ce cargo, avec ses quarante hommes d'équipage et ses dix canonniers de chair et de sang, s'était évaporé dans l'atmosphère. « C'est terrible, dit un marin; c'est comme s'ils n'avaient pas existé. » Jamais l'expression « ils sont montés au ciel » n'avait été plus appropriée pour qualifier ce qui venait de se passer.

A bord de la *Roselys*, l'enseigne de quart de Montoussé tentait lui aussi de reprendre son souffle : « Là où cinq secondes auparavant naviguaient un bâtiment et des hommes, il n'y avait plus que le vide, le néant. »

Au cours de cette attaque, un sixième cargo, le *Lowther Castle*, fut envoyé par le fond.

A 20 h 18, un raid de bombardiers s'acharna contre le destroyer polonais *Garland*, qui, naviguant en tête du convoi, avait connu une singulière malchance : un chapelet de bombes l'avait manqué de peu, mais l'une d'elles, en éclatant dans la mer, faisait exploser trois autres bombes encore en l'air, juste au niveau du pont, qui fut criblé d'éclats mortels, mettant hors de combat les hommes du pont et de la DCA. Bientôt désemparé, en feu, comptant dix-sept morts et vingt-neuf blessés graves, il abandonna le convoi pour tenter de gagner seul la côte soviétique à petite vitesse.

A vingt-deux heures, le plafond des nuages se referma miséricordieusement au-dessus du PQ-16, interrompant les bombardements aériens. Au cours de cette terrible journée du 27 mai, cent vingt-huit avions allemands et deux ou trois sous-marins avaient attaqué. On était désormais à portée des aérodromes russes, mais pas un seul avion soviétique n'apparaissait dans le ciel.

Au matin du 28 mai, la *City of Joliet*, liberty ship tout neuf dont la précieuse cargaison de chars, d'avions, d'automitrailleuses et de provisions diverses valait trois fois le prix du bateau, dut être abandonnée, l'eau gagnant partout malgré les pompes. Ces cargos hâtivement construits en Amérique pour les transports de guerre n'avaient pas la solidité des bâtiments militaires. Leur durée ne dépassait d'ailleurs pas cinq ans; mais celui-ci en était à son premier voyage!

La corvette *Roselys* recueillit les trente-six survivants, auxquels l'équipage offrit spontanément ses couchettes. Accablés, mais heureux d'être en vie, ils avaient tout perdu, sauf quelques paquets de cigarettes, qu'ils offrirent à leurs sauveteurs. L'arrivée de ces hommes à bord de la corvette déjà encombrée et dont les vivres touchaient à leur fin posa maints problèmes que les marins français s'efforcèrent de résoudre dans la bonne humeur.

Il ne restait plus que deux cents milles à couvrir pour atteindre Mourmansk, l'affaire de vingt à trente heures de mer. Le temps, heureusement, s'était couvert. Au-dessus des nuages compacts et du brouillard, on entendait le ronflement menaçant des bombardiers allemands, mais ils ne possédaient pas, comme les avions alliés, le radar qui leur eût permis de détecter leur proie à travers les nuées. Il n'y eut que deux attaques manquées de pilotes assez hardis pour tenter de crever le plafond bas.

A onze heures, le convoi, qui jusqu'alors avait rasé la banquise cap à l'est, atteignit la longitude de Mourmansk et mit le cap au sud sur la baie de Kola. Un froid intense augmentait la souffrance des hommes épuisés par quatre jours de veille. La glace s'accumulait sur les ponts, alourdissant les superstructures et bloquant les canons. La navigation arctique retrouvait tous ses risques, et les icebergs se faisaient de plus en plus nombreux sur la mer.

On vit enfin rallier trois torpilleurs soviétiques. Mais l'épais brouillard blanc qui recouvrait la mer empêcha l'aviation russe de sortir. Elle aurait constitué pourtant la meilleure protection du PQ-16, qui allait subir encore de nombreuses attaques de la part de la Luftwaffe, qui volait malgré le brouillard, à l'affût des moindres trouées.

Le 29 mai, le temps se dégagea en effet, et à 6 heures les Heinkel 111 tentèrent une attaque à la torpille. Evoluant entre les icebergs dans un paysage que la brume rendait irréel, prenant des risques énormes, ils échouèrent. A six heures trente le manteau de brume s'épaissit jusqu'à supprimer toute visibilité. Mais le danger des glaces devenait mortel. Les cargos gouvernaient sur la bouée remorquée de celui qui précédait, et, sur les côtés, les escorteurs, se guidant au radar, maintenaient la cohésion. Mais un à un les radars gelés tombaient en panne. On en était réduit, comme en 1914-1918, à tenir son poste à la sirène.

Pourtant, lorsque la brume se dissipa, vers vingt heures, tout le convoi était là, naviguant vaillamment en ligne de file. Un vrai miracle. Mais on n'était pas encore tiré d'affaire. Déjà, le sinistre épervier « Georges », crevant le plafond des nuages, avait retrouvé le PQ-16!

Les attaques aériennes reprenaient, intermittentes et assez molles, malgré une DCA réduite, car plusieurs cargos n'avaient plus de munitions. Tout pouvait encore arriver le 29 mai au soir lorsque six cargos, le flak ship *Alynbank* et trois escorteurs se séparèrent du gros du convoi pour faire route à l'est sur Arkhangelsk, aussitôt attaqués par quinze bombardiers, tandis qu'une vague de dix-huit Junkers s'en prenait à la section de Mourmansk.

Sur les passerelles, dans les machines et sur les plates-formes de tir, les hommes avaient l'impression de vivre un cauchemar éveillé qui ne prendrait jamais fin. Des marins s'effondraient en larmes, d'autres juraient; des capitaines marchands, rendus fous à la vue de leurs canons privés de munitions, vidaient leur revolver contre les bombardiers qui piquaient.

Pourtant, les Allemands ne purent profiter de la situation. Visiblement, les pilotes, qui se relayaient presque sans sommeil aux commandes depuis quatre jours, étaient aussi épuisés que leurs adversaires.

Le lendemain 30 mai, les attaques recommencèrent, mais le PQ-16 semblait immunisé et les pilotes allemands commençaient à flancher : deux avions furent ainsi abattus.

Vers dix-huit heures il y eut une accalmie. Les hommes se ressaisirent. Puis soudain le sinistre klaxon retentit à nouveau, et l'on entendit à l'avant un grondement formidable de moteurs. Il n'y avait pas moins de trente avions qui s'avançaient en vol serré.

A bord des cargos, les crises de nerfs se succédaient, les hommes voulaient se jeter à la mer pour en finir. Comme des somnambules, les canonniers, accrochés à leur pièce, avaient ouvert le feu. Ceux de la *Roselys*, pris de fureur meurtrière, tiraient sans désemparer. L'officier de tir, assourdi, s'activait comme un robot derrière ses pièces crépitantes. Soudain, comme dans un rêve, il entendit la voix énorme du commandant Bergeret, amplifiée par le porte-voix de la passerelle :

– Cessez le feu, bon Dieu! Ce sont les Russes!

Les Russes, enfin...

A onze heures la terre russe était en vue, une terre sombre, aride, surmontée de collines couvertes d'une végétation rare. Le PQ-16 s'engagea dans le golfe de Kola, les bateaux délabrés mais tenant toujours parfaitement leur poste. Dans le ciel, des Hurricane britanniques et des Seversky soviétiques livraient un dernier combat aux Junkers.

Le regard vide, la tête douloureuse, les marins du PQ-16 contemplaient les rives escarpées de la rivière de Mourmansk dont l'estuaire s'ouvrait devant eux. Certains pleuraient, sans trop savoir si c'était de froid, d'épuisement ou de joie.

– Rompez les postes de combat! Préparez-vous à accueillir le pilote.

Lentement, l'un derrière l'autre, les vingt cargos rescapés du PQ-16 s'engagèrent dans l'estuaire de Mourmansk (1), tandis que les corvettes gagnaient la base navale voisine de Vaenga. C'était tout de même une belle victoire des convois. Malgré les attaques incessantes de deux cent soixante avions et d'une meute de U-Boote, le PQ-16 n'avait perdu que sept cargos et deux avaient fait demi-tour. Quant au convoi de retour, le QP-12, bien que repéré par l'aviation allemande, il atteignit l'Islande sans dommage.

Mais un fait était certain : tous les marins du commerce savaient que s'ils rentraient en Angleterre on ne les y reprendrait pas. Même si leur prime était multipliée par dix. Quant à ceux des bâtiments de guerre, ils étaient prêts à tout, comme d'habitude, et notamment ceux de la *Roselys*, cités à l'ordre des FNFL avec attribution de la croix de guerre. Promu capitaine de corvette, le lieutenant de vaisseau Bergeret recevait cette citation :

« Excellent marin, plein d'allant, a pris part effectivement, avec son bâtiment, à l'escorte des convois de Russie, dans des conditions particulièrement dures et périlleuses, notamment du 25 au 30 mai 1942, en contribuant à repousser des attaques presque incessantes d'avions ennemis, et le 5 juillet en se portant au

(1) Les six autres rallièrent sans perte Arkhangelsk.

secours de plusieurs bâtiments d'un convoi qui venait de sauter sur un champ de mines. A fait preuve en ces circonstances de beaucoup de sang-froid, de courage et de ténacité. A ainsi réussi, malgré une mer très grosse, à recueillir à bord de son navire cent soixante-seize survivants. » (Voir, ci-après, le retour du convoi.)

Par faveur spéciale, la *Roselys* fut autorisée à accoster dans le port de Mourmansk, et ses marins furent acclamés comme *sen slovidine*, les enfants de la liberté !

7
LES MARINS DES CARGOS

Dans leur majorité, les bâtiments marchands battaient pavillon américain ou anglais. Là se bornaient les traits communs, car pour le reste, tout différait, tout s'opposait, ce qui faisait de la conduite d'un grand convoi un cauchemar.

Ainsi, la marine marchande britannique ayant été réquisitionnée, les équipages passaient sous l'autorité de la Royal Navy, alors que la flotte marchande américaine restait libre, seulement sous contrat pour un voyage.

La variété et l'âge des bateaux constituaient un autre facteur de difficultés. A cette époque ne naviguaient que très peu de cargos et de pétroliers rapides, c'est-à-dire dépassant quinze nœuds. Et ceux-là, ainsi que les paquebots, étaient réservés pour la Méditerranée, infestée de sous-marins, auxquels leur vitesse permettait d'échapper. Ou bien ils naviguaient isolément dans l'Atlantique.

Les convois de Mourmansk se composaient donc de cargos et de pétroliers de trois mille à douze mille tonnes, dont l'âge pouvait dépasser trente ans, propulsés à la vapeur, avec parfois chauffe au mazout. Certains, a avoué un commodore, n'étaient que « des caisses de fer cliquetantes tenant par la rouille, la foi et le blasphème ». « Ces bailles poussives, ajoute le commandant Macintyre, étaient de véritables cercueils flottants, et il doit exister un coin spécial de l'enfer réservé aux armateurs qui envoyaient des hommes à bord de tels navires pour affronter les tempêtes nordiques hivernales. »

En 1942, la pénurie de tonnage était telle qu'on acceptait n'importe quoi. Cependant, on commençait à voir les fameux *liberty ships*. Deux mille sept cent dix seront construits aux Etats-Unis, en deux cent quarante-quatre jours pour le prototype, en quarante-deux jours lorsque les séries seront lancées.

Déplaçant 10 800 t de port en lourd, leur coque soudée résistait mieux que la coque rivetée aux ébranlements des bombes. Deux chaudières à vapeur chauffant au mazout assuraient une vitesse de onze nœuds avec une autonomie de dix-sept mille milles. Cette faible vitesse, inconvénient de la machine alternative par rapport à la turbine à vapeur, était compensée par la robustesse, et surtout par la possibilité de trouver n'importe où, même dans les ports russes, pièces de rechange et ouvriers pour réparer. Les quatre vastes cales étant isolées par des cloisons étanches, le navire ne coulait pas obligatoirement au premier impact, et des *liberty ships* flottaient encore par mer calme après avoir encaissé deux torpilles. L'équipage comptait trente-neuf hommes et une douzaine de canonniers.

Une cargaison type vers l'URSS comprenait, sur le pont, des camions, des avions démontés en caisses et des chars, solidement arrimés. Mais il arrivait que les amarres se rompent dans la tempête et que les chars provoquent alors de terribles dégâts avant de passer par-dessus bord. Dans les cales s'entassaient des armes, des munitions, des explosifs, des équipements militaires, du ravitaillement, des matières premières stratégiques et des appareils électroniques.

La vie à bord était très dure. Pas de médecin sur les cargos, pas même un infirmier, malgré les nombreux accidents dus au roulis sur des ponts verglacés. Pour les blessures de guerre les plus graves, on transportait les blessés, si la mer le permettait, à bord du *rescue ship* qui suivait le convoi.

Les équipages se comportaient très différemment, mais que dire des capitaines! Certains, grognons, renfermés et passifs refusaient d'obéir aux ordres et ne suivaient le convoi qu'à regret, tellement ils étaient habitués à naviguer seuls. On eût dit qu'ils étaient là seulement pour charger et arrimer la marchandise et donner au timonier la route à suivre, totalement incapables de contrôler les mouvements de panique de l'équipage, qui abandonnait parfois sans ordre un bateau menacé qui ne coulait même pas!

D'autres, au contraire, étaient si agressifs qu'ils se comportaient comme sur un bâtiment de guerre et se mettaient à chasser le sous-marin, rappelés à l'ordre par le commodore qui les faisait rentrer dans la ligne.

Lorsque les capitaines avaient une forte personnalité et... une solide allergie à la discipline, le résultat ne variait pas. La mise en place du convoi était une suite d'incidents tragiques, ou burlesques, avec d'énormes coups de gueule au mégaphone, ponctués de jurons et d'injures choisies. Non seulement ces capitaines refusaient d'obéir aux deux chefs du convoi, mais certains ne lisaient même pas les instructions : aussi les officiers de la Navy croyaient-ils avoir affaire à des fous, des imbéciles, des ivrognes, ou les trois à la fois.

Au début des convois, quantité de capitaines « perdaient » volontairement le troupeau. Il suffisait d'un peu de brume, et hop! Aussi ce type de capitaine était-il surveillé de près à son bord par le jeune enseigne chef des canonniers, et ce blanc-bec de vingt ans ne faisait qu'ajouter encore à ses motifs d'exaspération.

Si les capitaines anglais gueulaient, ils obéissaient, ce qui n'était pas toujours le cas des Américains. Détestant les convois, ils préféraient plutôt risquer une torpille qu'un abordage, et il est certain qu'au début de la guerre il y eut plus d'abordages que de torpillages.

On connut même des « ententes illicites ». Lorsqu'un convoi se traînait à sept nœuds pendant que la meute attaquait sans relâche, les capitaines dont le bateau pouvait en donner douze devenaient fous d'impatience, et grande était la tentation de s'échapper en avant. Il arriva que les plus rapides de certains convois manigancèrent de s'échapper ensemble, ce qui provoqua la colère de l'US Navy, qui tenta de réquisitionner la marine marchande, comme en Angleterre. Mais les syndicats l'en empêchèrent.

Cependant, dans la majorité des cas, les capitaines marchands furent des hommes admirables, surtout ceux de l'Arctique. Se former en convoi dans l'obscurité, se maintenir à son poste dans la brume, les glaces et la tempête tandis que l'ennemi guette, demeurer sur la passerelle par un froid inhumain six à dix jours de suite sans dormir, tout cela constituait une tâche exceptionnelle dont ils se tirèrent avec honneur, non seulement parce qu'ils possédaient toutes les compétences requises, mais surtout parce que leur métier les passionnait, tel ce vieux capitaine américain qui, à soixante-dix ans passés, conduisit gaillardemment à bon port une cargaison de dynamite. Ancien marin retraité retiré à soixante-cinq ans dans un ranch confortable du Texas, après l'attaque de Pearl Harbour il avait fermé son ranch, amené sa famille à la ville et s'était porté volontaire pour conduire un bateau n'importe où. Torpillé deux fois, il était toujours volontaire, et rien n'arrêtait son enthousiasme, son plaisir d'être en mer et de commander. C'est grâce à de tels hommes que les convois de Mourmansk sont passés.

Mais c'est aussi grâce aux hommes obscurs de l'équipage.

On observait une grande différence entre marins anglais et américains. Les premiers, dont les Allemands bombardaient le territoire, étaient fortement motivés pour se battre. Aussi, mobilisés à bord de leur navire, portant uniforme frappé de l'Union Jack, acceptaient-ils la sévère discipline militaire.

Les Américains, eux, restaient des civils. Et même lorsque la marine marchande américaine n'eut pour seul client que l'Etat, elle ne fut jamais réquisitionnée. L'Etat, même en guerre, ne faisait donc pas ce qu'il voulait des marins américains, et le travail, comme autrefois, restait soumis à des contrats âprement négociés. Si les marins ne pouvaient pas toujours choisir leur bateau, il n'était pas question de les embarquer contre leur gré dans les convois de l'Arctique, et les permissions demeuraient inaliénables : sept jours après trente jours de mer, quatorze après soixante jours, avec un maximum de vingt et un jours de congé à la suite, et ceci même si la marine manquait de personnel.

Le syndicat n'avait pas qu'un rôle restrictif. Il était bon d'avoir un délégué élu pour parler au capitaine, et des comités chargés de vérifier la sécurité, sinon quantité de cargos auraient appareillé avec des canots percés, sans voile ni vivres. Non seulement les syndicats défendirent les hommes, mais ils étaient aussi animés d'un idéal patriotique et s'opposèrent aux objecteurs, ivrognes et saboteurs. Ils participèrent loyalement à l'effort de guerre, contrairement aux syndicats russes et allemands, qui en 1917 et 1918 démobilisèrent les soldats et marins, ce qui précipita la défaite de leurs pays. En 1941, le mot d'ordre de l'Union Maritime fut : pas de conflit de travail jusqu'à la victoire. Elle n'en défendit pas moins les soldes exorbitantes. Alors que le *blue jacket* de l'Etat, derrière son canon, touchait cinquante dollars par mois, le matelot marchand recevait quatre ou cinq fois plus. A un salaire mensuel de base double (100 $) pour quarante-quatre heures hebdomadaires de travail, majoré de 15 % si le bateau portait plus de cinquante tonnes d'explosifs, ce qui était le cas général, s'ajoutaient heures supplémentaires et indemnités de guerre : 100 $ de bonification de guerre, 60 $ pour l'arrivée en Islande, 125 $ en Russie, plus de 100 $ offerts par les Russes, et 125 $ pour le retour en Angleterre. Et encore, 125 $ par attaque aérienne, 5 $ par jour pour séjour dans un port soviétique, sans compter les indemnités de naufrage, perte d'effets, etc., et une assurance fédérale gratuite sur la vie de 10 000 $. Un matelot contraint d'hiverner en URSS toucha 3 200 $, une petite fortune à l'époque, alors que son camarade des canons en reçut 200. Toutefois, les marins anglais gagnaient beaucoup moins que leurs camarades américains.

Ces disparités creusaient un fossé entre marins de l'Etat et marins marchands, encore élargi par la réputation « révolutionnaire » de ces derniers, dont les syndicats luttaient courageusement pour briser l'*apartheid* qui régnait aux Etats-Unis à l'époque : vingt pour cent des marins marchands étaient des Noirs, ces hommes travaillaient et mouraient comme les autres, et pourtant l'accès des cantines, clubs et restaurants militaires leur était interdit, ce qui entraîna la même interdiction pour tous les marins marchands de race blanche, parce qu'ils se solidarisaient avec eux.

Pourquoi ces hommes partaient-ils? Pour un être « normal » vivant à terre, les motivations d'embarquer pour Mourmansk demeurent inexplicables. Un tel avait des dettes, et c'était le moyen le plus rapide de s'en acquitter. Un autre voulait doter sa sœur, ou monter son propre ménage ou une petite affaire.

Mais, comme au temps des voiliers long-courriers, la plupart des marins embarquaient avec insouciance sans se poser de questions. Ensuite, ils en prenaient l'habitude. Même de faire naufrage! Ils cherchaient aussi l'aventure, et dans les bureaux de recrutement on savait allécher les jeunes sans travail en leur promettant des grades. Quant à ceux dont le pays était occupé, un réel patriotisme les animait. « Si je ne pouvais plus me battre pour mon pays, je ne voudrais plus vivre », déclara au bureau d'engagement de New York un marin grec déjà quatre fois torpillé!

Mais c'était l'exception. En général, on ne faisait pas deux fois les convois de Russie... quand on en revenait!

Si l'ennemi principal était le U-Boot, le Heinkel ou le Junkers, s'y ajoutaient les difficultés propres aux conditions climatiques les plus dures du monde. Le veilleur, le canonnier, l'homme de quart sur la passerelle découverte, subissaient l'hiver des températures de dix à trente degrés sous zéro, et ces conditions extrêmes devenaient insupportables lorsque le vent furieux plaquait des tourbillons de neige. Même dans les postes chauffés, la température ne dépassait pas alors zéro degré.

Aussi à l'extérieur s'habillait-on au maximum : contre la peau, caleçon long molletonné, gilet de laine, que certains Anglais remplaçaient par deux combinaisons épaisses dites « slips de Scapa »; gros bas de laine montant jusqu'aux cuisses. Par-dessus, deux pantalons, une chemise de flanelle et deux chandails, l'ensemble couvert par un *battle-dress*. L'homme enfilait encore un justaucorps en laine de mouton, une capote de l'armée, ou un *duffel-coat*, et, sous le capuchon de peau de mouton, un ou deux passe-montagnes dits « balaclava », tricotés par les « marraines de guerre », ou anonymement (1).

Pour terminer, gants doublés de laine, lourdes bottes de mer en cuir remontant jusqu'aux genoux, et, couronnant le tout, la brassière de sauvetage, que certains ne quittaient jamais. Aussi l'homme de quart sur le pont ressemblait-il à un magasin ambulant de vêtements, ou plutôt à une boule de textile sans forme. Mais tout ce harnachement n'empêchait pas l'eau de passer, et il se retrouvait bientôt grelottant dans des vêtements mouillés.

Ce monstrueux équipement alourdissant et gênant les mouvements si on tombait à la mer, la Marine imposa une combinaison étanche, dont il fut interdit de se séparer, de jour comme de nuit. C'était effectivement une question de vie ou de mort en cas de torpillage.

Bien que chauffés, les postes où vivait l'équipage en dehors du service ruisselaient d'humidité provenant des respirations et des vêtements mouillés. Par grand froid et forte mer on ne pouvait pas aérer et chaque marin arrivant du pont ressemblait à un bloc de glace, qui fondait devant le poêle lorsqu'il se déshabillait.

En dehors du service, les principales occupations consistaient alors à essayer de se réchauffer, et à

(1) Quelquefois, on trouvait la carte de visite de la jeune fille avec « prière d'écrire ». Les marins, naturellement, écrivaient, et il s'en suivait parfois des mariages au retour.

dormir pour récupérer. Au fur et à mesure que le bateau montait vers le nord et que se développait l'offensive des avions et des sous-marins, les hommes perdaient peu à peu la notion du temps, vivant dans une peur perpétuelle, en comptant les bateaux coulés. Les visages non rasés devenaient hagards, on ne se lavait plus depuis le départ, les canalisations d'eau étant gelées, tout comme les savons liquides et les torchons, durs comme de l'écorce dès qu'ils étaient humides.

La tempête, ininterrompue l'hiver, rendait la vie intenable. Parfois, le matériel attaché sur le pont se désarrimait, et il fallait le ressaisir au prix de cruelles blessures. Dans ces conditions, le sommeil aussi devenait impossible, et beaucoup, tordus par le mal de mer, cessaient même de s'alimenter.

La nourriture habituelle consistait en gros pain, avec ragoût et patates, qu'un cuisinier en vêtements graisseux et à la face brûlée par la chaleur tentait de faire mijoter sur un énorme fourneau de fonte à charbon. Les hommes de plat venaient chercher la ration de leur groupe dans un récipient émaillé. Lorsque la tempête empêchait d'allumer le feu, l'équipage se contentait de conserves, et, pour lutter contre le froid, absorbait fréquemment du chocolat en poudre dilué dans de l'eau réchauffée sur le poêle. L'alcool était sévèrement contingenté.

L'été la navigation était plus calme. En dehors des alertes, l'équipage jouait aux cartes ou lisait. Les animaux familiers, chats, chiens et volatiles, apportaient un peu de tendresse, et on repêcha même un marin à demi mort de froid resté plusieurs heures dans l'eau avec un petit chat perché sur sa tête, qui seule surnageait. L'homme avait le crâne ensanglanté par les griffes de l'animal qui s'agrippait, mais il n'avait pas voulu se séparer de lui.

Dans la marine, les mécaniciens forment un clan à part. Avec les convois de Mourmansk leur sort fut vraiment effroyable. Premiers avertis d'une attaque dont ils percevaient avant les autres les explosions sous-marines, ils savaient qu'à tout instant la muraille de fer qui bornait leur horizon pouvait brutalement éclater sous l'impact d'une torpille, noyant en quelques secondes la salle des machines et ses hommes. Dans ce cas, leur chance de s'échapper était nulle, alors que les hommes du pont pouvaient sauter à la mer.

Certes, les mécaniciens ne souffraient pas du froid, mais ils n'avaient pas, comme les autres, le sentiment de sécurité que donnaient la ceinture de sauvetage et le vêtement étanche portés en permanence, la chaleur des machines et les acrobaties sur les échelles de fer ne leur permettant pas de les utiliser.

Maudissant la folie qui les avait fait embarquer pour l'Arctique, ils vivaient dans une peur continuelle dès qu'ils avaient perçu l'explosion des grenades ASM indiquant qu'une meute attaquait. S'efforçant de cacher leur peur, les hommes se tenaient à leur poste en se surveillant les uns les autres. Le graisseur manipulait vaguement sa longue burette d'huile, le mécanicien faisait semblant de réparer une pompe ou un palier, le chauffeur observait sans les voir ses brûleurs et vérifiait ses manomètres; et dans son bureau, l'officier mécanicien ne trompait personne en feignant de s'absorber dans quelque paperasse.

Après la peur des sous-marins, venait celle des avions. Ils entendaient le tir de la DCA sur le pont et supposaient que les bombes n'allaient pas tarder. Effectivement, des ébranlements énormes retentissaient dans cette caisse de résonance qu'est la salle des machines. Les tôles du sol se soulevaient et retombaient avec fracas. Peut-être la coque était-elle déjà crevée dans une cale?

Les hommes devenaient blancs, livides; les Noirs prenaient une teinte de cendre et roulaient des yeux énormes. Tous avaient l'œil sur l'officier mécanicien qui se tenait devant le téléphone qui le reliait à la passerelle et donnerait l'ordre d'abandon. Le regard des mécaniciens se glissait vers l'échelle de fer, l'unique échelle d'évacuation. Aurait-on le temps de grimper à ses barreaux graisseux? Seuls les premiers arrivés au pied de l'échelle se sauveraient, peut-être...

Lorsque les vagues d'avions se succédaient, quelques mécaniciens, parmi les plus jeunes, sentaient qu'ils allaient perdre le contrôle d'eux-mêmes. La panique s'emparait d'eux, impression horrible que leur esprit allait couler avant leur corps. Tous se souvenaient alors des récits de ces équipages dont les mécaniciens, soudain, avaient lâché. L'instinct de survie avait été plus fort que le sens du devoir et ils s'étaient rués sans ordre sur l'échelle. Ils avaient débouché, hagards, sur le pont, en proie à une peur incontrôlable. Mais là ils avaient vu d'autres hommes aussi paniqués qu'eux et qui pourtant continuaient les gestes que leur dictait leur devoir. Alors, humiliés, subjugués par l'exemple de leurs anciens, ils étaient rentrés, sans un mot, sous le pont et ils avaient repris leur poste même le plus exposé, celui du graisseur des paliers de la ligne d'arbre d'hélice.

Dans le vacarme infernal des Heinkel lançant des torpilles, de toute l'escorte les arrosant d'obus et de grenades pour tenter de les faire exploser avant l'impact fatal, le mécanicien franchit la cloison arrière, s'engage dans la niche du tunnel, trou de rat obscur et sale, avec la lampe et la burette jusqu'à l'extrémité de l'arbre de l'hélice, dont le lourd battement couvre le fracas des explosions.

Très lentement, sans effroi, le graisseur revient maintenant sur ses pas. Il a dépassé ses terreurs et atteint une résignation active, prélude au véritable détachement de sa personne, qui n'est qu'un infime rouage dans le formidable engrenage de la guerre mondiale. Lorsqu'il atteindra le véritable détachement : dominer sa peur de la souffrance et de la mort, il sera alors un vrai marin de guerre, aussi grand, lui le dernier « bouchon gras » des machines de ce petit cargo minable, que le pilote d'avion, qui au même moment, dominant la même peur, brave la mort face au mur du feu de la DCA crépitante, le même aussi que le sous-marinier qui entend se rapprocher le fracas des grenades, le même que l'homme du destroyer dont le bâtiment léger s'avance à trente nœuds vers l'énorme cuirassé ennemi qui le pilonne.

Mais sur le pont aussi passait le grand souffle de la peur.

Chose curieuse, la peur des équipages était entretenue à la fois par le manque d'information – presque tous les hommes croyaient que dix pour cent à peine du matériel arrivait en Russie – et par les récits des survivants de naufrages, que l'on trouvait dans tout équipage. Ces rescapés assuraient que malgré la combinaison de caoutchouc on ne pouvait pas survivre plus de quatre-vingt-dix minutes dans l'eau glacée. D'autres parlaient de moins d'une heure, mais heureusement on ne souffrait pas, on devenait inconscient avant la mort. Ces hommes savaient que sans combinaison spéciale, on mourait en deux ou trois minutes dans l'eau glacée et qu'on ne pouvait pas tenir une heure sur un radeau dans la tempête, ou simplement surchargé.

Dans les postes d'équipage, les rumeurs les plus sinistres circulaient à l'heure de la pause. Les Nazis possédaient en Norvège un nouveau cuirassé de poche qui, plus rapide qu'un destroyer, coulait tous les cargos qu'il pourchassait. Les meutes de U-Boote étaient armées de nouvelles torpilles imparables. Le convoi précédent avait été entièrement détruit, mais l'Amirauté se gardait bien de le dire. Les Allemands, chacun savait cela, étaient des barbares cruels. Après un torpillage, les sous-mariniers s'alignaient sur le pont pour regarder en ricanant leurs victimes geler et agoniser dans la mer. Les aviateurs passaient en rasemottes en mitraillant les canots de sauvetage. Etc.

Les optimistes assuraient qu'on avait une chance sur deux de revenir vivant, et qu'en cas de malheur il était préférable de périr gelé en deux minutes que d'agoniser pendant un mois sur une baleinière perdue dans les mers chaudes. Parfois éclatait une explosion de colère parce qu'un marin avait assuré que le navire hôpital allait faire demi-tour, plein de faux malades déserteurs, qui toucheraient leur paye comme les autres, les salauds, et même plus qu'eux, pauvres matafs qui ne reviendraient jamais!

Dans la nuit polaire, à leur poste ou dans leur couchette, les hommes, tremblant de peur, écoutent le fracas des grenades ASM qui se répercute contre la coque. D'abord, on dirait que quelqu'un frappe des coups rapides avec un marteau, puis le bruit s'amplifie et devient comme un battement de tambour, un martèlement de marteau pneumatique.

Devant cette peur, les hommes réagissaient différemment. Au début, ils éprouvaient une sorte de pessimisme vague, qui tournait au désespoir informulé, souvent aggravé par le mal de mer qui les épuisait. Tel pensait à sa famille et au drame qui suivrait la réception de l'enveloppe officielle annonçant sa mort. Impression, surtout, d'être pris au piège d'une machine inexorable à broyer les hommes : la guerre, absurde et aveugle, qui ne distingue pas le bon du méchant.

Lorsque arrivait le combat, la peur se précisait, la mort prenait une forme personnelle : c'était la bombe ou la torpille, la rafale de mitrailleuse, la flamme de l'incendie, mais c'était aussi la tempête qui empêchait de mettre le canot à la mer, l'iceberg sur lequel on se fracassait dans la brume, le mazout qui brûlait l'estomac et les yeux, enfin le froid mortel qui saisirait tôt ou tard les naufragés abandonnés sur la mer dans la brume et dans la nuit. L'homme mal amariné et non endurci était alors saisi par la panique. Certains craquaient, ils abandonnaient leur poste en plein combat et allaient se tapir dans un coin obscur comme des animaux apeurés, ou bien ils se jetaient dans les canots de sauvetage et même à la mer.

Les épreuves passaient sur l'homme, qui s'endurcissait. Les plus faibles, pour survivre, se construisaient un monde imaginaire, dans lequel ils se réfugiaient au moment de l'épreuve. Lorsque la violence et la haine, les canons et le sang, la saleté et l'inconfort, les quarts de nuit et le froid, la promiscuité du poste et les bavardages obscènes, les boissons insipides et le mal de mer, les couvertures puantes et l'interminable ennui, l'angoisse de la mort et l'interrogation sans réponse les submergeaient, restait le monde des souvenirs, qu'on ne partage avec personne et qui vous donne la force de souffrir et de vivre. Soit qu'il alimente seulement la veilleuse de l'espoir ou s'impose comme un fantasme sexuel, lui seul semblait réel, et la guerre n'était plus alors qu'un cauchemar.

Enfin, certains atteignaient à une superbe indifférence. Une torpille avait envoyé par le fond un cargo américain. Au moment du drame, un petit groupe de marins jouait au poker. Tous se retrouvèrent quinze minutes plus tard sur un radeau. Et la partie de poker reprit, tandis que le radeau dérivait sur la mer.

Mais il y eut aussi des élans de générosité extrême, qui sont toute la noblesse de l'homme, et font qu'il se dépasse dans les pires circonstances. Cela surtout permettait d'espérer. Espérer en des temps meilleurs où l'amour se substituerait à la haine.

Alerte! Les radars du flak ship ont repéré à trente milles un vol de Heinkel et de Junkers. Blouson de drap et pantalon serré aux chevilles sous la combinaison étanche, gants et passe-montagne, l'équipe de quart de la Garde navale de chaque cargo est en permanence à son poste devant les canons. Les hommes arrachent les capots de toile sans lesquels les embruns auraient tôt fait de geler la pièce, ils coiffent leur casque d'acier, les pointeurs ajustent leurs sangles, collent un œil à la lunette de visée et orientent leur pièce, les servants passent les bandes, les chargeurs ou les longs obus tirés des caissons des gros 105, qui ouvrent le feu les premiers. Les flocons noirs de leurs explosions atteignent bientôt une telle densité qu'ils semblent opposer aux avions un mur pommelé infranchissable. Mais les bombardiers les ignorent et continuent d'avancer en perdant de l'altitude. Puis les

Bofors de 40 ouvrent le feu, et tout le convoi n'est plus qu'une masse d'éclairs jaillissant. Enfin claquent les Œrlikon de 20 à tir rapide, dont le pointeur, harnaché à sa pièce, débite allégrement les chargeurs circulaires. Avec les bateaux voisins, cela fait cent pièces tirant à la fois à un rythme frénétique. Le vacarme est assourdissant, l'air rempli d'explosions et du sillage des traceurs. Les Junkers ont piqué de trois mille mètres d'altitude et s'éparpillent dans le ciel, passant à l'attaque de tous les côtés à la fois pour désorganiser la défense.

Sur la plate-forme du Bofors, les douilles d'obus roulent sans cesse et la volée est brûlante. Le serveur tend les chargeurs d'obus au pointeur, et un troisième homme en apporte sans arrêt des caissons. Pour le servant le combat se résume à du bruit; il ne peut rien voir d'autre que les chargeurs qu'on lui tend, et le canon automatique qui les avale comme une machine à hacher. Sous l'effet du recul et de la rentrée en batterie, la volée va et vient et les traceurs des obus dessinent un arc doré dans le ciel.

Après les bombardiers, les Heinkel torpilleurs attaquent en rasant les flots. Le canonnier appuie à nouveau son pied sur la pédale de tir et le canon se met à se balancer sur son piedestal comme une bête furieuse, en crachant ses obus, dans un staccato discordant, déversant sur l'avion un flot de traceurs ininterrompu.

Le maniement de ces armes était relativement simple, mais le froid et le roulis compliquaient toutes choses. Le canon pouvait s'enrayer. Il fallait alors, souvent à mains nues, libérer les obus du chargeur automatique. Autant dire que ce canon était perdu pour cette attaque.

Dans la tempête, il était parfois impossible de manier les pièces. Leur volée se balançant follement, on devait les fixer à une étamperche. Tempête ou pas, le pointeur devait faire preuve d'une grande maîtrise pour ne pas tirer trop tôt; alors même qu'il était pris sous le feu des mitrailleuses de l'avion, il devait le laisser s'approcher, sinon il n'aurait plus d'obus dans les chargeurs lorsqu'il serait vraiment à bonne portée. Or si l'on ne dissuadait pas l'avion en tirant de loin, on le descendrait peut-être, mais pas avant d'avoir encaissé ses projectiles.

Il fallait trois hommes pour servir un canon. C'est pourquoi l'équipe, dont les hommes se relayaient par quart, était importante à bord de certains cargos. Par un de ces mystères dont la bureaucratie a le secret, les canons ASM étaient servis par des canonniers de marine, alors que les canons antiaériens l'étaient par des hommes du corps de l'Artillerie royale (branche maritime) pour les Anglais, et de la *Naval armed guard* pour les Américains. N'appartenant pas à l'équipage, ils vivaient à l'arrière en retrait dans des logements inconfortables, glacés et humides, situés au-dessous des canons, ancienne soute contenant l'hélice de rechange. Là s'entassaient jusqu'à vingt hommes, à bâbord les canonniers de marine, à tribord ceux de l'armée, avec entre les deux la cabine commune aux deux chefs et le « carré » commun à tous pour les repas amenés de la cuisine et hâtivement réchauffés sur le poêle à charbon qui crachait sa suie collante aux parois de fer ruisselantes.

Si les canonniers anglais des DEMS (cargos armés) entretenaient de bons rapports avec les marins, il n'en était pas de même pour les Américains, qui les méprisaient, parce que c'étaient des civils mobilisés, exerçant en temps de paix des métiers divers : tailleur, mécanicien, vendeur ou employé. Discrimination, aussi, entre les canonniers, certains étant d'active, d'autres de réserve, les uns de la marine, les autres de l'armée...

Et comme pour mettre le feu aux poudres, cet ensemble hétéroclite était commandé par un très jeune enseigne de vaisseau plutôt inexpérimenté dont les rapports étaient de surcroît détestables avec le capitaine et le vieux sergent canonnier, peu disposés à écouter ce jeunot dont le frais diplôme de Navale ne les impressionnait pas.

8

LES MARINS DES ESCORTEURS

Bien différente, mais non moins dangereuse, était la vie à bord des escorteurs.

A l'ouverture des hostilités, la Royal Navy en manqua tragiquement. La flotte de ligne accaparant les plus récents, on donna aux convois des vieilles unités de 1 200 t cédées par les Etats-Unis, et on a vu qu'elles ne faisaient pas le poids face aux contre-torpilleurs allemands ultra-modernes (1).

En 1941, l'US Navy n'était pas en meilleure posture. Jusqu'en 1944, les convois de Mourmansk eurent des escortes insuffisantes, à tel point qu'il fallut leur adjoindre des chalutiers réquisitionnés, sommairement armés.

Alors que les destroyers, rapides et armés de torpilles, étaient censés s'opposer à une attaque de bâtiments de surface en plus de leur rôle ASM et antiaérien, les lentes corvettes, que nous avons présentées au chapitre 5, avaient un rôle exclusivement antiaérien et surtout ASM.

Corvettes ou destroyers, tous ces escorteurs présentaient un défaut majeur pour les mers si dures de l'océan Glacial. En raison de leur faible tonnage (750 à 1 500 t), ils roulaient beaucoup, ce qui épuisait préma-

(1) Dans ce récit, nous appelons destroyers les escorteurs d'escadre et de haute mer, que l'on trouve dans tous les convois, armés de canons, de torpilles et de grenades, et contre-torpilleurs leurs similaires allemands. Le destroyer est un bâtiment de 1 500 à 2 500 t beaucoup plus armé et rapide qu'une corvette, et disposant de 6 ou 8 tubes lance-torpilles (voir annexes).

turément leurs équipages. Tout étant consacré aux armes, le personnel, très nombreux, vivait entassé dans des locaux humides et ne trouvait même pas, à l'escale soviétique de Vaenga, de quoi se remettre.

Leur moral était néanmoins élevé et on pouvait compter sur le commandant pour faire régner à bord les quatre vertus du bon escorteur : propre, sûr, vif et heureux. Propre grâce au patron et au bosco. Sûr grâce aux mécaniciens, chauffeurs et graisseurs, vif grâce au chef de timonerie qui a réponse à tout et aux canonniers prêts à faire feu à la moindre alerte; heureux, enfin, et, dit un commandant, « c'est à nous tous qu'est dû ce bonheur qui naît d'innombrables détails, bonheur aussi fort que l'amour ».

L'escorteur est au convoi ce que le chien de berger est au troupeau. Il navigue à l'avant et sur les côtés, toutes antennes déployées, pour donner un préavis d'attaque aérienne et empêcher qu'un sous-marin ne se glisse à l'intérieur du convoi, ou seulement s'en approche à portée de torpilles, environ trois mille mètres. Dès qu'il a détecté un sous-marin, il le harcèle sans trêve, essayant de le couler au canon, ou de le contraindre à plonger pour le couler à la grenade, ou au moins à naviguer à faible vitesse, ce qui permet au convoi de s'échapper. A cette époque, la portée utile du radar au niveau de la mer pour détecter un kiosque était de trois mille à quatre mille mètres, celle de l'asdic de six cents à trois mille mètres.

Le commandant le moins ancien de l'escorte se voyait en outre assigner le rôle ingrat de « cantinier », chargé des corvées, dont la pire était de tourner autour du convoi par mauvais temps pour faire serrer les traînards ou porter secours à un bâtiment avarié.

La notion de chien de berger leur était si ancrée qu'un jour un commandant d'escorteur, ayant retrouvé au radar un cargo perdu dans la brume, lui lança ce message sibyllin au mégaphone, avec le cap à prendre :

Saint Luc, XV, 5-6.

A bord du cargo, on se rua sur une Bible. Le passage disait : « Et tout joyeux il rentre chez lui, convoque amis et voisins et leur dit : " Réjouissez-vous avec moi, car j'ai retrouvé ma brebis, celle qui était perdue. " »

Au-dessus du cercle polaire, ou bien l'ennemi attaque sans relâche, ou bien la mer, le vent et les glaces agressent les bateaux sans répit. Et dans les convois de Mourmansk, tout est à l'envers! Jadis, avant guerre, on se croyait malheureux pour un bouchon de brume! En 1942, on la souhaite, cette brume qui vous fera échapper aux U-Boote et aux avions! Oui, c'est bien le monde renversé! Alors que jadis le bonheur du marin quittant la passerelle ou le pont glacé par le vent du pôle était de descendre dans sa chambre ou de retrouver sa couchette au poste d'équipage, maintenant on redoute ce moment : descendre *sous* la flottaison quand guettent les submersibles à l'affût.

Dans ces conditions, on comprend que l'équipage attendait de son chef, le commandant, le Pacha, le Vieux, qu'il soit un surhomme. Malgré son expérience et sa force de caractère, il n'en était pas moins soumis aux mêmes contingences physiques et morales que les autres, et davantage! Son repos n'était jamais total, et il ne quittait guère sa chambre de veille, sous la passerelle, d'où il entendait les commandements de l'officier de quart à l'homme de barre et le *ping-ping* obsédant de l'asdic, et tous ces bruits qui composaient l'arrière-fond sonore de l'escorteur en guerre.

Le commandant dormait (« quand le commandant dort, disaient les hommes, tout n'est qu'un moindre mal »), mais ses sens demeuraient en éveil. Toute modification de rythme ou d'intensité des bruits familiers le réveillait, ne serait-ce qu'une note d'inquiétude ou d'urgence dans la voix de l'officier de quart, ou un écho retransmis par le haut-parleur de l'asdic (1).

(1) Le « *ping-ping* » devient alors « *ping-ing* ». Il y a deux notes différentes, celle de l'émission et celle de l'écho.

Mystère de la conscience humaine! Beaucoup de commandants se retrouvaient, encore mal réveillés, sur l'échelle menant à la passerelle sans savoir ce qui les avait fait bondir de leur couchette ou de leur canapé, pour s'entendre dire par l'officier de quart :

– J'allais vous appeler, commandant. Nous avons perdu le convoi.

Naturellement, la responsabilité du chef d'escorte était plus lourde encore; contrôler une escorte aussi dispersée sur des mers aussi difficiles représentait un perpétuel casse-tête, surtout l'hiver lorsque le soleil ne se montrait jamais. A cette époque, les radars n'étaient pas aussi sensibles qu'ils le sont aujourd'hui, il était malaisé de ne pas confondre sur l'écran l'écho d'un petit cargo avec celui d'un destroyer, surtout lorsque la ceinture des escorteurs s'étalait sur quarante-cinq milles (1).

A ce casse-tête continuel s'ajoutaient pour le chef d'escorte les frictions avec le commodore. Ce dernier était responsable de la marche du convoi, le chef d'escorte de sa défense; pourtant, dans la pratique, les limites des rôles demeuraient imprécises. Le chef d'escorte était souvent moins âgé et moins gradé que le commodore, mais le cargo du commodore naviguait à poste fixe en tête du convoi sans pouvoir, comme le destroyer de l'*escort commander*, aller ici ou là librement pour se rendre compte de la situation, dont il était aussi mieux informé, grâce à un appareillage radio plus élaboré.

Si la responsabilité morale du commandant d'escorteur est totale, surtout au combat, celle de ses officiers reste importante. Ainsi, l'officier en second est notamment responsable du fonctionnement et de la propreté du bâtiment, de la discipline et du bien-être de l'équipage.

Dès qu'il est amariné, le jeune enseigne fait le quart

(1) L'écho radar sur l'écran apparaît au premier contact comme une tache, puis, si l'escorteur se rapproche, elle devient une très mince aiguille, qui grandit, permettant d'évaluer la longueur du bateau. On peut alors distinguer un sous-marin d'un cargo.

à part entière, il sera seul sur la passerelle à prendre les responsabilités d'urgence, jusqu'à l'arrivée du commandant appelé seulement en cas d'alerte; seul tandis que dorment ou veillent à bord soixante-dix à trois cents hommes (selon qu'il s'agit d'une corvette ou d'un gros destroyer), des hommes qui lui font confiance, comme ceux des cargos au précieux fret.

Avec les veilles continuelles – après l'île aux Ours l'état d'alerte était quasi permanent et personne ne pouvait guère, ici ou là, trouver plus d'une heure de sommeil – le cerveau s'épuisait, la détente devenait impossible, les responsabilités étaient perçues comme trop écrasantes, et l'horreur du torpillage brutal dans la nuit ou sur la mer déchaînée et glaciale se faisait omniprésente.

Il est certain que la tension morale et physique était plus dure pour les officiers que pour les gradés et pour les hommes, à mesure que leur responsabilité augmentait. Cependant, sur un bâtiment de guerre rapide et truffé d'armes, d'appareils sophistiqués, la plus petite erreur d'un seul risquait, à n'importe quel poste, d'être fatale à tous. Cette notion de former un corps d'élite au service d'une cause était aussi puissante à bord des escorteurs que, traditionnellement, sur les sous-marins.

Les hommes souhaitaient un bon bateau, solide et marin sinon confortable, où l'on serait « comme chez soi », mais surtout un bon commandant, qui s'occupait d'eux personnellement, connaissait leur vie privée, prenait la peine de leur expliquer le travail et ce qu'il attendait d'eux. Il était de leur génération, mais c'était le Vieux, le Pacha en qui on avait confiance, qu'on pouvait admirer, et suivre aveuglément jusqu'à la victoire, mais aussi jusqu'à la mort.

Il est typique qu'à bord des bateaux heureux le commandant n'appliquait jamais de punition, car il lui suffisait de menacer de débarquer le coupable en cas de récidive. C'est seulement à la fin du voyage de retour que le moral était parfois atteint; les petites querelles dégénéraient en bagarres, les antipathies en haine, à cause du poids devenu presque insoutenable de la fatigue et de la lutte. Même le Vieux était touché. On s'en apercevait à ses coups de gueule pour des peccadilles, alors qu'habituellement il restait si maître de lui.

Comment ne pas les excuser, ces officiers et ces hommes? Ils étaient demeurés une semaine presque sans désemparer aux postes de combat, ne dormant pas, mangeant sur le pont ou sur la passerelle, dans le froid, la nuit perpétuelle, le vent et les embruns, harcelés par une meute de U-Boote, ou, s'il faisait jour, par l'aviation. Ils avaient vu les cargos couler, et périr dans la mer ces équipages marchands qu'ils avaient mission de protéger. Beaucoup alors s'étaient sentis impuissants, n'allant de l'avant que parce qu'il n'y avait pas d'autre choix.

Tout de même, c'était bon de retrouver l'Angleterre après cet interminable convoyage, même si l'Angleterre, pour la plupart, ce n'était qu'un mouillage bombardé, sur une rade.

Le cri, enfin, a retenti :

– Terminé pour les machines!

La corvette est mouillée, silencieuse, dans la rade. L'officier gagne sa chambre à l'arrière, il se déshabille et se glisse avec délice dans un bain chaud. Puis le bruit joyeux des verres l'attire au carré, où, sous l'effet de l'alcool, il va tenter d'oublier.

Mais peut-on oublier les heures atroces du combat, le camarade qu'on a vu emporté par une lame et, sans cri, disparaître à jamais dans le gouffre gris-vert de la mer, l'explosion gigantesque du transport de munitions, l'incendie rougeoyant du pétrolier torpillé, les canonniers mitraillés sur leur plate-forme, les timoniers sur la passerelle, les naufragés dispersés sur la mer et appelant désespérément le bateau qui s'éloigne?

L'ennemi des convois n'était pas seulement l'homme, mais la mer, le vent, le froid, la brume et les glaces.

Sans trop de pertes, tirant à lui ses éclopés et pansant ses blessures, le convoi a pu tant bien que mal échapper aux sous-marins et aux avions. Non pas que les Allemands se soient lassés, mais la brume s'est étendue, masquant le convoi aux U-Boote, et le plafond bas des nuages interdit toute reconnaissance aérienne et toute attaque. Le marin sur la route de Mourmansk n'a désormais d'ennemis que les éléments déchaînés de l'Arctique. Il n'en est pas pour autant tiré d'affaire.

L'hiver, au-dessus du cercle Arctique par des températures de moins trente, les embruns plaqués contre les superstructures gelaient les grenadeurs, les canons et les tubes. Envoyer les hommes sur les ponts verglacés, c'était les exposer à la mort ou au supplice, car toucher du métal à main nue provoquait une gelure immédiate. Pourtant, il fallait tenir les pièces en état, veiller et surveiller. Malgré la tempête, les sous-marins, bien à l'abri sous dix mètres d'eau, guettaient le convoi.

Outre les casseurs de glace, les hommes de la DCA et autres armes, les veilleurs demeuraient dehors, transis dans leur bloc de vêtements mouillés tout raidis, les yeux comme vitrifiés, sourcils, narines et barbe pris par la glace. La vitre de l'abri de navigation étant recouverte de givre, les quarts se faisaient aussi dehors, sur la passerelle extérieure supérieure, en plein vent, d'où l'on revenait le visage de marbre et le corps statufié.

Il fallait supporter plus de trois mille kilomètres de gros temps, de l'Islande à Mourmansk, davantage pour Arkhangelsk, sept à dix fois vingt-quatre heures, l'hiver dans la nuit perpétuelle par une mer énorme dont les paquets s'effondraient sur les ponts, tandis que criblaient la neige ou la grêle, une sorte de méchanceté glacée que leur opposait le temps pour les empêcher d'avancer.

Pour les légères corvettes, le problème est alors non plus de précéder, mais de suivre le convoi, qui tel un troupeau de pachydermes trace sa route à cinq nœuds dans la tempête, tous ces gros culs dont la muraille verticale encaisse sans trop de dommages les coups de boutoir de la mer. Pas question, sauf cas extrême, pour les escorteurs rossés et meurtris, rambardes tordues et canots écrasés, de mettre à la cape en stoppant presque, à un ou deux quarts du vent. Il faut toujours avancer vers l'est, et non seulement mettre le nez dans la plume, mais le bateau entier, qui encaisse de plein fouet les lames énormes dont le déferlement va parfois briser les vitres de la passerelle en inondant tout au passage.

Même pour les estomacs les mieux arrimés, le roulis atroce devient un supplice auquel certains ne s'habituent jamais. Et pas question d'interrompre son service! Vomissant son repas froid, le petit midship au visage verdâtre s'agrippe sur la passerelle sous le regard narquois du timonier, ancien pêcheur de Terre-Neuve qui en a vu d'autres!

A ces problèmes s'ajoutait celui de la route, tout aussi angoissant. L'Arctique n'est pas l'Atlantique. Il fallait veiller à ne pas se faire drosser sur les îles Lofoten ou la côte norvégienne occupée par l'ennemi, donc naviguer le plus au nord possible, à la limite de la barrière redoutable, la banquise. Culs-de-sac profonds, l'hiver se refermant sur vous pour vous emprisonner dans les glaces; l'été masses redoutables d'icebergs dérivant, parfois invisibles, dans la brume et le vacarme terrifiant d'un monde inconnu qui se désagrège...

En outre, les escorteurs devaient se ravitailler au moins une fois en mazout et en grenades au pétrolier de service, opérations impossibles par gros temps. C'était alors pour le commandant l'angoisse de devoir réduire sa vitesse, de renoncer à chasser les sous-marins, d'aller récupérer les traînards; autant dire de ne plus jouer son rôle d'escorteur...

Le naufrage était naturellement la grande hantise du marin des convois de l'Arctique. Dans les mers chaudes, on pouvait presque toujours s'en sortir. Pas dans l'océan Glacial, à moins, jusqu'à l'invention de la combinaison étanche, d'avoir pu embarquer directement dans les canots, sans plonger dans la mer.

Au début de la guerre, soit avarice des armateurs, soit indifférence des capitaines, les moyens de sauvetage étaient très négligés et il en résulta des drames. A cause de canots mal entretenus et non approvisionnés, de radeaux pourris se disloquant dans la mer, de ceintures de sauvetage moisies et d'absence de combinaisons étanches, des équipages entiers disparurent, et cela ne concerna pas uniquement les cargos. En mars 1942, un sous-marin torpilla le destroyer *Matabele* devant le golfe de Kola. Cassé en deux, il coula en deux minutes et l'équipage se retrouva à l'eau avant d'avoir eu le temps de larguer les canots. Lorsque le navire de sauvetage arriva à toute vitesse quelques minutes plus tard, il vit à la surface cent cinquante hommes sur la mer, soutenus par leur brassière réglementaire. Mais ils étaient morts, pris par le froid. On n'en sauva que deux. Des radeaux largables auraient pu préserver les autres.

Sous la pression des syndicats et du comité gouvermental de la Sécurité sur mer, une organisation naquit. Chaque cargo désigna son comité de sécurité, composé de marins ayant déjà fait naufrage, qui enseignèrent aux autres comment évacuer en bon ordre quand le bateau chavire, nager dans une nappe de mazout qui semble ne donner le choix qu'entre griller ou périr empoisonné, passer à travers un rideau de flammes, se défendre du froid, de la faim, de la soif.

Les canots, gréés de voiles rouge vif, furent parés sous les bossoirs, prêts à être largués. On créa des radeaux (*carley float*) se dégageant automatiquement en cas de naufrage, avec lampe à allumage automatique. Chaque embarcation à rames, voiles et parfois moteur, reçut non seulement des provisions pour un mois de survie, de l'eau, des boîtes de premiers secours, mais aussi de l'huile pour massage antigel, des moyens de signalisation variés (optique ou électronique), des lignes de pêche, parfois un distillateur d'eau douce. Et chaque escorteur embarqua des filets à éléments de liège, que l'on suspendait le long du bord où que l'on jetait à la mer pour récupérer plus vite les naufragés qui s'y agrippaient.

Il fallait lutter en priorité contre le froid, le seul véritable ennemi mortel des naufragés. Sur l'Atlantique, certains avaient survécu dix-huit jours sur un radeau sans nourriture, ne buvant qu'un peu d'eau de pluie. Dans l'Arctique, l'hiver, par des températures habituelles de moins dix degrés, l'eau de mer étant à un ou deux degrés, tout homme non protégé ne pouvait pas survivre pour peu que le temps fût mauvais : pas plus de quelques minutes dans l'eau, quelques heures sur un radeau, et guère plus dans une embarcation surchargée. Mais des grandes baleinières bien armées ont accompli des miracles.

Le gilet de kapok ou gonflable, qui permettait de garder la tête hors de l'eau, la lampe électrique de signalisation, et surtout le vêtement étanche ont sauvé des milliers de vies humaines. Cette combinaison de caoutchouc jaune vif, avec capuchon, serrée au cou, aux mains et aux pieds, fut imposée à tous à partir de 1942 par le ministère des Transports de guerre britannique. Dans les zones non dangereuses, on la portait dans son étui (1,5 kg), comme un masque à gaz. Mais passé l'Islande, ou, au retour, la baie de Kola, les hommes la mettaient en permanence malgré l'inconfort causé par la transpiration. Grâce à quoi l'homme précipité à la mer pouvait survivre quinze minutes, le temps de se hisser sur un radeau, où le caoutchouc continuait à le protéger du froid et des embruns.

Jusqu'en mai 1942, il était prévu que les naufragés seraient accueillis par les escorteurs, ce qui provoquait de grosses perturbations à bord de ces petits bâtiments déjà encombrés et ne disposant pas de réserves de vivres suffisantes. Débarqués en Russie, les hommes valides étaient ensuite rapatriés avec le convoi de retour et les blessés soignés en URSS, dans des « hôpitaux » de fortune. Cette improvisation provoqua tant de souffrances et de morts qu'après les drames du PQ-16 on créa les *rescue ships*, ou bâtiments de sauvetage, surnommés aussi « pêcheurs d'hommes ». *Zaafaran, Rathlin et Zamalek*, anciens petits paquebots de 1 200 t spécialement aménagés en navires hôpitaux, furent ainsi affectés aux convois de Mourmansk, qu'ils suivirent en recueillant les naufragés. A bord opérait une équipe médicale de la Royal Navy, composée d'un médecin, d'un chirurgien et d'un ou deux infirmiers, disposant d'un bon matériel sanitaire et d'une salle d'opérations, l'équipage étant composé de volontaires de la Royal Navy et de la Marine marchande.

Leur intervention fut décisive. Les cargos n'avaient pas le droit de stopper pour recueillir des naufragés. Les escorteurs, qui sauvèrent quatre mille marins, ne pouvaient le faire qu'après avoir accompli leur mission ASM. Certains, qui contrevinrent à ce principe, le payèrent de leur vie. Opérant la nuit tous feux allumés et projecteurs braqués, les *rescue ships*, bien que non protégés par la convention de Genève (parce qu'ils étaient armés), ne furent attaqués qu'une seule fois par les Allemands.

9

LE PQ-17 APPAREILLE

On le sentait dans toutes les armées du monde, le printemps 1942 serait décisif. Après le terrible hiver qui avait stoppé les Allemands en Russie devant Stalingrad, Moscou et Mourmansk, de toute part montaient les préparatifs de la grande offensive germanique.

L'armée Rouge tiendrait-elle? Cela dépendait de ses approvisionnements. Roosevelt et Churchill avaient tenu parole, des cargos chargés de matériel de guerre avaient appareillé des ports d'Amérique pour se concentrer dans les lochs écossais et les fjords islandais, qui se trouvaient maintenant saturés, mais avec la fin de la nuit polaire, l'Amirauté hésitait à les lancer sur les routes de l'océan Glacial. A tous les échelons de la hiérarchie maritime, ce n'était qu'un même appel à la prudence, et le chef de la Home Fleet, l'amiral Tovey, n'eut aucune peine à convaincre l'amiral Pound, Premier lord naval :

– Les Allemands n'ont jamais été aussi forts en Norvège : cuirassés, croiseurs lourds, torpilleurs, sous-marins et avions attendent nos convois. Il faudrait les faire escorter par des porte-avions et davantage de *CAM-ships* et de navires DCA. A moins de dégarnir la Méditerranée, nos convois ne passeront pas cet été.

– On ne peut pas dégarnir la Méditerranée à quelques mois du débarquement allié en Afrique du Nord, ni compter sur l'aide des Russes. Il faut donc interrompre les convois de Mourmansk. Je le dirai au Conseil de défense, et, après le récent exemple du PQ-16, Churchill nous soutiendra.

C'était mal connaître Churchill, le fonceur. Il décida de faire appareiller quand même le PQ-17. Il suffirait, pour le couvrir, de ramener provisoirement quelques unités de Méditerranée.

15 juin 1942, au Berghof.

– Messieurs, dit Hitler aux chefs d'état-major, nous passons au deuxième point de l'ordre du jour, l'opération *Rösselsprung* (1) : attaque du PQ-17, par nos forces aéronavales de Norvège. Monsieur le grand amiral, vous avez la parole.

– Mes renseignements, dit Raeder, concordent avec ceux de l'Abwehr. Les Alliés effectuent en ce moment même de fortes concentrations de bâtiments marchands et d'escorteurs, qui appareillent de Grande-Bretagne pour l'Islande. J'ai reçu le rapport d'un espion de Glasgow, qui signale qu'à l'appareillage du navire de sauvetage *Zamalek*, les dockers marxistes ont levé le poing en criant : « Nos amitiés à Staline! » La concentration devrait s'achever à Reykjavik, et d'ici une dizaine de jours, le plus grand convoi d'armes qui ait jamais navigué dans l'Arctique appareillera pour la Russie.

Hitler s'écria :

– Pour la Russie, ou pour la Norvège? Je crois plutôt que les Anglo-Américains vont débarquer en Norvège, pour nous couper la route du fer et créer en Europe ce deuxième front que réclame Staline!

– C'est possible, mon Führer. Mais quoi qu'il arrive, nos bâtiments sont prêts. A Trondheim le *Tirpitz*, le *Hipper* et six contre-torpilleurs. A Narvik les deux cuirassés de poche *Scheer* et *Lützow*, avec encore

(1) Saut du cavalier, aux échecs.

six contre-torpilleurs. Vingt et un sous-marins sont déjà à la mer, prêts à opérer en liaison avec la flotte, tandis que des îles Lofoten au cap Nord nous sommes maîtres du ciel, avec quelque deux cent quarante avions. Fin juin est pour nous la meilleure période de l'année pour attaquer : le temps est clair, le jour perpétuel, la mer calme facilite les opérations des sous-marins et des torpilleurs. La banquise n'étant pas encore dégelée, le convoi devra passer à moins de deux cent vingt milles de la Norvège, soit à huit heures de portée de nos cuirassés!

– Bien, dit Hitler. Dans ces conditions, j'autorise l'amiral Schmundt à déployer sa flotte, à condition de ne pas l'engager contre la Home Fleet, et à faire demi-tour si un porte-avions ennemi est repéré dans l'Arctique, à moins que la Luftwaffe ne le neutralise.

Reykjavik (Islande), le 27 juin 1942.

Trente-cinq capitaines marchands et autant de commandants de la Royal Navy se pressaient dans l'Abri du marin. La météo avait annoncé un sale temps bouché, aussi le moral était bon. Les capitaines, en civil, costume sombre avec col et cravate pour les Anglais, débraillé sportif pour les Américains, prirent place dans les rangées de chaises, face à la longue table où s'étaient groupés, de l'autre côté, les officiers de la Navy en uniforme.

Malgré la présence de l'amiral britannique Hamilton, chef de l'escadre des croiseurs, le capitaine de corvette Dowding, soixante ans, commodore du convoi, présidait. Maigre, cheveux blancs coupés ras, cet officier avait quitté le service actif en 1938 pour le reprendre volontairement à la déclaration de guerre. Il se mit à parler en phrases brèves et cassantes, comme un homme qui n'a pas l'habitude d'être contredit, ce qui agaça les Américains.

– Quelqu'un a-t-il une avarie à signaler? Bien. Nous

appareillons cet après-midi, car il faut profiter de la brume. Voici la route à suivre. On va vous distribuer le code des signaux par pavillons, pour les évolutions en cas d'attaque. Elles devront être exécutées immédiatement et avec ensemble, pour éviter les abordages. Naturellement, silence radio impératif.

Les capitaines grognèrent. Ignorant les mouvements d'humeur, le commodore se tourna vers un jeune officier :

– A vous, Jack!

Le capitaine de frégate Jack Broome, qui commandait l'escorte à bord du destroyer *Keppel*, était réputé pour son humour grinçant. Sans mot dire, il désigna au mur une affiche représentant un cargo attardé pilonné par les avions et les U-Boote. La légende : « Comment on devient membre du club des Traînards. Cotisation payable d'avance. » Cette affiche avait fait le tour du monde, il en était l'auteur...

– Messieurs, dans les autres convois nous nous efforcions de nous occuper des traînards. Cela ne sera pas possible pour le PQ-17. Tout traînard sera coulé par l'escorte pour éviter que bateau et cargaison ne tombent aux mains des Allemands, dont les bases sont très proches.

Un froid mortel envahit l'assistance. Qui pouvait se dire à l'avance maître de ses avaries? Broome enchaîna, pour leur remonter le moral :

– Notre escorte est puissante et truffée de canons antiaériens et d'appareils asdic ASM : six destroyers, quatre corvettes, trois dragueurs, quatre chalutiers armés, plus deux bâtiments antiaériens et deux sous-marins, avec trois navires de sauvetage et deux pétroliers ravitailleurs. Nous sommes vingt-six pour escorter vos trente-cinq bâtiments marchands! Sans compter la puissante escadre de l'amiral Hamilton, à qui je passe la parole.

L'amiral se leva. Tous connaissaient sir Louis Hamilton, son visage anguleux et sévère. Il commandait l'escorte rapprochée, une redoutable escadre de quatre croiseurs anglo-américains flanqués de puissants destroyers.

– En Norvège, les Allemands se tiennent prêts à attaquer, c'est certain; ma 1re Escadre sera là pour vous protéger. Vous ne nous verrez pas toujours, mais nous ne vous quitterons pas de vue dans l'écran de nos radars.

Cette certitude hautaine irrita un capitaine américain :

– C'est parfait, amiral! Mais que ferez-vous si le *Tirpitz* attaque? Vos croiseurs ne pèseront pas lourd devant ses tourelles de 380!

– La Home Fleet de l'amiral Tovey, composée du cuirassé *Duke of York* et du porte-avions *Victorious*, avec le cuirassé américain *Washington*, deux croiseurs et quatorze destroyers, occupera une position stratégique favorable au large du Spitzberg, prête à intervenir. En outre, onze sous-marins alliés seront déployés au large du cap Nord.

Et il répéta, en pesant ses mots :

– Même si vous ne nous voyez pas, soyez certains que nous serons là si les choses se gâtent.

L'amiral bluffait effrontément. Il avait en poche l'ordre de l'Amirauté, qui venait d'arriver : en aucun cas ses croiseurs ne devaient franchir le méridien du cap Nord. Iraient-ils même jusque-là, si justement « les choses se gâtaient »?

Et, bien sûr, elles allaient se gâter! Qui en doutait? D'ailleurs, le commodore venait de donner la parole au commandant Morris, du *Zamalek*, l'un des trois *rescue ships* dont le pénible travail consistait à rester en arrière, loin de toute protection, pour repêcher les naufragés. Sa voix tomba comme le couperet d'une guillotine :

– Nous naviguerons en serre-file de la colonne centrale. Si vous coulez, hissez le signal de détresse, puis restez groupés dans les canots autour du point de naufrage. Vérifiez avant le départ que chaque homme ait sa ceinture de sauvetage et son sifflet à roulette.

Après quelques questions diverses, les officiers regagnèrent vite leur bord et se préparèrent. A seize heures, le sémaphore de Reykjavik hissa l'ordre d'appareillage. Les chaînes d'ancre grincèrent dans les écubiers. Un à un, les lourds cargos chargés de matériel de guerre s'enfoncèrent dans la brume.

Dès le départ, l'affaire s'engagea mal. Dans le brouillard, deux cargos, ainsi que l'un des deux pétroliers ravitailleurs de l'escorte, heurtèrent un récif ou un iceberg et furent contraints de rentrer à Reykjavik!

Les services allemands de renseignements avaient bien travaillé. Leurs agents d'Algésiras avaient d'abord signalé le passage devant Gibraltar d'une escadre anglaise. Puis, au large des côtes de l'Atlantique, une patrouille aérienne de Bordeaux, qui travaillait pour les sous-marins de Dönitz, la retrouva, cap sur l'Angleterre. « Si les Anglais ramènent leurs forces dans les eaux britanniques, pensèrent alors les stratèges allemands, c'est qu'ils ont enfin l'intention de faire appareiller le PQ-17. » Et ils renforcèrent l'éclairage aérien entre l'Islande et Scapa Flow. Effectivement, l'activité maritime y était grande dès le 25 juin.

Le 26, leurs services d'écoute avaient observé l'arrêt des émissions radio du port militaire islandais de Seydisfjord. Cela parut anormal. Malgré la brume, un Focke Wulf y alla voir de près. De si près qu'il faillit percuter les antennes d'un croiseur à l'entrée du port. Un croiseur!

Au-dessus des ports et fjords de Norvège on notait aussi une intense activité aérienne de la reconnaissance alliée. Visiblement, on cherchait à localiser les cuirassés allemands, il en était ainsi à chaque départ de convoi.

Le 29, les avions allemands photographièrent la baie de Kola. Les trente-cinq navires du QP-13 (ex-PQ-16 et quelques russes) avaient disparu. Selon toute évidence, ces cargos sur lest avaient pris le chemin du retour pour profiter de l'escorte du PQ-17. Malgré le mauvais temps, les aviateurs repérèrent le QP-13 le lendemain, à deux cents milles au nord du cap Nord. Les groupes aériens d'attaque furent alors mis en état d'alerte, tandis que la reconnaissance recherchait fébrilement dans la brume le gibier le plus intéressant, le PQ-17.

De son côté, la marine allemande était sur les dents, tous les renseignements se trouvant centralisés à Narvik par l'« amiral Arctique », Hubert Schmundt, à son PC amarré à la jetée des minerais, à bord du yacht *Grille*, qui avait appartenu à Hitler. Où était le PQ-17? Comment était-il escorté? Tous les sous-marins disponibles de la meute *Eisteufel* (diable des glaces) furent lancés sur l'île Jan Mayen, et les cuirassés reçurent l'ordre de se préparer à appareiller.

Le 1er juillet, à quatorze heures trente, l'enseigne de vaisseau von Ahlefeld, observateur d'un hydravion Blohm & Voss 138, repéra une trouée dans les nuages et demanda au pilote d'y piquer. Le convoi était là, apparition fantomatique qui disparut aussitôt dans la brume. Il appuya sur le commutateur de son micro :

– Convoi cap à l'est dans le carreau AB 7195. La brume et nos réserves d'essence interdisent toute observation précise et la tenue du contact.

L'aviation avait « coiffé » de peu la marine. Quelques minutes plus tard, l'*U-456*, commandé par le fameux Teichert, qui avait torpillé l'*Edinburgh*, repérait l'escorte du PQ-17 dans son périscope. Ensuite, il eut juste le temps de plonger en catastrophe à grande profondeur pour éviter la charge de grenades qui s'abattaient autour de lui. Un peu plus loin, l'*U-255* (Reche) observa plus tranquillement les destroyers et signala :

– Forces légères ennemies cap à l'est, carreau AB 7166.

Dans le salon du yacht *Grille*, où tombaient les messages, un sourire satisfait illumina le visage mince de l'amiral Schmundt.

– Nous le tenons, dit-il à son adjoint, le commandant Marks. Les sous-marins ont fait du beau travail... A propos, votre frère Friedrich-Karl commande bien l'*U-376*?

– Oui, amiral. Il est dans le coup!

Sur la carte quadrillée de l'Arctique à grande échelle, un marin déplaçait des petits drapeaux signalant la position des U-Boote, des destroyers ennemis et des deux convois. Le PQ-17 n'avait plus aucune chance d'échapper. Même dans la brume.

Maintenant, les messages affluaient :

« *U-255*. Seize heures trente. Carreau AB 7244. Deux destroyers et deux patrouilleurs cap au nord-est. Brume. »

« *U-408*. 19 h 17. Je suis refoulé en plongée par deux destroyers lors d'une brève éclaircie. Ils gouvernent au nord-est. Visibilité mauvaise, nuages bas. »

– Qu'en pensez-vous, Oesten?

Le lieutenant de vaisseau Oesten était l'un des sous-mariniers les plus réputés de IIIe Reich. Dönitz l'avait à regret détaché à l'état-major de l'amiral Schmundt pour servir de liaison avec les U-Boote de l'Arctique.

– La meute n'a pas encore trouvé le convoi, amiral, et l'ennemi peut se dérober dans la brume. Je suggère de laisser quatre sous-marins au contact de l'escorte. Les six autres se porteront plus à l'est pour faire barrage, et tous les autres U-Boote disponibles seront lancés dans le secteur, entre la banquise et la côte de Norvège.

– Bien, Oesten. Transmettez l'ordre.

A cet instant, un officier du chiffre apporta un message :

– Reçu tardivement de la zone aérienne nord-ouest, amiral.

– Bon Dieu! Ecoutez ça, Oesten : « Luftwaffe groupe 706. 10 h 50. Carreau AE 3755. Un porte-avions, trois cuirassés, six croiseurs, six destroyers, trois patrouilleurs. Cap 250. Vitesse quinze nœuds. »

Les Anglo-Américains mettent le paquet (1)! C'est la Home Fleet, et je parie que l'amiral Tovey en personne dirige les opérations de la passerelle de son *Duke of York*! Messieurs, la journée de demain sera rude. Je vais prendre un peu de repos. Réveillez-moi à la première alerte.

L'amiral ne dormit que quelques heures dans la couchette où, avant la guerre, Hitler s'était prélassé en ruminant ses rêves fous de conquête mondiale. Oesten le réveilla à quatre heures.

– Un message du commandant Teichert, amiral. Je vous le lis : « 3 h 44. Grand convoi route au 45, sept nœuds. Bancs de brume. Conditions difficiles. Suis chassé par les destroyers et contraint de plonger. »

Oui, les sous-mariniers, et pas seulement Teichert, avaient fait du bon travail. A bord de l'*U-251* qui fonçait à quinze nœuds dans un nuage d'embruns pour prendre position en barrage, le lieutenant de vaisseau Timm, trente-deux ans, grimaçait autant de plaisir que de froid. Ce Brémois aimait la rude mer nordique. Son père et son grand-père avaient commandé des cargos, et lui-même navigué au commerce avant d'être mobilisé dans la Kriegsmarine. Il regarda avec orgueil l'eau qui jaillissait de l'étrave puissante, et contre l'acier du kiosque le blason de son U-Boot : un cornet de papier (*Tüte*), d'où s'élançait une torpille! Tüte, son surnom familial, c'était lui, Heinrich Timm!

– On demande le commandant au poste central!

Timm passa la veille à l'enseigne Kressin et descendit l'échelle verticale. Dans le PC, l'ingénieur mécanicien Seggemann se mit à l'entretenir d'un problème de ballast. Soudain, le haut-parleur nasilla :

– Le commandant sur la passerelle!

Habitué à ce genre d'exercice, Timm bondit vers l'échelle verticale. Le doigt pointé vers le nord, l'officier de quart lui désigna un point infime sur l'horizon brumeux. Le commandant braqua ses jumelles et

(1) Il y avait en fait, au nord de l'Islande, un porte-avions, deux cuirassés, deux croiseurs et quatorze destroyers.

appuya aussitôt sur le bouton du klaxon d'alerte, dont le cri rauque et rythmé se fit entendre à l'intérieur.

– Postes de combat, Kressin! C'est un destroyer; le PQ-17 n'est donc pas loin! A la cave, en vitesse! Plongée périscopique. Préparez les tubes 1 à 4.

Il se rua sur l'échelle, suivi par le veilleur et l'officier de quart, qui boucla le panneau. Déjà, l'eau recouvrait le pont du sous-marin.

– Hissez le périscope!

– Bruit d'hélice, commandant!

– Nous sommes trop haut, Seggemann! Enfonçons-nous vite!

Le bruit rapide de la machine du destroyer était maintenant perceptible à travers tout le bord.

– Seggemann! Le kiosque est encore hors de l'eau! Nous allons nous faire couper en deux! Plongez, bon Dieu!

Le bâtiment, mal pesé, refusait de plonger! La pointe restant positive, les barres de plongée avant n'agissaient qu'imparfaitement, et la forte mer le soulevait comme par malice. Dans le périscope, Timm vit la masse monstrueuse, l'étrave d'acier du destroyer qui arrivait sur eux. A moins d'un miracle, ils étaient perdus.

Enfin, l'*U-251* consentit à plonger. Malgré lui, Timm avait rentré la tête dans les épaules. Dans un grondement d'express, le destroyer passa au-dessus d'eux à toucher le périscope.

– Préparez-vous au grenadage...

Rien. Le grondement des hélices se perdit dans l'océan.

A bord du cuirassé *Duke of York*, l'amiral Tovey n'était pas satisfait. D'abord, l'Amirauté n'avait pas suivi le plan qu'il avait proposé : se servir comme piège du PQ-17, en lui faisant rebrousser chemin pour attirer vers le nord-ouest les forces de ligne allemandes, et les détruire grâce à son escadre de force très supérieure, aidée par une concentration de sous-marins.

– Vous pouvez rechercher le combat, lui avait répliqué l'amiral Pound, mais sans vous servir du convoi, qui garde la priorité et doit continuer sur son cap par la route la plus directe.

– Donc, amiral, le convoi va nous échapper! Et nous serons encore loin de nos bases, alors qu'il passera tout près de celles de l'ennemi. Avantage décisif pour les Allemands, à un moment où ni le convoi ni notre escadre ne seront plus couverts par la RAF, et où nos destroyers, à court de mazout, verront leurs évolutions et leur vitesse limitées.

– Il n'est pas question que vos cuirassés, et même que les croiseurs de l'amiral Hamilton, aillent au-delà de l'île aux Ours. Souvenez-vous du torpillage de l'*Edinburgh* et du *Trinidad.*

– En effet, amiral; mais alors, le convoi sera sans protection!

– En cas d'attaque du *Tirpitz*, il se dispersera.

L'amiral Tovey avait blêmi.

– Ce serait un meurtre pur et simple!

– J'ai reçu l'ordre de M. Churchill de faire appareiller ce convoi!

Puis il ajouta, d'une voix presque imperceptible :

– Mais je suis aussi responsable des bâtiments de guerre de Sa Majesté, que l'Angleterre ne peut risquer sous aucun prétexte.

Autre grave déception, le piège de remplacement tendu par Tovey avait échoué. Il avait fabriqué un faux convoi avec une flottille de mouilleurs de mines et quatre vieux charbonniers, et l'avait lancé, bien escorté, très au nord-ouest du PQ-17, en le couvrant discrètement avec sa flotte de ligne. Mais, malgré tous les efforts des charbonniers pour dégager une épaisse fumée noire, le faux convoi, perdu dans la brume, n'avait pas été repéré!

Sur sa passerelle climatisée dominant la mer de quinze mètres, l'amiral Tovey méditait. L'Amirauté ne voulait donc pas risquer ses précieuses unités lourdes dans la zone couverte par l'aviation allemande de Norvège. Règle logique, si logique que les Allemands ne pouvaient en douter. Ayant ainsi les coudées franches, le *Tirpitz* attaquerait. Et malgré cette évidence (ou à cause d'elle?) l'Amirauté avait confirmé l'ordre à l'amiral Tovey de ne pas s'engager à l'est de l'île aux Ours. Et naturellement, n'y étant plus couverts par lui, les croiseurs du groupe Hamilton ne devaient pas pousser davantage vers l'est, sauf si le convoi était seulement attaqué par des forces légères. Ce qui revenait, comme l'avait dit Tovey, à envoyer le convoi à la mort. Exemple navrant du dialogue de sourds entre le pouvoir politique (Churchill, Roosevelt) qui tenait à satisfaire les Russes, et le pouvoir militaire (l'Amirauté) qui ne voulait pas risquer de perdre un cuirassé, ni même un croiseur, à un moment de la guerre où la Home Fleet et l'US Navy ne pouvaient, faute d'effectifs, conserver en même temps la maîtrise de toutes les mers du globe.

Et pour ajouter à cette confusion dramatique, dans le même moment, Mourmansk était détruit! Entre le 30 juin et le 2 juillet, Goering avait lancé sur le port russe et sur la ville des nuées d'avions.

La destruction de Mourmansk et la neutralisation, même provisoire, de son port représentaient une grande victoire pour l'Allemagne en réduisant de cinquante pour cent le rythme d'arrivée des fournitures de guerre à un moment crucial de la bataille. Aller à Arkhangelsk, si on y arrivait, c'était perdre trois jours en mer, et dix à quinze jours pour le déchargement sur des quais saturés.

2 juillet, neuf heures.

Tandis que les cuirassés allemands s'apprêtent à appareiller pour les fjords proches du cap Nord, à Sörreisa, petite base aéronavale entre Narvik et Tromsöe, les huit hydravions torpilleurs Heinkel 115 (1) de l'escadrille 1/406 se mirent dans les eaux pures d'un grand lac de montagne. La matinée passe, paisible, comme si la guerre n'existait pas, n'eût été la mise générale en état de préalerte.

A midi, au PC-Opérations de l'escadrille, un message arrive par téléphone. Le capitaine Vater, chef de la 1/406, déclenche le dispositif d'alerte. Aussitôt, les mécaniciens de la base se précipitent vers les ateliers où sont stockées les torpilles et procèdent aux ultimes vérifications des moteurs, des gouvernails, des gyroscopes, puis ils les approvisionnent en air comprimé, alcool et eau. Pendant ce temps, le capitaine Vater réunit pour le briefing les vingt-quatre hommes de ses huit équipages :

– Le PQ-17 a été enfin repéré et localisé à deux cents milles dans le nord-ouest. Trois de nos éclaireurs aériens sont au contact depuis midi, et émettent sa position sur l'onde de 826 mètres. Nous nous guiderons sur eux, puis nous descendrons. Le plafond est très bas, moins de cent mètres. Nous volerons à quarante mètres, formation « en poêle », et lancerons à une distance de huit cents mètres. Décollage à quatorze heures.

Après un bref repas, les équipages embarquent dans de petits canots qui les conduisent aux hydravions. Tous ces hommes sont résolus à accomplir jusqu'au bout leur mission, mais tous ont peur. Pour eux, le problème est simple. Y a-t-il ou non un porte-avions britannique? Dans la brume et sous le plafond bas, les éperviers n'ont pas pu retrouver la Home Fleet. Si un porte-avions patrouille dans le secteur, la moitié au moins des hydravions, que ne protège aucune chasse, sera abattue. Avec la seule DCA, il faut prévoir une ou deux pertes.

– En route, les moteurs!

Branchant sa gonio sur les appels continuels des

(1) Monoplan bimoteur de 9 tonnes triplace, volant à 345 km/h, emportant une torpille et armé de deux mitrailleuses. Voir annexe 3.

éperviers, le capitaine Vater, volant à mille mètres au-dessus d'une épaisse mer de nuages, conduit en moins de deux heures son escadrille sur le convoi.

– On doit y être. Je pique. Suivez-moi!

Et il bascule dans la plume.

L'altimètre dégringole. A cent mètres, altitude minimale de sécurité, on n'a toujours pas crevé le plafond! Et si la brume couvre aussi la mer?

Soudain, à quatre-vingts mètres ils la découvrent enfin, sinistre étendue grise frangée d'écume. Le convoi est là! Comme immobiles sur l'océan Glacial, trente-trois cargos, un pétrolier ravitailleur et d'innombrables escorteurs tracent des sillages blancs, tous parallèles les uns aux autres.

– Attention! crie Vater dans sa radio. Ces salauds ont des ballons!

De quatorze cargos montent en effet vers le ciel des ballons captifs, jusqu'au plafond des nuages. Le câble d'acier qui les retient constitue pour les hélices des hydravions une menace redoutable.

Quant à l'effet de surprise, c'est raté! L'escadrille a été détectée par les radars avant même d'avoir émergé des nuages. Le destroyer *Keppel* a signalé en scott (1) :

– Alerte aérienne! Avions torpilleurs ennemis à vingt degrés tribord.

Aussitôt, les hommes de la DCA ont braqué leurs pièces sur le cap indiqué.

Au même moment, en tête des hydravions, le capitaine Vater ordonne :

– Formation en poêle.

Cela ressemble plutôt à une faucille! Tandis que les observateurs cherchent dans leur viseur la cheminée du bateau que leur a désigné le leader, la distance diminue rapidement, et l'altitude.

Comme dans une espèce de cauchemar, les huit hydravions, qui volent maintenant à trente mètres de la surface, s'avancent en ligne de front incurvée, à trois cents kilomètres/heure. Le pilote n'a plus qu'à garder son appareil horizontal en s'efforçant de le maintenir rigoureusement sur la cible. Par l'interphone qui le relie à l'observateur, il donne l'écart de cap :

– Cinq degrés, quatre, trois, quatre, trois, deux, un zéro!

On pourra maintenant lancer, dès que la vitesse sera tombée à cent quatre-vingts kilomètres/heure, et que la distance sera bonne.

La distance, c'est l'affaire de l'observateur avec son télémètre.

– Volets sortis!

Ces quelques minutes d'approche sous le feu de l'ennemi paraissent interminables. Les nuages gris des éclatements de la DCA se font de plus en plus nombreux, les balles traçantes frôlent les carlingues que commencent à cribler quelques éclats. Un véritable barrage de feu et d'acier : 126 canons, 141 mitrailleuses pour le seul convoi, et deux fois plus pour l'escorte, avec des pièces débitant trente à soixante coups à la minute. Les deux flak ships DCA truffés de bouches à feu semblent entrer en éruption. Et les hydravions ont encore mille mètres à parcourir; pas un n'en réchappera. Vater l'a compris.

– Leader à tous : rompez l'attaque! Reprenez de l'altitude.

A nouveau, l'abri des nuages. Vater lance aussitôt le nouvel ordre de combat :

– Attaque dispersée. En avant!

Et il pique le premier dans la plume.

Maintenant, de tous les coins du ciel surgissent les hydravions. La DCA ne peut plus se concentrer. Mais il y a tellement de canons, et si peu d'avions! Les pilotes savent que cette fois encore ils vont à l'échec, à la mort. Ce sont des hommes courageux, mais non des fanatiques, comme les Japonais (2). Pas un n'ose fran-

(1) Message en morse, par brèves et longues, émis au projecteur.

(2) Voir, du même auteur aux Presses de la Cité, *L'Aventure Kamikaze*, 1986.

chir le barrage de feu pour atteindre la bonne distance de lancement, huit cents mètres. Vater enrage, mais il doit bien reconnaître que lui non plus n'a pas osé! Sa voix se fait plus dure :

– Nouvelle attaque! Cette fois, jusqu'au bout!

Il comprend qu'il doit donner l'exemple. Son hydravion émerge alors de sous les nuages à l'arrière du convoi. Il fonce au ras des vagues, bien au-dessous de la hauteur des mâts. Devant lui, deux corvettes et deux chalutiers armés, en serre-file, ouvrent le feu. La carlingue et les ailes criblées d'éclats, il passe entre eux. Presque droit devant, voici le navire de sauvetage *Zamalek*, trop petit pour valoir une torpille!

L'hydravion passe à moins de soixante-dix mètres de lui, volant au même niveau que la passerelle, où les servants du canon de 40 le poivrent à bout portant. Petit, mais pointu, le *Zamalek*! Se faire abattre par un navire de sauvetage!

– Débarrasse-moi de ces salopards! crie Vater à son mitrailleur.

Aussitôt, la pièce jumelée du Heinkel 115 se met à cracher.

Ses balles brisent les vitres de la passerelle et le canon se tait. Un matelot anglais hurle en se couvrant le visage de ses mains. Du sang coule entre ses doigts.

– Je suis aveugle!

Sur le panneau central, deux mécaniciens qui prenaient l'air se sont effondrés.

Le Heinkel 115 paraît invulnérable. Ayant franchi la ligne de l'escorte, il s'avance vers les cargos et va lancer, mais sa position est mauvaise, il lui faut virer de quatre-vingt-dix degrés pour se présenter par le travers.

Enfin, la torpille est partie; elle se perd dans l'immensité marine.

Maintenant, capitaine Vater, il va falloir payer ta folle audace. Tiré par le navire de sauvetage *Zaafaran*, un obus explose juste sous l'hydravion, qui est comme balayé par une gifle magistrale. Vainement, le pilote remet tous les gaz. Il est pris au milieu du convoi, qui le poivre de tous les côtés. Il fonce entre deux colonnes de navires en reprenant difficilement de l'altitude. Ses moteurs criblés d'éclats fument et halètent. L'un d'eux stoppe. Vater franchit tout de même la ligne de feu des destroyers de tête. Il est sauvé...

Non. Le second moteur a lâché.

– Leader à tous, je suis touché. Je me pose. Numéro 2, prenez le commandement. Adieu!

La mer n'est qu'à quelques dizaines de mètres. Vater parvient à s'y poser. L'hydravion abattu, ses flotteurs crevés, coulera rapidement. Cependant, à deux mille cinq cents mètres de là, les canons de deux escorteurs qui foncent sur lui continuent à tirer.

Le pilote, le navigateur et le mitrailleur sont sortis de l'hydravion et ont embarqué sur un pneumatique. Ils pagayent furieusement pour s'écarter de l'épave fumante, dont les réservoirs menacent d'exploser.

A cet instant, un hydravion de l'escadrille crève les nuages et, malgré le feu des canons, amerrit auprès du radeau de son chef. Quel est ce fou héroïque? C'est l'hydravion du lieutenant Brumeister, que pilote l'adjudant Arabin.

L'enlèvement du chef d'escadrille réussit sous les yeux des marins du convoi. Les trois aviateurs abattus grimpent sur un flotteur, escaladent l'échelle, sautent dans le cockpit où l'on s'entasse à grand-peine. Alors, remettant tous les gaz, dans un sillage d'écume Arabin enlève son hydravion, pourchassé par les explosions de la DCA.

L'escadrille rentra sans autre perte, mais pas une torpille n'avait atteint son but. La DCA était trop forte, le PQ-17 avait gagné la première manche. La journée s'acheva sans incident.

Cependant, ce même 2 juillet, l'opération *Rösselsprung* était déclenchée pour la flotte de surface.

Le 1er Groupe de combat (cuirassé *Tirpitz*, croiseur lourd *Hipper* et six contre-torpilleurs d'escadre), conduit par l'amiral Schniewind, appareillait de Trondheim pour rejoindre plus au nord le 2e Groupe de combat du vice-amiral Kummetz, basé à Narvik, qui comprenait les cuirassés de poche *Lützow* et *Scheer* et six contre-torpilleurs, puis ces forces réunies devaient se ravitailler plus au nord encore dans l'Altafjord, en vue d'intercepter le convoi au nord-est du cap Nord. Toute l'aviation de chasse allemande disponible dans le secteur avait été mise en état d'alerte pour parer à une attaque de porte-avions.

Ici, premier déboire. Le *Lützow*, gêné par la brume, s'échoua dans un chenal et, fortement endommagé, dut être renvoyé à Narvik par Kummetz dépité, qui hissa sa marque sur le *Scheer*. Même ennui dans le 1er Groupe. Trois contre-torpilleurs heurtèrent un écueil invisible et, pales d'hélices brisées ou gouvernail faussé, furent renvoyés à leur base.

Cependant, l'ordre d'attaque n'avait pas encore été donné et les marins s'impatientaient. Tout cela à cause des « conditions liquidation » imposées par Hitler : l'escadre allemande ne pouvait attaquer que si elle était supérieure en nombre à l'adversaire et si aucun porte-avions n'avait été signalé dans le secteur. Or, le 1er juillet, un observateur du Groupe 706 avait signalé la Home Fleet au nord de l'Islande. Le lendemain matin, un quadrimoteur FW Kurier du Groupe 40 signalait à son tour : « 1 h 05. Carreau AB 7893. Un porte-avions, un cuirassé, deux croiseurs cap à l'est. » Ce qui situait la Home Fleet en route vers l'île Jan Mayen.

Une heure plus tard, un autre pilote annonçait : « 2 h 10. Carreau AF 1621. Un porte-avions, deux cuirassés, trois croiseurs, cinq destroyers, cap à l'est. » La position était beaucoup plus au sud! Ce pilote suivit la flotte jusqu'à quatre heures trente, puis les chasseurs du porte-avions le refoulèrent.

Ces deux messages stupéfièrent l'état-major allemand. Entre les deux positions, une centaine de milles! Y avait-il deux escadres? Ou s'agissait-il de la même, l'un des observateurs s'étant trompé de position (1)?

Pour comble, un avion anglais avait survolé le fjord de Trondheim, dont le mouillage venait d'être quitté par le *Tirpitz* et le *Hipper*. Les Alliés savaient donc que l'escadre allemande avait pris la mer. Si la Home Fleet se maintenait malgré tout dans les parages, cap à l'est, c'est qu'elle se sentait la plus forte! Dans ces conditions les Allemands ne pouvaient, sans désobéir à Hitler, lancer leurs cuirassés contre le convoi, excepté si la reconnaissance aérienne obtenait enfin une vision nette de la situation, et localisait la force cuirassée ennemie suffisamment éloignée dans le nord-ouest.

Il fallait en savoir davantage.

Le 2 juillet à vingt heures.

Sur la base aérienne de Tromsoë qu'éclaire un pâle soleil, les hydravions Blohm & Voss 138 semblent posés sur le miroir du Sund. On voit aussi au mouillage cinq bâtiments à catapultes.

Sur la hauteur, dans son PC, le major Hans Tantzen, chef de la reconnaissance en Norvège, se désespère. Si deux appareils FW Kurier ont repéré, même mal, la flotte de guerre britannique, on ne retrouve plus trace du PQ-17, que pourtant elle est censée couvrir! Aussi, sur les trois téléphones de son bureau, les états-majors des marins le harcèlent à tous les échelons de la hiérarchie : Schmundt à Narvik, Carls à Kiel et Raeder à Berlin!

Il a pourtant mis tout le paquet : cinquante hydravions, dispersés en sept escadrilles, sans parler des lourds Focke & Wulfe Kurier.

Un grondement lui fait lever la tête. Par la baie

(1) Le lecteur l'aura compris, il s'agissait de la Home Fleet et de l'escadre des croiseurs de l'amiral Hamilton.

vitrée de son bureau, il aperçoit le navire-catapulte *Friesenland*, un ancien relais postal de la *Lufthansa* dont la cheminée porte encore l'emblème bleu et or. Un hydravion BV 138 va être catapulté. Son pilote, le sergent Dippel, et Hauk, le mécanicien, viennent de lancer les trois moteurs de deux mille cent chevaux.

L'observateur chef de bord, sous-lieutenant Rehbach, le radio Nitsche et le mitrailleur sont à leur poste. Le pilote étend la main gauche à l'extérieur, pouce levé. Une pression de vapeur à cent cinquante atmosphères lance avec force le chariot sur les trente mètres de la catapulte, crachant l'hydravion de dix-huit tonnes qui, alourdi par ses réservoirs pleins, prend lentement de l'altitude, cap au large, et s'enfonce dans un épais plafond de nuages.

A cet instant, la radio grésille. Sensation! Un autre épervier a enfin retrouvé le PQ-17, et Dippel vole sans hésitation sur le cap qu'il lui indique.

A 22 h 15, Rehbach découvre le convoi à son tour et prend la relève du premier épervier, dont les réservoirs se vident. Quelques minutes plus tard, le sous-lieutenant pousse un cri. Entre les bancs de brume, il vient d'apercevoir une escadre de guerre qui évolue non loin du convoi!

Aussitôt, le pilote Dippel s'approche prudemment pour que l'observateur puisse compter et reconnaître les bâtiments. A 22 h 40, le radio Nitsche signale :

« Trente-cinq milles nord-ouest île aux Ours, voisinage immédiat du convoi, groupe ennemi : un cuirassé, un croiseur lourd, deux croiseurs légers. »

La Home Fleet? Non. Il s'agit de l'escorte rapprochée de l'amiral Hamilton, qui ne compte que des croiseurs et des destroyers. L'amiral a effectué une ruse classique : se montrer à l'ennemi en collant au convoi pour attirer sur lui le *Tirpitz*. Puis, celui-ci bien ferré, le conduire sur la Home Fleet qui s'avance dans le nord-ouest.

C'est compter sans l'ignorance du brave sous-lieutenant Rehbach en fait de silhouettes maritimes, et cette erreur risque de démolir le stratagème britannique, en faisant fuir le groupe de combat allemand au lieu de l'attirer!

Ayant diffusé cette information qu'il croit capitale, le BV 138 se met à faire son travail d'épervier, émettant sans arrêt pour attirer sur le convoi la meute *Eisteufel*.

– Je n'y comprends rien, enrage le radio Nitsche. Depuis le temps que j'émets, il devrait se passer quelque chose! Où sont ces maudits U-Boote?

Une fois de plus se vérifiait la mauvaise coordination entre l'armée de l'Air et la Marine. Tout simplement, les U-Boote étaient à l'écoute sur une autre fréquence!

Mais le plus étonnant est que l'escadrille 1/906 de sept hydravions torpilleurs (capitaine Peukert), partie de Billefjord, le lendemain matin 3 juillet à 1 heure, elle aussi à la recherche du convoi, ne savait même pas que des éperviers étaient déjà au contact! Belle occasion perdue, dans cette brume, d'attaquer le convoi!

Tandis que le capitaine Peukert tournait en rond pour explorer le carreau AB 39 qui lui avait été assigné, le convoi défilait tranquillement dans le carreau voisin!

La brume s'épaissit. Peukert a dispersé ses Heinkel 115 pour éviter une collision. Chacun explore la mer au ras des vagues et les pilotes ont même filé leur *pinch-antenne*, un œuf métallique au bout d'un fil de cinquante mètres qui sert à « tâter » la surface lors des amerrissages de nuit.

Soudain, dans une éclaircie, le sous-lieutenant Madel, observateur, aperçoit un BV 138.

– Epervier dans le 95! Il tient peut-être le convoi.

Peukert met tous les gaz en reprenant de l'altitude. Tout à coup, il voit là, devant lui, émergeant de la brume, la mâture d'un destroyer qui se met à lui tirer furieusement dessus. Le Heinkel 115 le survole, puis il vire de bord et descend à trente mètres.

– Paré pour le lancement de la torpille!

– Attendez! crie Madel. Des cargos! Des cargos partout! C'est bien le convoi!

– On va cogner sur ce gros-là, dit Peukert.

Vite, très vite, car la DCA devient de plus en plus précise, l'observateur calcule les données du lancement, le torpilleur règle son engin. Dans son viseur, Madel annonce les distances :

– 700 mètres, 600, 500...

– Cinq, quatre, trois, deux, un, *zéro*! crie le pilote, qui s'est aligné.

Madel tire sur le levier, et aussitôt, allégé d'une tonne, l'hydravion fait un bond vers le ciel.

– Elle est partie! Elle a pris son immersion... Elle file droit sur l'ennemi... Elle...

D'un coup de poing, Peukert enfonce la manette des gaz et tire le manche. Le Heinkel 115 passe au-dessus de sa victime dans un grondement de moteurs ponctué par le fracas de la DCA, et se perd dans la brume.

La torpille fonce maintenant à trente-cinq nœuds droit sur le cargo américain *Carlton*, qui navigue en tête de la colonne de droite. Embarquons sur ce bateau, quelques minutes plus tôt, à l'arrivée du Heinkel.

– Un hydravion par le travers!

Il n'est pas à plus de trente mètres et à dix mètres de haut quand il lâche sa torpille. Sur la passerelle, le lieutenant Gonzalès hurle :

– A gauche toute!

Puis il se rue sur le chadburn, en mettant la manette sur « arrière toute ».

En bas, le troisième officier mécanicien Feldeim a réagi sans perdre une seconde. Tandis qu'on manœuvre le volant, il demande confirmation par porte-voix à la passerelle :

– Tu as bien dit « arrière toute », Jim?

– Tu as sacrément bien entendu, répond le lieutenant. Et si tu tiens à ta peau, tâche de te grouiller! Une torpille court droit sur nous!

La torpille passe à trois mètres du cargo!

Malheureusement, l'engin poursuit sa course en direction de la deuxième colonne. En tête navigue le superbe liberty ship *Christopher Newport*. Le capitaine Hansen, du *Carlton*, se met à actionner furieusement sa sirène pour l'avertir.

A bord du *Christopher Newport*, armé presque uniquement par des Noirs, le capitaine Nash a compris, mais malgré l'énorme Colt qu'il brandit, la panique s'empare de la plupart des hommes d'équipage. Seuls les canonniers restent fermes à leur poste.

Derrière le canon de 100, l'aspirant Coy a crié en désignant le sillage de bulles qui avance droit sur eux :

– Vite! Tirez sur ce sacré truc!

La pièce ASM n'est pas assez rapide, le pointeur ne parvient pas à viser l'engin qui s'approche inexorablement. Par contre, de l'aileron tribord de la passerelle, on entend le tac-à-tac énorme de la mitrailleuse lourde Browning qui, actionnée par Wright, crève de ses jets de balles la surface de la mer. Qu'attendent ces sacrés marins pour faire machine arrière et se détourner?

Maintenant, la panique s'est aussi emparée des hommes d'équipage qui assistent le mitrailleur Wright. Ils se ruent vers les canots en criant :

– Sauve qui peut!

Mais le mitrailleur, qui fait corps avec sa pièce, remplace lui-même le chargeur vide et reprend le feu. C'est la dernière chance du *Newport*.

– Sacré bon Dieu!

Un canot de sauvetage de ces maudits froussards descendant le long de la coque vient de lui masquer le sillage de la torpille! Pour le reste, il ne se souvient de rien.

L'engin frappe le cargo à tribord, sous la passerelle. Wright est projeté en l'air et retombe sans connaissance au-dessus, sur le pont des embarcations, une cheville brisée.

A bord du destroyer *Keppel*, le chef d'escorte Broome venait de recevoir le premier message tragique de cette croisière : « *Christopher Newport*. Avons été touchés par torpille aérienne. Nous coulons. »

Les deux canots tribord avant avaient été détruits par l'explosion. Les hommes qui s'y étaient précipités prématurément furent tués ou noyés. Les deux autres, à tribord, purent être mis à l'eau, tandis que le cargo, désemparé, gouvernail bloqué, évoluait de quatre-vingt-dix degrés sur bâbord avant de stopper, coupant deux colonnes dont les navires défilèrent imperturbablement le long de son bord après s'être seulement écartés de quelques degrés. Heureusement, le navire de sauvetage *Zamalek* fonçait à son secours, tandis qu'à bord, les klaxons rappelaient aux postes de sauvetage.

Le travail accompli :

– Tous les naufragés sont à bord, commandant, dit le second.

– Bien. Remettez en route à toute vitesse. Et envoyez-moi le capitaine du *Christopher Newport*, s'il a été repêché.

L'homme, une brute énorme, escalada lourdement l'échelle de la passerelle, et aussitôt se mit à parler, volubile. Tout à coup, le commandant Morris s'aperçut qu'il portait un Colt à sa ceinture.

– A mon bord, personne n'a le droit de conserver une arme. Veuillez la remettre à mon second.

Le capitaine Nash en demeura muet pendant quelques secondes, puis il explosa :

– Presque tous mes hommes sont des nègres. S'ils sont pris de panique, il nous faudra bien tirer sur eux!

– A mon bord, personne ne tirera. Si cela ne vous plaît pas, vous n'avez qu'à débarquer.

Nash hésita un instant, puis il tendit son arme.

Cependant, le *Christopher Newport* ne coulait pas.

– Pourquoi avez-vous abandonné votre cargo?

Le capitaine Nash, gêné, détourna son regard.

– La machine est noyée et la commande du gouvernail bloquée. Mais le bateau a de bonnes cloisons étanches et peut continuer à flotter.

– Ce cargo est chargé jusqu'au pont de chars d'assaut et de matériel de guerre. Ce serait un jeu pour les Allemands de le remorquer jusqu'à la côte norvégienne.

Il fallait le saborder. Un destroyer appelé lança deux torpilles, qui explosèrent en pleine coque. Le bateau flottait toujours, narguant les Anglais. Alors, l'escorteur le bourra de grenades ASM, mais le *Newport* refusait obstinément de couler. Comme le convoi était très éloigné et qu'il fallait garder les projectiles pour l'ennemi, le destroyer l'abandonna pour reprendre son poste.

Quatre heures plus tard, l'*U-457* tomba juste sur lui. Le commandant Brandenburg aurait pu appeler un remorqueur et mettre à bord une équipe de prise, cela s'était vu. Il se contenta de le torpiller... On lit dans son journal de bord :

« Haute colonne d'eau. Le bateau se brise au centre. Les deux moitiés disparaissent en moins de quatorze minutes. »

La première victime du PQ-17 avait rejoint le fond de l'océan Glacial. La deuxième manche du combat revenait cette fois aux Allemands.

10

L'ORDRE FATAL

Pour la meute *Eisteufel*, les conditions étaient défavorables, la brume rendant difficile la visée des buts. Mais quand elle se dissipait, la mer calme permettait aux escorteurs de chasser les sous-marins, périscopes et torpilles n'étant que trop visibles sur la surface lisse.

Dans le journal du lieutenant de vaisseau Günther La Baume, commandant l'*U-355*, on lit :

« Fumées en vue. On télégraphie la position. La brume revient. Il en sort une corvette qui fonce droit sur nous. Nous plongeons. Des bruits d'hélice se rapprochent, deux ou trois grenades explosent. La brume noie tout, on ne voit même plus l'avant du bateau. Le contact avec le convoi est perdu. Bientôt, l'île aux Ours surgit devant nous comme par un coup de baguette magique. Rochers élevés, cris de mouettes, glaces dérivantes. Et soudain, la brume se dissipe. Des avions allemands nous survolent, ils tirent des fusées et nous remettent sur la trace du PQ-17. »

Presque au même moment, le lieutenant de vaisseau Heinz Bohman, les yeux rivés à l'oculaire du périscope de son *U-88*, sursaute de plaisir. Il sent venir son heure. C'est pour cet instant dramatique qu'il a quitté les bureaux ouatés du grand amiral Raeder, dont il était l'aide de camp à Berlin. Assez de paperasses et d'intrigues! De l'air, de la bataille!

– Transmettez : « Convoi en vue, cap à l'est. Puis-je attaquer? »

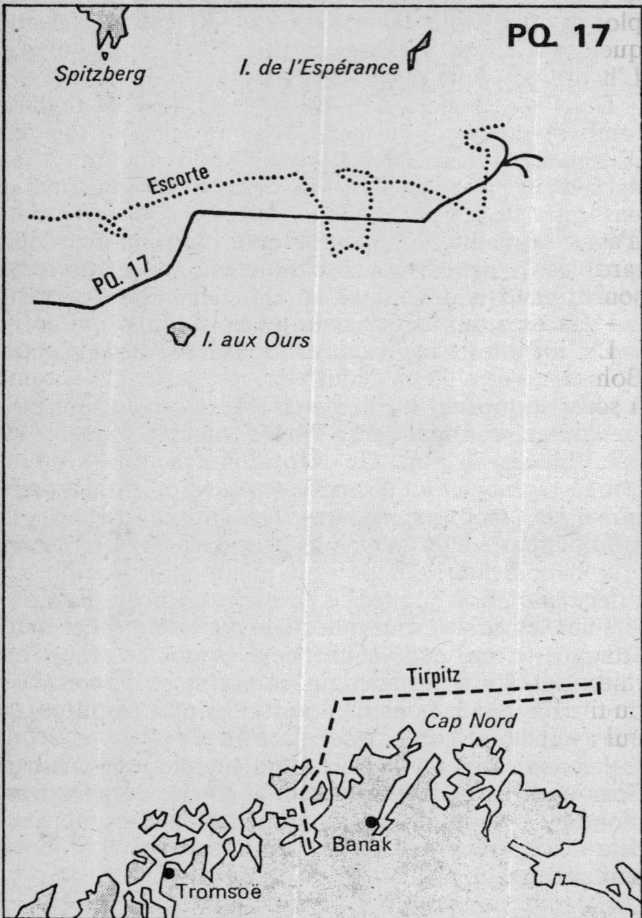
PQ. 17
Spitzberg
I. de l'Espérance
Escorte
PQ. 17
I. aux Ours
Tirpitz
Cap Nord
Banak
Tromsoë

La réponse arrive aussitôt : « Attaquez ! »

– En avant toute, cap à l'est !

Quand l'*U-88* a dépassé le convoi, dont on aperçoit le panache de fumée au-dessus de l'horizon, Bohman plonge à soixante-dix mètres et réduit la vitesse aux quelques nœuds nécessaires pour garder la plongée. L'heure de vérité approche.

Dans un silence total où une simple clé anglaise tombant sur le sol de métal pourrait les faire repérer, ils entendent approcher l'escorte, qu'ils identifient au battement rapide des hélices des destroyers. Ceux-ci passent à droite et à gauche sans que leurs faisceaux d'asdic repèrent les sous-mariniers. Dix minutes plus tard, les Allemands reconnaissent les battements sourds et lents des cargos.

– Chassez aux ballasts ! Immersion périscopique !

L'*U-88* est devant le convoi ! Derrière son périscope, Bohman jubile. Pour l'équipage, il commente, comme à son habitude :

– Nous sommes sur leur flanc tribord. Partout des bateaux, des dizaines de cargos ! Tubes 1 à 4, attention ! Distance 3 500 mètres, vitesse dix nœuds, immersion des torpilles, quatre mètres... Feu !

Manqué !

– Tube 5, feu !

Manqué !

Tous les autres sous-marins manquèrent aussi leurs attaques, et on attribua cet échec à une couche d'air miroitante, à la surface, qui empêcha un bon réglage du tir. En vérité, ils avaient aussi lancé de trop loin, ce qui avait laissé aux cargos le temps d'éviter les torpilles ! Perspicace, l'amiral « Mers Nordiques » Hubert Schmundt nota dans son journal : « Les sous-marins n'ont pu obtenir de succès (en dehors du *C. Newport* déjà désemparé par l'aviation), à cause de l'habile comportement du convoi. »

Pendant ce temps, les états-majors continuaient à se torturer pour savoir si on allait ou non lancer sur le

PQ-17 le groupe *Tirpitz*, alors en route pour l'Altafjord.

L'*U-457* et des avions avaient signalé une escadre comportant un cuirassé à soixante milles du convoi, alors qu'il ne s'agissait que de l'escorte rapprochée des croiseurs de l'amiral Hamilton. Mieux. A la vue des hydravions de reconnaissance de cette escorte, les Allemands, qui les avaient pris pour des chasseurs à train d'atterrissage, en déduisirent qu'un porte-avions devait aussi se trouver dans les parages. Les quatre croiseurs embarquaient dix hydravions lancés par six catapultes. Une véritable escadrille! Hitler refusa donc d'autoriser le raid du *Tirpitz*, sauf si la Luftwaffe parvenait à neutraliser l'escadre ennemie.

Au sud de Tromsoë, sur l'aérodrome de Bardufoss, grand terrain aménagé par les Anglais lors de la campagne de Narvik, avec un arrière-pays superbe de hautes montagnes neigeuses et d'eaux vives, en ce 3 juillet 1942, l'alerte renforcée avait été ordonnée : trente avions torpilleurs Heinkel 111 de l'escadrille des Lions, capitaine Eicke, vingt-sept ans, déjà engagé dans la bataille de Narvik de 1940; vingt-sept bombardiers en piqué Junkers 88 de l'escadrille des Aigles, capitaine Herrmann, qui avait combattu à Dunkerque (1).

Les aviateurs enrageaient parce que le convoi serait bientôt hors de portée. Mais il fallait attendre que la brume se lève.

Enfin, le 4 juillet à quinze heures, le colonel Roth, chef du secteur aérien des Lofoten, réunit les aviateurs pour un briefing général, et son doigt désigna une grande carte murale de l'Arctique.

– Messieurs, voici le convoi, là, au nord-est de l'île aux Ours. Nos éperviers au contact vous donneront la position exacte. Nos bombardiers piqueront les premiers, et pendant que la défense sera occupée avec

(1) Rappelons que pour toutes ces attaques, les Allemands utilisaient l'hydravion de 9 tonnes Heinkel 115 (1 torpille), l'avion de 13 t, Heinkel 111 (2 torpilles) et le bombardier en piqué de 12,5 t. Junkers 88 (1 à 2 t. de bombes), tous bi-moteurs. Voir annexe 3.

eux, les torpilleurs attaqueront par surprise. Allez-y à fond, avec l'ardente volonté de vaincre!

Tandis que les moteurs grondaient, les pilotes, qui avaient revêtu leur combinaison de vol, leur casque et leur gilet de sauvetage, escaladèrent les cockpits. Le colonel, entouré de son état-major, se posta au garde-à-vous devant la piste, et salua chaque départ.

Pendant ce temps, les six hydravions Heinkel 115 du 1/906 de Billefjord étaient déjà repartis à la recherche du convoi, après avoir refait le plein d'essence et de projectiles. Mais le plafond s'était relevé de quatre-vingts à quatre cents mètres, la visibilité devenait excellente, et ils furent proprement refoulés par la DCA. Ces lourds et lents appareils étaient particulièrement vulnérables et ne pouvaient donc attaquer que par surprise un convoi aussi fortement défendu.

Un feu violent accueillit aussi le groupe des bombardiers d'Herrmann, qui attaquèrent en ordre dispersé pour favoriser, comme prévu, la surprise des avions torpilleurs qui les suivaient. Mais là encore ce fut un échec, les pilotes manquaient de mordant. Un seul cargo fut légèrement touché, et quand, à 20 h 17, les avions torpilleurs de Eicke se présentèrent, ils furent détectés à temps par le destroyer *Ledbury* :

– Dix avions à l'horizon au 180.

Une minute plus tard, le chalutier *Northern Gem* repérait une autre vague :

– Dix avions torpilleurs au 210, cinq milles.

Enfin, une troisième vague attaquait à l'avant.

C'est à 20 h 10 précises que le capitaine Eicke lance sur les ondes le mot de code de l'attaque : « Lucie ». Juste en face de lui, il vient d'apercevoir le convoi PQ-17 barrant tout l'horizon. Les avions torpilleurs ont pris la formation d'une tenaille en vue d'attaquer simultanément en trois groupes de dix, partout à la fois, sans se gêner, Eicke à l'arrière, ses deux adjoints Kaumeyr et Hennemann respectivement à l'avant et au centre.

– Grimpez!

Maintenant qu'on est découvert, plus besoin de se

dérober à la détection des radars. Il faut seulement rechercher l'abri des nuages pour l'approche finale si meurtrière face à la DCA lourde. Le plafond n'est heureusement qu'à deux cents mètres.

– Attaquez!

Dans un piqué vertigineux, les Heinkel 111 crèvent la couche de nuages. Le convoi est là, à trois mille mètres. Dans trente secondes ils seront dessus.

– Attention aux ballons captifs!

Les pilotes effectuent leur ressource au ras des vagues et volent à vingt mètres d'altitude en refermant la tenaille, droit sur la muraille des coques, des mâts et des cheminées du PQ-17, qui vient de s'embraser de toutes ses pièces à feu.

Soudain, il se produit un événement inattendu. D'énormes colonnes d'eau jaillissent de la mer tout autour des avions, qui doivent se mettre à zigzaguer pour éviter de les percuter.

– Ces salauds de l'escadrille des Aigles nous bombardent! crie un pilote.

Impossible! Les Junkers 88 n'ont pas l'habitude de jeter leurs bombes à travers les nuages! A six milles de là, ce sont les gros obus des canons de 203 des croiseurs de l'amiral Hamilton qui dressent un barrage devant le convoi!

Le capitaine Eicke, qui attaque par l'arrière, ne se laisse pas intimider par tous ces projectiles. Il forme une bonne équipe avec l'adjudant-chef Gaber, mécanicien, et avec le sous-lieutenant Rentz, observateur, qui, installé à l'avant, lui annoncera les distances, dès qu'il aura choisi comme cible un gros liberty ship. Il pilote, indifférent aux turbulences provoquées par les explosions des obus, les colonnes d'eau, les pointillés sinistres des balles traçantes. Enfin, bien aligné, il crie :

– Zéro!

– Distance cinq cents mètres.

Gaber tire le levier.

– Torpilles parties!

Rentz observe les deux anguilles et pointe sa caméra

de contrôle, tandis que Eicke remet pleins gaz en grimpant vers les nuages, poursuivi par le harcèlement furieux de la DCA. Comme l'avion passe juste au-dessus du cargo, les Allemands ressentent une formidable secousse, qui semble stopper leur appareil en plein ciel. Cependant, à l'instant où ils vont retrouver l'abri des nuages, le mécanicien hurle de joie :

– Torpille au but!

Et aussitôt, le radio, sur un autre ton :

– Moteur droit en feu, mon capitaine!

Eicke jette un coup d'œil sur le côté : un panache de fumée blanche sort du moteur. Il consulte son tableau de bord. Le réfrigérateur d'huile a été crevé. Il stoppe aussitôt le moteur et l'alimentation d'essence pour éviter l'incendie. Quand l'hélice est arrêtée, il aperçoit avec étonnement les éclats d'obus qui l'ont criblée!

Maintenant, il faut d'urgence alléger l'appareil, qui devra voler sur un seul moteur pendant les deux ou trois heures du retour.

– Larguez les plaques de blindage, les armes, les munitions.

Très lentement, le Heinkel blessé reprend de l'altitude.

Pendant ce temps, la panique règne à bord du liberty ship *William Hooper* que la torpille du Heinkel a frappé.

Sous la violence de l'explosion, une chaudière est arrachée de son bâti et projetée en l'air par la claire-voie du pont! Le bateau coule par l'arrière. Les flammes, la fumée, la vapeur qui fuse des tuyauteries crevées provoquent confusion et panique. A la hâte, les marins descendent les embarcations restées intactes. Après avoir tenté en vain d'accéder à sa cabine en feu pour récupérer le courrier de Russie, le chef canonnier Welch rejoint ses hommes sur le pont. Beaucoup ont déjà sauté à la mer et nagent vers les radeaux.

Quant à la seconde torpille du capitaine Eicke, elle

dévie de sa route en touchant l'eau, mais, comme animée par une intelligence diabolique, elle se dirige sur le dernier cargo de la colonne voisine, le *Troubadour*. L'aspirant Carraway, chef des canonniers, hurle :

– Torpille droit sur nous!

Puis il se rue sur la mitrailleuse Lewis et se met à cribler l'engin qui approche, plonge, reparaît, fait un crochet et revient sur eux par bâbord, tandis que le capitaine crie ses ordres au timonier pour tenter de l'éviter.

– Ouvrez le feu avec le canon du char!

Une idée géniale de Carraway. Un homme saute dans la tourelle du tank amarré sur le pont. Sous ce feu croisé, la torpille dévie enfin, passant à frôler l'arrière, mais cet engin démoniaque, dont visiblement le gyroscope du gouvernail est déréglé, fait un nouveau crochet et attaque cette fois par tribord. Carraway, déchaîné, la crible de balles. Enfin, après une dernière pirouette, la torpille se dresse verticalement, comme pour saluer, et coule.

Tandis que la section du capitaine Eicke attaquait l'arrière du convoi, celle du sous-lieutenant Kaumeyr, vingt-sept ans, avait été chargée de s'en prendre à l'avant, secteur particulièrement malsain placé sous la protection du flak ship *Palomarès* et du destroyer *Wainright.*

Les avions volent à quatre-vingts mètres au-dessus de la mer, puis, mettant à pleine puissance, ils descendent sur l'avant tribord du convoi, encore distant de quatre mille mètres.

Kaumeyr hurle à son observateur :

– On attaque ce gros cul, le premier de la colonne de droite!

– Vu, mon lieutenant!

Kaumeyr descend à vingt-cinq mètres. Soudain, des colonnes d'eau se dressent devant le Heinkel. De toutes ses pièces, le destroyer *Wainright* a ouvert le feu. Bousculé par les explosions, l'avion se met à danser.

– Poste de radio détruit!
– Ça va, on continue.
– Cinq, quatre, trois, deux, un, zéro, un, zéro, zéro! crie l'observateur.
– Feu! La torpille fonce droit au but... Elle...
Soudain un craquement énorme se fait entendre dans le poste de pilotage, et Kaumeyr est aussitôt aveuglé et assommé. L'avion a été frappé de plein fouet par un obus du *Wainright.*
– Moteur bâbord en feu, mon lieutenant!
L'huile des commandes hydrauliques gicle aussi par un tuyau crevé et s'enflamme à l'intérieur de la carlingue, étouffant le pilote dans une aveuglante fumée noire, aussitôt chassée par un souffle glacé, car la verrière a volé en éclats. Le tableau de bord a été comme écrasé à la masse.
Le pilote Kaumeyr a perdu connaissance et l'avion pique vers la mer. Le caporal mécanicien Mauds se précipite.
– Mon lieutenant! Vous êtes mort?
– Pas... pas encore... Va chercher l'extincteur!
Le pilote, blessé à une jambe, index de la main gauche ne tenant plus que par un lambeau de peau, est soudain comme cravaché par une douleur fulgurante. Ses vêtements brûlent! Alors, un désir intense de vivre le soulève. Etouffant les flammes sur lui, de sa main intacte il tire le manche en encourageant l'avion :
– Vas-y, mon vieux! Tu vas pas me lâcher dans cette merde!
Le Heinkel se redresse. Juste en dessous, le destroyer anglais défile en le criblant de toutes ses pièces légères. Avec rage, le mitrailleur allemand réplique, tandis que le mécanicien tente en vain d'éteindre l'incendie de la carlingue, qu'attise le souffle formidable de l'air.
– Allège l'avion, Mauds; nous tombons!
La deuxième torpille part à la mer et le Heinkel reprend de l'altitude. Le pilote réussit enfin à stopper le moteur en feu, mais quel espoir de rentrer sans huile?
– Attention, les gars! Je me pose. Accrochez-vous.

Sans aérofreins, on va se crasher à deux cents kilomètres-heure! Ça va pas être du gâteau!

Le Heinkel 111 ricoche sur les premières ondulations de la mer.

– On va prendre celle-là en pleine poire! Agrippez-vous, les gars!

L'avion heurte la vague à cent cinquante kilomètres-heure. C'est presque comme s'il percutait dans une forêt. Les hommes sont arrachés de leur siège et se retrouvent pantelants, coincés dans la ferraille. L'eau gicle de partout, l'avion coule rapidement, mais ils ne sont pas morts!

– Vite, à la flotte!

– Je suis coincé!

Enfin, les quatre hommes, plus ou moins blessés, parviennent à ouvrir la verrière, et, soutenus par leur brassière, ils se hissent dans le canot pneumatique que le radio a tiré de son sac. Les obus sifflent toujours au-dessus d'eux, puis le vacarme de la bataille s'éloigne. Au loin, deux cargos désemparés brûlent sur la mer.

Les neuf autres avions torpilleurs de la section Kaumeyr n'avaient pas eu le courage de se jeter dans la fournaise, à la suite de leur chef. Ils se contentèrent de lancer leurs engins à plusieurs milliers de mètres du convoi, qui les évita sans peine.

Il est évident que dans ce genre d'attaque contre un convoi bien défendu, la certitude du succès ne peut être payée comptant que par la mort des assaillants les plus efficaces, ou tout au moins par la destruction de leur avion. Quand trente Heinkel torpilleurs attaquent et qu'il n'y a que deux ou trois cargos touchés, c'est que quelques pilotes seulement ont eu le courage d'aller jusqu'au bout, et ils ne reviennent presque jamais pour le dire.

Typique est le cas du sous-lieutenant Hennemann, qui, avec la troisième section, menait l'attaque au centre du convoi. Ce jeune officier fanatique avait été comme cravaché quelques jours auparavant au cours d'un briefing à la base. Un officier supérieur, qui en parlait à son aise, avait clairement invité les pilotes à suivre l'exemple des Japonais qui n'hésitaient pas, lorsqu'ils n'avaient plus de bombes, à s'écraser sur les navires américains qu'ils attaquaient. Et ce beau parleur avait conclu :

– Le Reich attend de nous que nous combattions et mourions. Si quelqu'un survit, il peut considérer sa vie comme un cadeau!

Ce jour-là, quelques-uns avaient relevé le défi. Le capitaine Eicke à l'arrière, le sous-lieutenant Kaumeyr à l'avant; et Hennemann au centre. Hennemann qui, en sortant du briefing, avait sifflé entre ses dents :

– Oui, il faut qu'il se passe quelque chose. Si j'ai de la chance de rencontrer un croiseur, je me jetterai dessus!

Et en cette claire journée du 4 juillet 1942, Hennemann s'élançait joyeusement vers la mort. Tous les témoins l'ont dit :

« L'attaque contre le flanc du convoi, a écrit le commandant du destroyer *USS Wainright*, qui le couvrait à quatre mille mètres sur tribord, fut poussée jusqu'aux navires de commerce. Le chef d'escadrille en prit un pour but, au milieu, et il vola si en avant des autres qu'il attira presque tout le feu sur lui. »

« Je pense, a écrit pour sa part le capitaine Pascoe, du cargo *Bolton Castle*, qu'ils avaient dû tirer au sort celui qui passerait le premier pour attirer sur lui tout le feu du PQ-17. Je vis celui-là s'enfoncer de plus en plus profondément dans le convoi, tandis qu'une centaine de pièces concentraient leur feu sur lui. Une flamme jaillit au centre de sa carlingue, mais il continua à avancer. »

Le regard fixé sur le cargo *Navarino* qu'il s'est donné pour but, Hennemann, indifférent au mur de feu et d'acier, ne songe plus qu'à tenir sa parole : aller jusqu'au bout de son attaque suicide. Le lieutenant John Evans, second du *Navarino*, regarde l'avion qui s'approche à grande vitesse. Il se tourne vers le servant de l'Œrlikon, à côté de lui, mais aucun son ne sort de sa bouche. Il voit les torpilles se détacher. Soudain, les flammes jaillissent au centre de la carlingue. Quand il passe en hurlant au-dessus d'eux, ce n'est déjà plus qu'une torche, et malgré lui il pense : ce pilote-là, c'est un homme d'une bravoure exceptionnelle qui va mourir. Quelques secondes plus tard, en effet, il s'abîme en mer.

Mais le lieutenant Evans a autre chose à faire qu'à s'apitoyer sur le sort de son assaillant. Une angoisse terrible s'est emparée de lui : les torpilles! Il revoit le visage de son père, mort dans des circonstances analogues. Il fouille la mer de ses jumelles, et soudain il crie :

– Torpilles par le travers tribord!

– A gauche toute! ordonne le capitaine Kelso.

Avec une lenteur désespérante, le *Navarino* obéit à la barre. Comme un fou, le servant de l'Œrlikon vide ses chargeurs sur les deux minces sillages qui avancent inexorablement vers eux.

La première torpille passe à un mètre de l'étrave, mais la seconde frappe en plein cœur.

On entend une sorte de coup de tonnerre étouffé. Le *Navarino* est si fortement secoué que toutes les vitres de la passerelle se brisent. Le bateau se couche sur tribord, la cale 3 envahie par la mer. Evans est projeté sur le pont. Sa tête heurte un tuyau d'acier. Avant de perdre connaissance, il entend le capitaine crier : « Nous chavirons! » Quand il revient à lui, la bande a augmenté. Il court à la passerelle. Il n'y a plus personne, l'aiguille du chadburn est sur « stop », mais il entend toujours la machine tourner. Les câbles de transmission doivent être coupés.

Frappé à mort, le grand cargo sort de la ligne. En hâte, les hommes essaient de mettre les embarcations à la mer. A tribord, à cause de la bande, la tentative s'avère impossible. A bâbord se déroule une bagarre sauvage. Les trente hommes de la machine, tous musulmans, se sont emparés des embarcations. Evans court alors vers les radeaux pour les larguer. La bande est si forte qu'aussitôt désarrimés ils glissent vers la mer. Il se jette à l'eau avec d'autres hommes.

Sur son radeau, Evans et quelques rescapés regardent maintenant avec angoisse le PQ-17 disparaître à l'horizon sur la mer glacée.

L'attaque héroïque du sous-lieutenant Henneman a été contagieuse. Au moins un autre pilote l'a suivi dans sa folle chevauchée vers la mort. Il a lâché sa torpille sur le pétrolier soviétique *Azerbaidjan*, qui a soudain littéralement disparu dans un nuage de fumée. Un coup au but dans le ventre d'un pétrolier, cela ne pardonne pas : s'il transporte de l'essence, il explose; si c'est du pétrole brut, il s'embrase.

Un canot du navire de sauvetage *Zaafaran* se précipita à son secours. Son avant émergeait du nuage, mais on craignait le pire, car une épaisse couche de pétrole couvrait déjà la mer. Un des hommes y plongea la main et l'on comprit alors pourquoi l'*Azerbaidjan* ne s'était pas volatilisé comme le font ordinairement les pétroliers : il transportait de l'huile de lin!

Etrange bateau, décidément, et à moitié armé par des femmes, ce qui excitait les marins du convoi! Non seulement l'équipage n'abandonnait pas, mais il luttait vaillamment contre l'incendie. Et toutes les pièces du bord, armées aussi par des femmes, tiraient furieusement contre l'avion qui s'éloignait.

A l'arrière se dressait une grosse pièce ASM de 120 armée par sept hommes. Mais ceux-là étaient hors de combat. L'explosion de la torpille les avait précipités à la mer, où le canot du rescue ship *Zaafaran* les récupéra transis.

On peut d'ailleurs avoir quelques doutes sur la manière dont ils quittèrent le bateau, puisqu'un huitième homme du groupe, dès qu'il vit s'approcher le canot des Anglais, sauta quant à lui à la mer! Et pas seulement par esprit de corps! Même les railleries des femmes n'avaient pu vaincre sa peur!

Erreur! C'était une créature de la GPU chargée de

les surveiller! Dès que ce policier eût été repêché par le canot, il se mit à invectiver l'officier britannique. On croit rêver. Debout à l'avant de l'embarcation que ses gesticulations menaçaient de faire chavirer, il ordonna au lieutenant Bruce de les ramener à bord.

« Je refusai, dit ce dernier, les repêchés se trouvant sous l'influence d'un choc et manifestant de dangereux symptômes de refroidissement du corps. D'autre part, à la rambarde de l'*Azerbaidjan*, un officier, l'air menaçant, pointait un revolver dans notre direction! Je ramenai donc ses hommes sur notre *Zaafaran*, où ils furent aussitôt soignés. »

Le pétrolier ne coulait pas. Un canot à moteur du bateau de sauvetage *Zamalek* s'en étant approché, le capitaine russe, debout sur l'aileron de sa passerelle, se mit à hurler :

– Allez-vous-en! Nous n'avons pas besoin de vous!

Visiblement, l'« enlèvement » de ses canonniers l'avait rendu furieux.

Alors, le canot du *Zamalek* se dirigea vers le *Navarino* qui sombrait.

L'*Azerbaidjan* put réparer et reprit sa place dans le convoi trente minutes plus tard. Le *Navarino*, lui, fut achevé à coups de canon par un chalutier et coula. Le *William Hooper* refusa de sombrer. L'*U-334* l'acheva cinq heures plus tard d'une torpille.

Pendant ce temps, le capitaine Eicke tente de ramener son avion sur un seul moteur. Il grimpe à deux mille mètres. A deux cents kilomètres de la côte, le moteur donne des signes d'essoufflement et l'avion perd de la hauteur. Eicke cherche ce qu'on pourrait bien encore jeter par-dessus bord pour l'alléger. Tout a été vidé. Soudain, il a une idée. Il calcule exactement la quantité d'essence dont il aura besoin, et fait vidanger le reste. L'avion reprend de l'altitude. Enfin, la surface blanche du fjord apparaît au loin, et à son extrémité la piste de Bardufoss. Alors, Eicke remet le deuxième moteur sans huile en marche et pose l'avion dans un panache de fumée.

L'escadrille avait perdu trois avions, deux étaient endommagés. Mais deux bateaux étaient coulés. Eicke comptabilisa en plus l'*Azerbaidjan*... Et il annonça que trois autres cargos étaient désemparés, car il les avait vus traîner à l'arrière du convoi. C'étaient les navires de sauvetage en plein travail! On annonça donc à Hitler que six cargos avaient été éliminés! Pour faire bonne mesure, on déclara aussi qu'un croiseur américain de l'escorte avait été coulé. Et comme aucun pilote *vivant* ne revendiquait cet exploit, on l'attribua au brave Hennemann, que Hitler décora aussitôt de la croix de fer à titre posthume. Cette « erreur » avait pour origine un message de l'*U-334* : « Avons vu couler trois bateaux, dont probablement un croiseur lourd. » Il devait s'agir du *Navarino*, mais tout de même!

Un communiqué triomphal de la Luftwaffe à la radio fut capté en mer par l'escadre. L'amiral Hamilton envoya aussitôt ce message en scott aux deux croiseurs américains qui naviguaient dans ses eaux :

– Radio allemande affirme qu'un croiseur lourd américain a été coulé. Duquel d'entre vous s'agit-il?

Et le *Wichita* répondit :

– Comme je suis le plus ancien, ce doit être le *Tuscaloosa!*

Cependant, le PQ-17 poursuivait sur son cap. Les canons avaient été réapprovisionnés et on attendait d'un pied ferme les nouvelles attaques.

Quelques heures avant, au cours de ce dramatique après-midi du 4 juillet, sans se faire annoncer, l'amiral Pound, Premier lord de la mer, s'enfonça au cœur de la « Citadelle », qui, à trente mètres sous terre, occupait le sous-sol de l'Amirauté à Londres. Dans une vaste salle climatisée sous une couverture de six mètres de béton armé, se trouvait la fameuse « salle des Opérations ». Lampes fluorescentes, cliquetis des messages des télescripteurs, bruit étouffé des tubes pneumatiques. Sur une immense carte occupant tout un panneau, des auxiliaires féminines portaient en permanence la position des bâtiments de la Royal Navy et des navires ennemis. Des symboles indiquaient que tel convoi était guetté, poursuivi ou attaqué par des U-Boote. Les messages reçus de tous les bâtiments en mer et des avions patrouillant dans le ciel étaient, après décryptage, envoyés dans cette salle par tubes pneumatiques. Des copies allaient au bureau du Premier lord, puis on répercutait tel message sur telle escadre en mer.

Il régnait dans cette salle, active jour et nuit, une impression étrange, irréelle. Si loin de l'action, on croyait y être, y participer. Il semblait évident qu'on y était mieux renseigné que n'importe quel marin en mer sur sa passerelle balayée d'embruns. Des téléphones directs et des télescripteurs mettaient en liaison immédiate avec toutes les autorités civiles et militaires du pays, les ports, notamment les plus lointains d'outre-mer, et les bâtiments à la mer, grâce à l'émetteur-récepteur radio le plus puissant du monde, sans parler des agents secrets à l'étranger.

Derrière ces murs de trois mètres cinquante d'épaisseur, avec une seule entrée défendue par un nid de mitrailleuses, l'état-major naval et son chef l'amiral Pound pouvaient sentir battre le cœur de l'Angleterre et de sa puissance maritime intacte, et l'amiral eut l'impression de s'y trouver comme dans le blockhaus d'un cuirassé.

Il quitta la salle des Opérations et entra dans le bureau voisin du capitaine de vaisseau Clayton, chef des Opérations.

– Quelles nouvelles du PQ-17, Clayton?

– Rien, amiral. Après l'attaque des avions torpilleurs, il poursuit sa route en bon ordre vers l'est. La glace surcharge les antennes, on a du mal à avoir de ses nouvelles; Scapa Flow fait le relais. Quant au groupe *Tirpitz*, il a dû arriver tôt ce matin à l'Altafjord.

– Le *Tirpitz* a-t-il ensuite repris la mer?

– Je ne le pense pas, amiral. Nous le saurions aussitôt. Mais allons voir Denning.

Occupant un bureau voisin, ce capitaine de frégate centralisait les renseignements sur l'ennemi : messages des avions et bâtiments à la mer, radiogoniométrie, décryptage, espionnage. Denning, à l'Amirauté, faisait presque figure de devin. En fait, dans cet énorme complexe opérationnel, il agissait comme un ordinateur intelligent, indiquant tout ce que l'ennemi pouvait faire; et l'amiral Pound, aidé par ces divers spécialistes, en déduisait ce que le convoi et les escadres devaient faire. Il ne le trouva pas dans son bureau, mais dans la salle de repérage des sous-marins.

– Denning, le plus grand coup de poker de l'histoire des convois va se jouer.

– Je le sais, amiral.

– Que donne votre repérage radio des U-Boote dans la mer de Barentz?

– Nous avons des difficultés et n'avons pu capter hier que les avions allemands qui suivent le convoi.

– Si le *Tirpitz* veut frapper le PQ-17, il le fera demain, et ne le manquera pas. Etes-vous d'accord avec cette analyse?

– Oui, amiral. Le *Tirpitz* et le *Hipper* ont appareillé de Trondheim le 2, cap au nord. S'ils veulent attaquer le convoi, ils doivent se ravitailler aujourd'hui même à l'Altafjord, tout en effectuant leur concentration avec le *Scheer* et le *Lützow*. Pour en être sûr, je suggère d'envoyer un Catalina.

– Je donne les ordres nécessaires.

L'amiral regagna son bureau au premier étage. Bientôt, un lourd hydravion Catalina décolla de sa base des Féroé. Quelques heures plus tard, il survolait la Norvège. Mais le brouillard recouvrait le paysage et il ne put effectuer aucune observation.

La journée s'acheva à Londres, lourde de menaces et d'angoisse. On ne savait toujours pas si le *Tirpitz* était à l'Altafjord. L'amiral Pound, qui avait réuni dans son bureau les membres de son état-major et différents chefs de service, sentait peser sur ses épaules une responsabilité écrasante. Fallait-il ou non disperser le convoi, et rappeler la Home Fleet qui croisait au sud-ouest du Spitzberg, à trois cent cinquante milles à l'ouest du convoi, inutile, incapable de s'opposer au *Tirpitz* à cause de la menace de la Luftwaffe qui le couvrait, alors même que l'escadre britannique ne bénéficiait déjà plus de la protection du *Coastal Command*? L'amiral ne pouvait se résoudre à donner cet ordre si contraire aux traditions de la Royal Navy; et ce qui en découlait : le rappel des croiseurs et l'ordre fatal de dispersion qui livrerait le convoi sans défense à l'ennemi.

– Allons voir à nouveau le commander Denning.

L'homme du Renseignement, malgré l'heure tardive, travaillait dans son bureau.

– Denning, où est le *Tirpitz*?

– Il n'est plus à Trondheim, amiral, et il n'est pas à Narvik. Du fait qu'il ne peut demeurer longtemps en mer sans ravitailler ses torpilleurs, il ne peut être qu'à l'Altafjord, la meilleure position pour frapper sans risque le convoi (1).

– A-t-il quitté l'Altafjord?

– S'il avait appareillé cet après-midi, amiral, nous l'aurions appris vers dix-sept heures par notre espion d'Alta.

– Pourquoi dix-sept heures?

– C'est son heure de vacation radio. Il prend de très gros risques...

– Denning, pouvez-vous me donner l'assurance que le *Tirpitz* est toujours mouillé à l'Altafjord?

– Non, amiral. Je recevrai seulement l'avis contraire quand il sera en mer.

– Pouvez-vous au moins me dire s'il s'apprête à appareiller?

– Je peux seulement affirmer qu'il ne le fera pas dans les heures prochaines; ses torpilleurs l'auraient

(1) On sut plus tard que le *Tirpitz* était effectivement demeuré dans l'Altafjord le 4 juillet, avec le *Hipper* et le *Scheer*.

précédé pour effectuer un ratissage ASM. Nos sous-marins, embusqués au large de l'Altafjord, nous aviseront aussitôt.

– Ils ne vous ont pas prévenu de son entrée!

– La brume, amiral... Il y aura toujours ce genre d'incertitude.

L'amiral Pound passa dans la salle voisine du repérage des sous-marins, où le commander Winn, chef du bureau des Opérations ASM, l'accueillit. Grâce à la radiogoniométrie, il était capable de porter sur sa carte – la même que celle de Dönitz! – la position de tous les U-Boote dès qu'ils émettaient. Sans un mot, l'amiral dirigea son regard sur la carte et blémit. La mer de Barentz était constellée de petits drapeaux.

– Oui, amiral; il y a là une énorme concentration de sous-marins. Ils attendent le PQ-17. Heureusement qu'il dispose d'une bonne escorte!

Suivi de Clayton, son chef des Opérations, l'amiral Pound remonta à son bureau, et on recommença à discuter avec l'état-major. Malgré les assurances contraires de Clayton, tous ces marins raisonnaient comme si le *Tirpitz* avait déjà repris la mer. Ce qu'ils auraient fait, eux!

– Messieurs, dit l'amiral Pound d'une voix sourde, les croiseurs de l'amiral Hamilton sont trop précieux pour qu'on les laisse ainsi s'exposer. Si le *Tirpitz* appareille, ils sont perdus! Or, ces bâtiments sont indispensables pour couvrir nos futures opérations de débarquement.

Le commandant Clayton éleva la voix.

– Denning pense que le *Tirpitz* n'a pas encore quitté l'Altafjord! Il est donc encore temps de lancer la Home Fleet pour lui couper la route s'il s'avise d'attaquer le convoi; et si elle ne peut l'intercepter, au moins le fera-t-elle fuir, et le convoi sera sauvé.

– Vous oubliez la Luftwaffe, commandant. Que peuvent faire les quarante avions légers du *Victorious* contre cent cinquante ou deux cents appareils de l'aviation allemande? On ne peut pas risquer de perdre un porte-avions pour sauver le convoi!

Un morne silence suivit ces paroles. Très las, l'amiral Pound se leva.

– Allons dîner, messieurs. La conférence reprendra à vingt heures. Au vu des informations on décidera alors de la conduite à tenir.

Quand la conférence reprit, une atmosphère survoltée régnait dans la pièce. Le bureau était rempli d'officiers brûlant d'obtenir une certitude. Mais il n'y avait pas de certitude, seulement une menace intolérable qui planait sur les étendues sinistres des mers nordiques.

Après une discussion confuse, l'amiral Pound se décida enfin :

– Que l'escadre des croiseurs se retire vers l'ouest sous la protection de la Home Fleet. Prévenez l'amiral Hamilton.

Quelqu'un risqua :

– Et le convoi, amiral?

– Ah oui, le convoi! Il faut le dissoudre!

Aussitôt, des protestations s'élevèrent. Quelqu'un proposa :

– Il serait préférable d'en laisser la responsabilité au chef de l'escorte; lui seul peut apprécier la situation.

– Que peut voir le commandant Broome de la passerelle de son destroyer? Quand le *Tirpitz* sortira de la brume, il sera trop tard. On ne peut laisser pareille responsabilité à un jeune commandant de destroyer qui n'abandonnera jamais son convoi de sa propre initiative et se fera inutilement hacher sur place.

Tous les officiers présents, à l'exception de l'amiral Moore, chef d'état-major, étaient contre la dislocation. Pound chercha auprès de lui un appui. L'amiral Moore montra un point sur la grande carte de l'Arctique qu'on avait étalée sur la table :

– On ne peut plus différer l'ordre de dispersion. Si on attend que le *Tirpitz* attaque, le convoi se trouvera alors près de la banquise, à partir de minuit. Les cargos ne pourront plus échapper vers le nord, ils seront pris entre les glaces et les canons. Pour qu'une dispersion soit efficace sur une grande étendue d'océan, il faut l'ordonner maintenant.

Tous les regards se tournèrent vers le Premier lord de la mer. Au bout de la longue table, le vieil amiral avait fermé les yeux de lassitude. Il assumait depuis si longtemps – depuis 1939 – la charge écrasante de la direction maritime, à un moment de son histoire où la vie de l'Angleterre ne tenait qu'à sa marine! Une minute entière s'écoula, chargée d'angoisse, dans un silence oppressant.

Enfin, l'amiral Pound rouvrit les yeux et contempla les visages qui l'entouraient. Il avait pris la plus difficile décision de sa carrière :

– Le convoi doit être dissout immédiatement.

Et comme les officiers le regardaient avec consternation, de sa main il désigna sa poitrine, pour bien montrer qu'il en prenait seul la responsabilité. Il saisit sur la table le bloc à messages et rédigea l'ordre fatal. Atterré, le commandant Clayton regagna alors son bureau au sous-sol; il y trouva le commandant Denning.

– Alors?

– C'est la dislocation.

– Mais le *Tirpitz* n'a même pas appareillé! Je vous en prie, commandant, retournez auprès de l'état-major, et dites-le!

Clayton reprit aussitôt l'ascenseur. Il tomba sur une assemblée en pleine discussion :

– « Se dissoudre » n'est pas le terme exact, disait le chef d'état-major Moore. Il implique rupture de formation, mais les bateaux, à vitesses différentes, peuvent gagner les ports russes en caps parallèles. C'est « se disperser » qu'il faut dire : *convoy is to scatter.*

– En effet, opina le Premier lord. C'est bien ce que je veux.

Le commandant Clayton tenta alors l'impossible :

– Messieurs, le Deuxième bureau estime que le convoi ne court aucun danger immédiat; les cuirassés allemands n'ont pas encore quitté l'Altafjord.

– Avez-vous oui ou non une certitude?

– C'est une quasi-certitude, amiral.

– Cela ne me suffit pas. L'ordre de dispersion sera maintenu.

A 20 h 36 le message était remis au service des transmissions : « *Most immediate. Convoy is to scatter.* »

Le sort du PQ-17 était scellé.

Le convoi venait à peine d'échapper à la première série d'attaques aériennes, que le premier des messages chiffrés de l'Amirauté parvenait à l'escorte des croiseurs :

« 21 h 11. Extrême urgence. Retirez-vous vers l'ouest à toute vitesse. »

Aussitôt après, le commodore du convoi recevait l'ordre fatal :

« 21 h 23. Urgent. En raison menace par bâtiments de surface ennemis, disloquez le convoi, dont les bâtiments gagneront isolément les ports russes. »

Aussitôt, les croiseurs exécutèrent leur virevolte devant les marins marchands atterrés. Pour le commandant Broome, chef de l'escorte des destroyers, à qui aucun ordre particulier n'était donné, le doute n'existait même pas :

« L'Amirauté venait de découvrir que " *Tirpitz & Cie* " se trouvaient dans notre voisinage. Ils attaqueraient par l'ouest, direction vers laquelle se retiraient nos croiseurs. »

Le commandant Broome comprenait que la dislocation du convoi lui éviterait peut-être de tomber en bloc sur le *Tirpitz*, mais elle allait livrer les cargos presque sans défense aux sous-marins et aux avions allemands! C'était donc un arrêt de mort. Aussi décida-t-il de temporiser en ce qui concernait son escorte.

C'est alors que tomba le troisième message de l'Amirauté, celui-ci comminatoire :

« 21 h 36. Extrême urgence. Dispersez le convoi. »

Cette fois, Broome prit peur. Aucun doute n'était plus possible, le *Tirpitz* serait sur eux dans l'heure!

Avant d'abandonner le convoi, il manœuvra son destroyer pour le faire naviguer le long du cargo du commodore Dowding, dont l'équipe avait aussi décrypté les ordres de l'Amirauté. Le dialogue se résuma à un échange de coups de gueule au mégaphone :

– Alors, on se disperse? hurla Dowding.

– Oui; navré de vous abandonner! Ça m'a l'air d'une belle vacherie! Bonne chance!

Dowding se retourna vers son timonier :

– Hissez le pavillon 8!

C'était le sauve-qui-peut, et on naviguait sur le méridien du cap Nord avec encore mille milles à couvrir pour atteindre Arkhangelsk. Quatre à cinq jours dans une mer et sous un ciel infestés d'ennemis!

Incrédules, les capitaines traduisaient le code, et, jurant, crachant, compulsaient les instructions. Le cas avait été prévu, et pour chaque cargo une route assignée qui devait l'emmener très loin dans le nord le long de la banquise, puis dans l'est, bien au-delà de la longitude d'Arkhangelsk (il n'était même plus question de Mourmansk!), au diable vauvert. Mais tous savaient qu'un tel ordre ne pouvait que signifier l'arrivée immédiate d'une escadre de ligne allemande, aussi se hâtèrent-ils d'obtempérer.

Qu'allait faire l'escorte? Il n'a pas été possible de retrouver l'ordre de l'Amirauté la concernant, mais il fut donné, de toute évidence, puisque les destroyers de Broome n'allèrent pas en Russie. L'Amirauté tenait trop à ses précieux bâtiments, destroyers ou croiseurs.

Désormais, pour le commandant Broome, le devoir était clair. Puisque l'ennemi s'avançait, il fallait le combattre. Il ordonna donc à ses six destroyers de rallier à toute vitesse l'escadre de l'amiral Hamilton, qui faisait route à l'ouest. Quant aux petites unités lentes qui ne pouvaient qu'encombrer les bâtiments de combat, corvettes, dragueurs, chalutiers, ainsi que les rescue ships et les flak ships, ils feraient route en ordre dispersé sur Arkhangelsk. Plus tard, l'Amirauté leur confirma : « Votre premier devoir est d'éviter d'être détruits afin de retourner sur le lieu de l'attaque pour recueillir les survivants après que l'ennemi se sera retiré. » Sans commentaire.

L'amiral Hamilton, qui se sentait bien faible face à un ennemi très supérieur, fut satisfait de voir arriver les destroyers de Broome. « Je n'avais pas l'intention de chercher le combat avec le *Tirpitz*, mais je pouvais me trouver dans l'obligation de l'accepter. » Dans cette éventualité, l'erreur de tactique de l'Amirauté, qui avait placé la Home Fleet beaucoup trop loin dans l'ouest (par crainte des U-Boote et de la Luftwaffe, et aussi d'une tentative de percée des cuirassés allemands vers l'Atlantique), rendait sa situation précaire.

La disparition subite des deux escortes, autant que l'ordre de dispersion, avaient jeté la consternation et la colère parmi les marins du convoi. Ils avaient le sentiment d'être désespérément abandonnés, impression que partageaient tous les marins militaires des escortes.

A bord du croiseur anglais *Norfolk*, les protestations devinrent si véhémentes que le commandant en second Lichtfield réunit l'équipage sur la plage arrière.

– Je ne me permettrai pas de discuter la décision de l'Amirauté, mais je comprends vos sentiments et je les partage. Ce serait seulement si nous n'étions pas aussi indignés de cette retraite qu'on pourrait vraiment nous prendre pour un tas de Macaronis!

Plus tard, Lichtfield écrira : « Aucun de ces hommes n'a jamais oublié cette retraite. Nous l'avons excutée par ordre, mais nous sentions que c'était l'ordre de lâcher ceux que nous devions protéger. »

Pendant que se déroulait cette séquence dramatique, « *Tirpitz & Cie* » dormaient paisiblement dans l'Altafjord. N'ayant pas reçu l'information certaine qu'aucun porte-avions ne se trouvait dans les parages, Hitler avait refusé l'autorisation d'appareillage. C'est seulement au début du 5 juillet, lorsque affluèrent les renseignements apprenant la dislocation du convoi et le retrait des deux escortes, que les états-majors incrédules commencèrent à se remuer : l'amiral Schniewind à bord du *Tirpitz*, l'amiral Schmundt à Narvik, l'amiral Carls à Kiel, enfin, remontant jusqu'au chef suprême, l'amiral Raeder à Berlin, et Hitler.

Naturellement, les sous-mariniers n'attendirent pas, comme les cuirassés, le bon plaisir du Führer pour agir. Pour la meute *Eisteufel*, l'heure de la curée était venue.

Le premier, comme toujours, Teichert s'avisa de cette chance inespérée et clama aussitôt sur les ondes : « 3 h 35. *U-456*. Convoi dispersé dans carreaux AC 2450 et 2480. Nombreux bateaux isolés sans protection. »

Suivi aussitôt du premier avis de victoire : « 3 h 40. *U-344*. Coulé un traînard endommagé. »

Au même moment, l'*U-703* se mit à chasser un isolé, mais un banc de brume miséricordieux absorba le bateau, un gros pétrolier qui ne se douta jamais de sa chance!

L'enseigne de vaisseau Heinz Bielfeld, le très jeune commandant de l'*U-703* (vingt-cinq ans), enrageait; d'autant que la situation était pour lui assez périlleuse, le sous-marin naviguant en surface dans la brume, tout proche de la banquise.

Vers six heures du matin, Bielfeld, transi de froid, descendit au carré pour se réchauffer. Comme il regagnait le poste central, il entendit par l'ampli la voix du quartier-maître Schwabe, de quart dans la baignoire :

– La brume se dissipe!

Le commandant bondit sur la passerelle.

– Là, commandant, regardez!

A l'horizon, on distinguait un panache de fumée. Bielfeld braqua ses jumelles.

– C'est un gros cargo, il fume comme un cochon! En avant toute, cap à l'est!

Une heure plus tard, l'*U-703*, qui s'était placé sur son avant, plongea. L'ingénieur Gohdes le stabilisa à 13 m 50 et le commandant examina sa proie au périscope.

– C'est en effet un gros cargo bourré de matériel de guerre! On distingue même des tanks énormes sur le pont! Tubes 1 et 2, attention! Distance trois mille mètres, vitesse du but, dix nœuds. Feu!

Les deux torpilles manquèrent leur but, et on s'étonne que le sous-marin ne se soit pas approché davantage.

Maintenant, le cargo n'était plus qu'à deux mille mètres.

– Tubes 3 et 4, feu!

Les torpilles manquèrent encore le but. Dommage de les gâcher ainsi alors qu'il y avait tant de proies faciles offertes sur la mer!

– Distance, mille mètres; vitesse, huit nœuds. Tube 5, feu!

On entendit une secousse. La torpille avait fait but sur l'arrière du cargo britannique *Empire Byron*.

Bien qu'âgé seulement de trente et un ans, le capitaine John Wharton avait déjà été torpillé deux fois. Aussi les événements dramatiques de la veille ne l'avaient-ils pas plus troublé que d'habitude, et il dormait paisiblement dans la chambre des cartes, lorsque l'enseigne de vaisseau Eakins, chef des canonniers, le secoua :

– Capitaine, réveillez-vous! Nous venons d'être torpillés!

Wharton le regarda fixement et écouta le battement familier de la machine. Tout semblait normal à bord.

– Quelle blague! dit-il.

Eakins hurla :

– Nous venons de recevoir une torpille!

Tout à fait réveillé, le capitaine bondit sur la

passerelle. Aucun doute possible, son *Empire Byron* coulait par l'arrière!

La panique s'empara alors de l'équipage, qui se rua avec une telle hâte dans les embarcations que l'une d'elles chavira. Wharton se rendit sur le pont et ramena l'ordre. Trois canots descendirent à la mer.

– Vous venez, capitaine?

Wharton les regarda avec un sourire ironique où passait un léger mépris. Puis il remonta sur la passerelle, enferma les codes et documents dans un sac lesté de plomb, qu'il jeta à la mer.

Son bateau coulait rapidement. Des panneaux de la cale, les mécaniciens jaillissaient tels des diables noirs. Soudain, il entendit des hurlements à l'arrière, déjà presque complètement immergé, et y courut. Un mécanicien l'arrêta.

– Rien à faire, capitaine. L'explosion de la torpille a déformé la cloison arrière et bloque complètement l'unique accès du poste des canonniers.

– On ne peut vraiment rien faire?

– Seulement prier pour qu'ils soient vite noyés. La mer affleure déjà le panneau.

Une explosion énorme ébranla le bateau. Une chaudière, atteinte par la montée de l'eau, venait d'éclater. Par l'ouverture béante de la coque, l'eau s'engouffrait dans la salle des machines. Repris de panique, les hommes s'éloignèrent en vitesse sans plus s'occuper des marins restés à bord.

– Suivez-moi, leur cria le capitaine Wharton.

Saisissant une hache, il s'élança vers la plage arrière, et rompit les amarres d'un radeau. Juste au-dessous d'eux, ils entendaient les hurlements affreux des canonniers prisonniers dans leur soute et le clapotement sinistre de l'eau qui l'envahissait. Enfin, six marins et le second prirent place sur le radeau.

– Venez, capitaine!

Une dernière amarre retenait encore l'esquif. Le capitaine la rompit. Entraîné par la forte bande, le radeau glissa sans lui à la mer.

– Capitaine!

Wharton n'entendait que les supplications des huit canonniers emprisonnés juste au-dessous de lui. Mais il n'y avait vraiment rien à faire. Un amas de ferraille tordue obstruait l'unique et étroite descente verticale qui, juste sous la plate-forme du canon, accédait à leur poste. Brusquement, les cris s'arrêtèrent. L'eau avait accompli son œuvre.

Il ferma les yeux, respira un grand coup et se jeta dans la mer glacée, où il suffoqua. Aussitôt, ses hommes l'agrippèrent et le hissèrent, transi, sur le radeau.

– Vite, écartez-vous!

Quelques instants plus tard, l'*Empire Byron* s'enfonçait dans la mer au milieu de gigantesques tourbillons. On vit basculer sur le pont les chars énormes de trente tonnes, toutes amarres rompues. C'étaient les premiers fameux chars *Churchill* que l'Angleterre livrait à la Russie.

Le capitaine cria :

– Les canots, approchez!

Il se mit à compter les survivants. Il y en avait quarante-quatre. Dix-huit hommes avaient donc disparu. Il monta à bord du seul canot muni d'un moteur et, sur la mer couverte d'épaves, ils se mirent à chercher ceux qui pouvaient encore être sauvés.

L'*U-703* avait fait surface et cherchait aussi. Ses instructions ordonnaient au commandant Bielfeld d'identifier sa victime et si possible de ramener le capitaine. Comme il n'était pas un monstre, il avait aussi décidé de sortir les naufragés de la mer, vite, très vite, avant que le froid mortel ne leur ait enlevé toute vie, car à cette époque on ne distribuait pas encore de combinaisons étanches.

Tandis que le sous-marin évoluait avec précaution au milieu des épaves, sur le pont étroit, des marins, munis de gaffes, se tenaient prêts à intervenir.

Un naufragé dérivait sur la mer. Le sous-marin s'approcha.

– Attrape ça, cria un Allemand en lui tendant sa gaffe.

L'homme sortit ses bras de l'eau. Il n'avait plus de mains. Puis il s'effondra. Le jugeant irrécupérable, l'Allemand se détourna pour s'occuper d'un autre rescapé, très jeune, couvert de mazout, qui flottait en équilibre instable sur une caisse vide. On le hissa à bord. Il grelottait. Le commandant Bielfeld lui cria :

– Qui êtes-vous?

– Quatrième mécanicien.

– Quel est votre bateau?

– *Empire Byron.*

– Cargaison?

– Des chars.

– Destination?

– Arkhangelsk.

Le dialogue avait claqué à phrases brèves, en anglais, comme une formalité sur quelque quai d'un port international. Enfin, Bielfeld s'adoucit.

– Voulez-vous rester à bord?

L'homme hésita. Il avait le choix entre ce sous-marin puis la captivité, ou la longue errance à bord d'une embarcation perdue sur l'Arctique glacé. Mais la peur instinctive du sous-marin allemand fut plus forte.

– Je préfère rejoindre mes camarades.

– Bien. Emmenez-le en bas. Donnez-lui des vêtements secs et faites-lui boire un coup d'alcool.

Puis Bielfeld mit le cap sur le groupe des canots.

– Accostez! Où est le capitaine?

– Il a coulé, répondit le capitaine Wharton.

– Ah! j'en suis navré!

Et Bielfeld ordonna de distribuer biscuits, saucisses en conserve, jus de fruits et alcool.

Cependant, les marins allemands qui examinaient l'autre canot demeuraient sceptiques à propos du capitaine. L'un d'eux y avait remarqué un homme plus âgé que les autres, vêtu de vêtements confortables et « l'air bourgeois ». Il s'écria :

– Ce doit être lui, le capitaine!

Il s'agissait en effet d'un capitaine, mais du génie! John Rimington, quarante-cinq ans, avait embarqué, et sans aucun plaisir, pour apprendre aux Russes la marche et l'entretien des nouveaux chars. Un premier maître l'examina.

– Tu as raison! Allez, qu'il embarque!

Le pauvre homme n'y comprenait rien! Il se retrouva soudain sur le pont du sous-marin, devant un gradé qui lui demanda :

– Qui êtes-vous?

– Capitaine Rimington.

– Ah! Vous n'êtes donc pas mort! Amenez-le au carré. Fouillez-le pour les armes, mais traitez-le bien.

Le quatrième mécanicien, lui, avait rejoint ses camarades britanniques dans le canot. Le commandant Bielfeld était remonté dans son kiosque. De son canot, Wharton, le vrai capitaine, riant sous cape du bon tour qu'il venait de jouer aux Allemands, eut l'audace de lui demander :

– Quelle direction, la terre la plus proche?

– Gouvernez au sud-est, vous trouverez la Nouvelle Zemble, à deux cent cinquante milles...

Deux cent cinquante milles dans ces étendues glacées! Tandis que le sous-marin s'écartait, longuement le jeune officier allemand salua ceux qui, selon toute vraisemblance, allaient mourir après une agonie interminable.

Effectivement, on ne devait plus jamais entendre parler d'eux. La mer cruelle avait repris sa proie. Quant à l'*U-703*, il devait couler corps et biens deux ans plus tard, grenadé par un escorteur anglais dans le golfe de Gascogne.

Tandis que l'*U-703* pourchassait l'*Empire Byron*, au même moment, à quelques milles de là, l'*U-88* tentait de se placer sur l'avant d'un autre cargo isolé, le *Carlton*, apparu soudain à travers le brouillard. Mais Bohman, son jeune commandant, était bien décidé, lui, à ne tirer qu'à coup sûr. Pendant quatre heures, le sous-marin manœuvra, perdant puis retrouvant son gibier suivant la fantaisie des bouchons de brume. Enfin, à 10 h 15 :

– Tubes 1 et 3, attention. Distance du but, huit cents mètres, vitesse treize nœuds, route au 80, immersion des torpilles, trois mètres. Feu!

On se souvient que le *Carlton*, cargo de Philadelphie rescapé du PQ-16, avait été contraint de revenir en Islande et avait été ensuite – pour son malheur – intégré au PQ-17.

Après l'ordre de dispersion du convoi, le cargo filait seul sur la mer déserte et plate, une lourde angoisse régnant à bord. Il allait se dissimuler dans un banc de brume, lorsque la torpille le frappa en pleine salle des machines, crevant une soute à mazout de soixante-dix mille litres, juste devant la chaufferie. Au milieu d'un chaos de ferrailles, les flammes jaillirent. En toute hâte, les mécaniciens de quart tentèrent de gagner la sortie, mais les portes d'acier avaient été déformées par l'explosion, ils étaient prisonniers, promis à une mort rapide.

Car le cargo coulait. L'explosion avait démoli la moitié des embarcations. Tandis que l'eau envahissait les cales en mugissant, l'équipage se jeta à la mer et gagna les radeaux.

Après avoir tenté de sauver ses hommes, l'officier mécanicien en second se mit le dernier à l'eau et réussit à trouver place dans un canot, dont les hommes se mirent à nager vigoureusement pour ne pas être happés par la succion du bateau. Soudain, une torpille arriva droit sur eux.

– Lève rames!

Dans un bouillonnement de bulles d'air, elle fila à un mètre d'eux, fonçant sur la muraille toute proche du cargo, à moins de cinq mètres! Cette fois, c'était la fin. L'embarcation allait être pulvérisée.

Alors, il se passa quelque chose de miraculeux. Juste avant de frapper, la torpille fit demi-tour et s'éloigna!

A bord d'un radeau, on venait de hisser le capitaine Hansen, ruisselant et grelottant. Les hommes pagayaient de toutes leurs forces pour s'écarter du cargo, lorsque le sous-marin émergea. Ils s'attendaient à le voir leur tirer dessus à la mitrailleuse (1), mais il s'éloigna aussitôt vers le nord-est.

Le capitaine Hansen fit amarrer ensemble canots et radeaux.

– Mes amis, je vais partir à bord de l'embarcation la plus légère pour essayer de trouver un bateau, et nous viendrons vous récupérer.

Ceux des radeaux protestèrent. En cas de tempête, ils ne tiendraient pas une heure. Certes, les embarcations étaient pleines, mais certains de leurs occupants pouvaient mourir, être emportés, aussi, et alors il y aurait de la place pour tout le monde... On vota. La majorité voulut rester groupée. C'était le début d'un long et incroyable périple.

Dans la matinée du 5 juillet, l'escadrille 1 du groupe 906, sept hydravions Heinkel 115 torpilleurs, décolla du Billefjord, menée par le capitaine Peukert, le vainqueur du *Christopher Newport.*

– Cap au nord! On devrait trouver le convoi au-dessus du 75ᵉ parallèle.

Après seulement une heure de vol, surprise : là-bas, très au sud de la route présumée du convoi, un liberty ship navigue tout seul sur la mer jolie, comme s'il n'y avait pas la Luftwaffe, les U-Boote, et le *Tirpitz*!

Le premier, le lieutenant Siegmund le voit. Suivi de son sectionnaire (2), il pique. Approche, lancer, remontée dans le hurlement des moteurs à pleine puissance. Raté! Ce salaud de capitaine a mis la barre

(1) C'est ce que racontait la propagande officielle en Angleterre, que diffusaient la presse et la radio. Les Allemands accusaient les Alliés des mêmes atrocités...

(2) Les hydravions attaquent ici par deux. Le Heinkel 115 n'emporte qu'une seule torpille.

toute à bâbord, les deux engins sont passés à raser l'étrave.

Le lieutenant Pöhler rallie avec son sectionnaire. Ils piquent à leur tour et volent le plus lentement possible à vingt mètres des vagues, malgré le feu de la DCA. Puis ils attendent pour lancer que le cargo ralentisse entre deux évolutions.

– Zéro! Feu... Raté.. Un fameux marin, ce capitaine!

Incroyable! Ils vont s'en tirer! Non; voici la troisième section, menée par le capitaine Peukert en personne. La torpille file bien droit au but... mais elle coule juste avant de frapper le cargo et passe sous sa quille! L'engin lancé par le sectionnaire n'a pas plus d'effet!

Reste le septième et dernier Heinkel, piloté par le sous-lieutenant Philipp, le benjamin de l'escadrille. L'avait-on assez brocardé, celui-là, au mess! Fou de joie et de revanche, il hurle dans son micro :

– Vous n'êtes tous que de pauvres cons! Regardez!

Il suffit de prendre des risques! Philipp, lui, n'a pas peur des canons. Il fait comme s'ils n'existaient pas. Avec des escorteurs, aucune chance de s'en tirer. Ici, une chance sur deux si les canonniers s'énervent et vident trop tôt leurs chargeurs.

A cent mètres – imparable! – il lance sa torpille, puis amorce son redressement et passe au-dessus du cargo, si proche qu'il manque d'arracher son antenne. La torpille file droit au but... et passe sous le bateau! Tirée de trop près, sans doute n'a-t-elle pas eu le temps de revenir à la bonne immersion de trois ou quatre mètres.

Le capitaine Peukert, lui aussi, enrage.

– C'est vrai, on est tous des cons, comme ces foutus mécaniciens qui ont réglé nos anguilles! Cent soixante-quinze mille marks de perdus dans la mer! Allez, cap au sud, à la maison!

Quinze minutes plus tard :

– Mon capitaine, un canot et des radeaux en mer.

– M'en fous!

Mais tel n'est pas l'avis du sous-lieutenant Philipp. Il amerrit avec l'intention risquée de faire des prisonniers, peut-être aussi d'arracher ces pauvres bougres à une mort terrible.

En bas, les rescapés du *Carlton* ont vu avec inquiétude l'hydravion arriver. Lorsqu'il se met à effectuer des passages menaçants à cinq mètres d'altitude, ils pensent qu'ils vont être mitraillés et s'apprêtent à sauter à l'eau pour s'abriter sous les radeaux.

En fait, Philipp teste l'ennemi pour voir s'il n'a pas d'armes. Puis, rassuré, il se pose à deux cents mètres, glisse sur la mer lisse et stoppe ses moteurs. Alors, l'impensable se produit. Le pilote ouvre la porte et tend la main en écartant trois doigts. Ces pauvres marins-là n'étaient pas le capitaine Wharton; ils préféraient les geôles allemandes au linceul glacé de l'océan Arctique.

Trois hommes se jettent à l'eau et nagent vers l'hydravion. Mais voici un incident qui en toute autre circonstance eût été comique. L'un des marins américains, Mc Donough, un obèse jovial qui aujourd'hui n'en mène pas large, n'arrive pas à se hisser sur le flotteur de l'hydravion. Jurant et crachant, il patauge dans l'eau glacée en s'épuisant. La ceinture qui retient son pantalon ne résiste pas à la poussée frénétique de sa bedaine, elle craque et le pantalon glisse jusqu'aux genoux. Le pauvre garçon tente en vain de le remonter au lieu de nager! Malgré le contexte tragique, ce spectacle est si drôle, que ses caramades restés sur le radeau et les aviateurs se tordent de rire. Enfin, un Allemand se précipite avec une gaffe pour tenter de le tirer, mais il est si lourd et si flasque qu'il n'y parvient pas.

Alors, l'aviateur, le repoussant, lui crie :

– Je reviens! Vous, tenir bon!

Et il redécolle. Les marins du radeau repêchent le malheureux à moitié noyé et complètement gelé. Sa graisse le sauvera...

Deux heures plus tard, un gros hydravion Dornier 24

1. Les escorteurs sont les chiens de garde du convoi. D'abord exclusivement confiée aux légères corvettes, l'escorte se compose ensuite de navires de fort tonnage, comme le croiseur *Scylla*, que l'on voit ci-dessus sous sa gangue de glace. *(IWM).*

2. LES ESCORTEURS AU COMBAT
Dans l'Arctique, par des froids de moins quinze, l'une des occupations de l'équipage : casser la glace qui bloque tout sur le pont. *(IWM).*

Lancer une grenade contre un U-Boot repéré par l'asdic est souvent une opération acrobatique lorsque la mer démontée imprime des mouvements désordonnés à l'escorteur. *(coll. J.-J. Antier).*

3. Toute la formidable puissance navale britannique dans cette photo du cuirassé *Duke of York*. C'est la menace des cuirassés allemands embusqués dans les fjords de Norvège pour détruire les convois qui contraignit la Home Fleet à s'engager en mer de Norvège. *(coll. JJA)*.

4. BATAILLES AÉRONAVALES
Ces deux pilotes anglais de chasseur Avenger ont le sourire. Grâce à eux recule la menace mortelle que font peser sur les convois les bombardiers Ju-88, Heinkel 111, et, *ci-dessous*, les hydravions Heinkel 115. *(IWM)*.

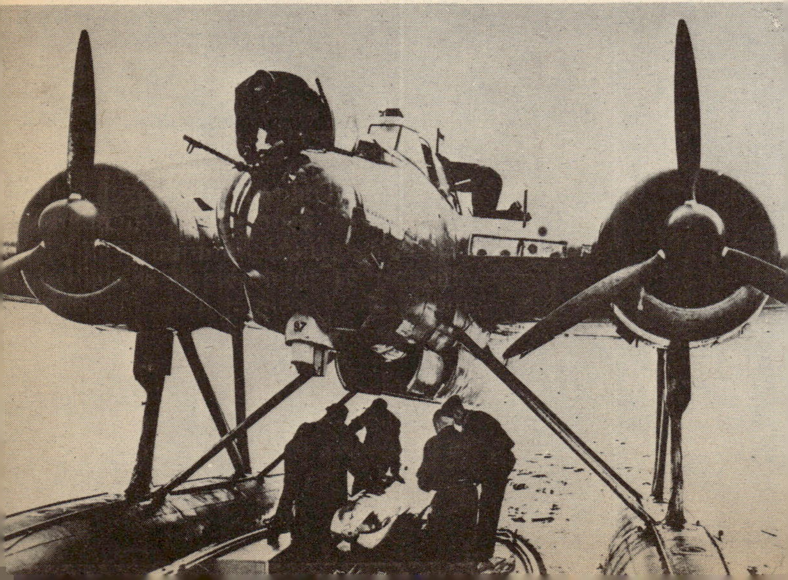

5. Le Focke Wulfe Kurier, dit *Epervier*, repère le convoi et tient le contact en ameutant sous-marins et avions. *(coll. JJA).*

Ces vieux et vaillants Swordfish du porte-avions d'escorte patrouillent avec leur torpille sous le ventre. Gare au cuirassé allemand qui se risquerait dans les parages! *(IWM).*

6. LES CONVOIS
Emmitouflé, le marin veille aux U-Boote.
La meute attaque. Les escorteurs se ruent, mais déjà un cargo de munitions explose, tandis que le reste du convoi poursuit sa route sans dévier d'un quart. *(Coll. JJA).*

7. Dans Arkhangelsk à demi pris par les glaces, un cargo américain décharge. A Mourmansk, c'est pire : pas de glaces, mais des bombardements continuels. *(IWM).*

8. LES SOUS-MARINS
Jusqu'à trente U-Boote à la fois opèrent depuis les fjords de Norvège pour harceler les convois. Entre l'appareillage dans l'enthousiasme (en bas) et le matraquage de l'aviation alliée, il n'y a seulement que quelques jours d'écart. *(IWM)*.
Ci-contre, les amiraux Raeder et Dönitz. *(ECPA)*.

se posait à son tour et embarquait douze marins, dont six mécaniciens blessés. A deux reprises, des hydravions revinrent et embarquèrent cette fois quatorze hommes. Puis les aller et retour cessèrent. Dans une embarcation, il restait encore dix-sept hommes qui se mirent à pousser tristement l'aviron pour se réchauffer.

En fait, comme l'a raconté l'un des sauveteurs, le pilote Frank, c'est en voyant l'hydravion torpilleur posé sur la mer qu'un éclaireur le signala comme en panne, déclenchant aussitôt tout le dispositif allemand de sauvetage! Pour ne pas avoir fait inutilement sept cent cinquante kilomètres, le pilote récupéra d'abord blessés et officiers, et Frank offrit même au capitaine Hansen une petite promenade au-dessus de la Norvège, son pays natal.

Il y avait ainsi parmi les Allemands des gens charitables. Mais il y avait aussi des salopards : lorsqu'à l'échelon supérieur on eut été avisé de la nature de ces aller et retour, ordre fut donné d'arrêter le sauvetage, à cause de la rareté de l'essence! C'est pourquoi des centaines de naufragés demeurèrent au large des côtes norvégiennes et finlandaises, à deux heures de vol des bases allemandes, et y moururent.

11

LE MASSACRE S'ORGANISE

A Moscou, les Russes avaient appris avec colère et stupéfaction l'abandon du convoi par l'escorte et la dispersion qui le livrait sans défense aux U-Boote et aux avions. Au matin du 5 juillet, l'amiral Alafusov, adjoint au ministre de la Marine Kuznetsov, convoqua l'amiral Miles, attaché militaire britannique en URSS.

Le Russe déversa sur l'Anglais un tel flot d'injures et de reproches cinglants que la sueur perlait sur son front et que ses mains en tremblaient. Le nom de Staline revenant sans cesse, Miles comprit alors qu'Alafusov redoutait la colère du dictateur, exactement comme les amiraux et généraux du IIIe Reich redoutaient celle de Hitler. Quand le torrent fut écoulé, l'Anglais répliqua calmement :

– Nos cargos ne sont pas encore par le fond! Vous n'avez qu'à faire harceler les aérodromes allemands par votre aviation.

L'autre le regarda avec stupeur et répondit :

– Mais, notre aviation relève de l'Armée, non de la Marine. Elle ne s'occupe pas des convois!

A nouveau, l'amiral Miles ne put s'empêcher de faire un parallèle avec les Allemands. A cette heure même, Goering refusait de donner des avions à Dönitz dans l'Atlantique; mais Hitler avait exigé que la Luftwaffe attaque les convois de Mourmansk, et le gros maréchal avait dû céder.

Miles enfonça le clou :

– Alors, faites sortir vos forces navales de la mer Blanche et du golfe de Kola pour couvrir le convoi.

Mais il savait que les torpilleurs russes ne s'avançaient jamais qu'à quelques dizaines de milles de leurs côtes.

Pendant ce temps, en mer de Barentz, le massacre du PQ-17 dispersé s'organisait.

Le 5 juillet, à treize heures trente, le cargo américain *Honomu* de Philadelphie, transportant une cargaison de sept mille cinq cents tonnes de chars, de vivres, d'acier et de munitions, avançait tout seul sur la mer, le cap à l'est, à dix nœuds. Le temps était clair – trop clair – la mer calme.

A deux mille mètres de là, sous quelques mètres d'eau, dans le poste central de l'*U-456*, le commandant Teichert donna un ordre bref :

– *Torpedo, los!*

La première torpille frappa l'*Honomu* à tribord, à hauteur de la cale 3, détruisant la chaudière et, au-dessus, le poste de radio. En quelques minutes le cargo s'enfonça, touché à mort. Presque aussitôt, une seconde torpille le frappa à bâbord, ce qui parut incompréhensible.

On comptait déjà dix-neuf morts, lorsque, sous la conduite du capitaine Strand, trente-sept rescapés embarquèrent sans panique à bord des canots de sauvetage. Ils virent alors émerger trois U-Boote et comprirent pourquoi les coups venaient de directions opposées! L'un d'eux s'approcha des canots et réclama le capitaine, qui fut fait prisonnier.

– Avez-vous de l'eau?

– Oui, mais très peu de vivres.

Car tout le système du convoi prévoyait la récupération rapide des naufragés par les trois navires de sauvetage. Où étaient-ils, à cette heure? Les sous-mariniers leur donnèrent du pain et des conserves.

– On va vous envoyer des torpilleurs allemands pour vous recueillir.

Mais les canots dérivèrent treize jours avant d'être

récupérés à trois cent soixante milles au nord-est de Mourmansk par un dragueur britannique.

Avec les sous-marins, les avions entrèrent en action. La phase principale de la curée avait commencé pour le PQ-17.

Dès qu'il eut reçu l'ordre fatal de dispersion, le capitaine Pascoe, du *Bolton Castle*, avait ordonné :

– Cap au nord quart nord-est.

– On n'ira pas loin, capitaine!

– On verra... Il nous faut sortir au plus vite de la portée des bombardiers.

Hélas, dès le 5 juillet, le *Bolton Castle* se heurta à une barrière monumentale qui étincelait au soleil, la banquise.

Deux autres cargos, le hollandais *Paulus Potter* et l'américain *Washington*, moins bien armés, l'avaient suivi. Les marins de ce dernier n'en menaient pas large, car leur bateau transportait trois mille trois cents tonnes de TNT! Le capitaine Richert refusa de les jeter à la mer, comme on le lui suggérait, et se contenta de placer les explosifs à bâbord. Le cargo collait à la banquise, ainsi une torpille sous-marine ne percuterait pas de plein fouet le dangereux chargement.

Le *Bolton Castle* ne se trouvait guère plus favorisé, avec deux cents tonnes de poudre en caisses de bois!

– Cap à l'est, ordonna Pascoe.

Mais ils furent encore arrêtés par une avancée des glaces et durent revenir au sud.

A quinze heures, le sinistre klaxon d'alerte retentit à bord. Très haut dans le ciel apparut un bombardier Junkers 88. Les hommes se demandèrent avec angoisse s'il les avait vus, car les coques se confondaient avec les glaces. Soudain, l'avion piqua, en se plaçant dans le soleil pour éblouir les pointeurs de la DCA.

Comme s'il avait flairé la terrible marchandise, le pilote attaqua le cargo *Washington*. Gêné par le feu concentré des canons, il amorça trop tôt sa ressource et ses trois bombes tombèrent à la mer.

Le pilote piqua alors sur les deux autres cargos, mais il n'avait plus de bombes et se contenta, à trois reprises, de cribler rageusement les passerelles et les plates-formes de DCA.

Le capitaine Richert regarda avec soulagement l'avion s'éloigner vers le sud, sans pourtant se faire d'illusions.

– Nous allons être attaqués d'ici quelques heures, dit-il à son second; il va rameuter ses copains. Je compte sur vous pour empêcher toute panique à bord. Parez les embarcations et vérifiez si elles sont en état avec leurs approvisionnements.

Leur attente angoissée fut courte. Moins d'une heure plus tard, neuf Junkers 88 étaient signalés, volant à mille mètres. Ils attaquèrent chaque bateau par section de trois. La première démolit le gouvernail du *Washington*. Par les tôles arrachées, l'eau s'engouffra dans la coque.

– Amenez les embarcations!

La section revenait, cette fois au ras des vagues. Ayant épuisé son stock de bombes, elle se mit à mitrailler le bateau.

S'éloignant en hâte du *Washington* qui brûlait, les naufragés, heureux de s'en tirer à si bon compte, ne tentèrent même pas de monter à bord des deux autres cargos, dont le sort semblait scellé.

Les trois Junkers de la deuxième section qui attaquaient le *Bolton Castle* le prirent de trois côtés à la fois. Agrippé à la rambarde de sa passerelle tandis que les bombes pleuvaient de partout, le capitaine Pascoe tenait son regard fixé sur le panneau de la cale 2.

« C'est de là que viendra la mort », songeait-il à propos des deux cents tonnes de poudre.

Et soudain, le panneau vola en éclats. Une bombe venait de le frapper, explosant en pleine cale. « C'est la fin », pensa-t-il.

Un éclair jaillit de la cale comme d'un volcan en éruption. Dans un coup de tonnerre qui secoua le bateau, il vit un gros nuage de fumée vert foncé, et s'étonna d'être encore en vie, debout sur sa passerelle.

« Un miracle s'était produit, a-t-il plus tard expliqué. La bombe avait mis le feu à la poudre, mais les caisses sautèrent successivement comme les pièces d'un feu d'artifice. Je vis l'éclair éblouissant, le nuage de fumée verte, et sentis la chaleur, si forte que les vitres de la passerelle fondirent. Puis j'entendis le bruit de l'eau qui s'engouffrait, énorme cataracte, à l'intérieur de la coque. »

Le bateau s'enfonçait rapidement par l'avant.

– Tout le monde dans les canots!

Comme à l'exercice, les hommes sautèrent dans les embarcations, qu'ils avaient préalablement poussées au-dessus du vide. Non seulement il n'y eut aucune panique, mais on ne compta pas de victimes.

Lentement, les marins firent descendre les embarcations jusqu'à la mer. Il n'y eut qu'un accident. Un mécanicien et un canonnier, peu familiers de la manœuvre, firent chavirer le youyou dans lequel ils avaient embarqué. On les repêcha transis, l'eau n'étant qu'à quelques degrés.

Quatre minutes après l'évacuation, le *Bolton Castle* se mâta par l'arrière et coula d'un seul mouvement dans un énorme remous. Il y eut une forte explosion sous-marine (chaudière ou reste de poudre) qui faillit faire chavirer les embarcations.

Les canonniers hollandais du *Paulus Potter* étaient très agressifs et se défendirent jusqu'au bout. Une bombe finit par démolir le gouvernail. Ne pouvant plus manœuvrer, le cargo devenait une proie facile et l'équipage alors l'abandonna.

Sur la mer enfin silencieuse, les naufragés se concentrèrent. Le capitaine Pascoe décida de faire route vers le continent russe, alors que le capitaine Sissingh, du *Paulus Potter*, et le capitaine Richert, du *Washington*, choisirent de se diriger vers la Nouvelle Zemble, plus proche. Ces grandes îles limitant la mer de Barentz à l'est à plus de mille kilomètres au nord d'Arkhangelsk étaient inhabitées, mais il espérait y trouver quelque relais de pêcheurs ou quelque poste militaire russe.

Et le massacre continua. Etait-il inévitable? Certains capitaines trouvèrent des ruses efficaces, tel le capitaine Stone, du cargo *USS Olopana.* Dès qu'un bombardier se présenta, il fit ouvrir le feu sur lui et effectua les manœuvres habituelles de dérobement. Le bâtiment évita ainsi les premières bombes. Puis, avant que le Junkers 88 soit revenu, l'équipage se précipita dans les embarcations, tandis que, resté sur le pont, caché, un marin allumait des fumigènes.

Une énorme fumée enveloppa bientôt le cargo, et les aviateurs allemands s'éloignèrent en claironnant leur prétendue victoire. Aussitôt, l'équipage regrimpa à bord. Le capitaine, qui n'avait pas quitté sa passerelle, mit alors le cap sur une véritable fumée d'incendie, celle des cargos naufragés, et découvrit les survivants. Là, surprise :

« Les naufragés avaient perdu le contrôle de leurs nerfs, a écrit le capitaine Stone. Ils croyaient fermement que nous ne tarderions pas à être bombardés et ils ne voulaient pas subir à nouveau cette épreuve. Le capitaine du *Washington* monta seulement à bord pour demander la route à suivre vers la baie de Moller. Les Hollandais du *Paulus Potter* refusèrent aussi d'embarquer. Ils nous demandèrent simplement des cigarettes, du pain et de l'huile de graissage pour leur moteur, puis ils se remirent à ramer avec ardeur vers la Nouvelle Zemble. Quant aux baleinières du *Bolton Castle*, elles avaient hissé leurs voiles et faisaient route au sud sans s'occuper de nous. J'en conclus que ces hommes ne désiraient pas non plus embarquer, et je mis le cap sur la Nouvelle Zemble. »

Grâce aux qualités marines du capitaine Pascoe, les soixante-six survivants du *Bolton Castle* atteignirent Mourmansk en huit jours, sans trop de souffrances.

La palme de la ruse de guerre revient sans doute à... deux avocats de Londres, Leo Gradwell, commandant du chalutier armé *Ayrshire* et son second Dick Elsden, tous deux mobilisés dans la Royal Navy comme enseignes de réserve.

Dès que leur parvint l'ordre de dispersion, ils se réunirent dans la chambre des cartes.

– Naviguer sur les ports russes serait une folie, dit Gradwell. Les Allemands vont immédiatement couper la route.

– Ils la couperont aussi vers la Nouvelle Zemble, répliqua Elsden. Alors, quelle autre solution?

– Faire route au nord-ouest, sur le Spitzberg.

– Sur la banquise?

– C'est le seul endroit où les Allemands ne viendront pas nous chercher. Nous y resterons le temps qu'il faudra.

– Mais le charbon? Nous avions juste de quoi gagner Arkhangelsk!

– Oui, c'est le point... noir. Bah! on trouvera bien une solution. Au besoin, on brûlera le pont et les cabines!

Mais la solution se présenta d'elle-même une heure plus tard, sous la forme d'un beau panache. Le capitaine Salvesen, du cargo *Troubadour*, avait eu la même idée, il faisait route sur le Spitzberg! Le chalutier l'interpella :

– Combien vous reste-t-il de charbon?

– Pour six mois!

– C'est parfait! Veuillez me suivre.

Naturellement, les autres en furent enchantés. Plus on avait de canons groupés, plus on ferait échec aux assaillants. Il fallait l'aveuglement des lords de l'Amirauté, hantés par le spectre du *Tirpitz*, pour ne pas comprendre une évidence aussi simple.

En approchant de la banquise, ils furent ralliés par deux autres cargos, les américains *Ironclade* et *Silver Sword*. Se glissant à petite vitesse à travers les glaces dérivantes, le mini-convoi s'éloigna au maximum de la mer libre. Quand il en fut à vingt milles, le commandant Gradwell ordonna :

– Stoppez. Eteignez les chaudières.

Ils étaient environnés de glaces, et le second, Elsden,

gagna à pied sec les cargos. Une nouvelle idée avait fusé dans le cerveau des avocats.

– Avez-vous de la peinture blanche?

– Oui, quelques dizaines de kilos.

– Cela suffira pour peindre au moins le côté tribord qui fait face au large, le pont et les superstructures.

Les équipages se ruèrent sur les brosses, et en moins de quatre heures les navires avaient littéralement disparu : ils se confondaient avec la glace. Ni un avion, ni un sous-marin n'auraient pu les apercevoir à moins de mille mètres.

Puis le commandant Gradwell ordonna :

– Ouvrez les caisses, dégagez les chars!

– Auriez-vous envie d'aller faire une promenade sur la banquise?

– Non. Mais qu'on approvisionne les canons de ces tanks. En cas d'attaque, nous disposerons d'une formidable bordée. A lui seul, le bruit en sera réconfortant!

Mais le camouflage fut suffisant. Ils virent passer au sud des avions qui ne les remarquèrent pas.

Toutefois, un autre danger les attendait. Le vent se leva, le froid devint plus intense et la glace se resserra, risquant d'emprisonner et d'écraser les coques. Ils gagnèrent alors quelques milles vers le sud et reprirent leur attente, suspendus aux postes de radio, qui recevaient sans arrêt les appels de détresse des cargos massacrés.

Ils demeurèrent ainsi trois jours dans le pack. Puis, le silence – un silence de mort – étant tombé sur les ondes, le 9 juillet ils firent route à l'est sur la Nouvelle Zemble.

Alerté par tous les messages des sous-marins et des avions au contact du convoi dispersé, l'amiral Carls, chef du secteur maritime Nord-Europe, à Kiel, avait, malgré l'heure matinale, réclamé la liaison téléphonique avec le grand amiral Raeder, à Berlin.

– Je demande l'autorisation de déclencher immédiatement l'opération *Rösselsprung.* A midi il sera trop tard, le convoi sera alors hors de portée.

– Le Führer a interdit de risquer le *Tirpitz* au large avant élimination du porte-avions anglais qui a été signalé le 3 juillet. Où est ce porte-avions?

– Nous n'en savons rien, amiral! Mais j'estime invraisemblable qu'il se risque à portée de notre aviation; et à grande distance du convoi, l'efficacité de l'attaque de ses avions devient de plus en plus réduite.

– C'est possible, mais c'est un langage que ne comprend pas le Führer! D'autre part, on a signalé un cuirassé près du convoi.

– J'estime opportun, amiral, d'effectuer la sortie du *Tirpitz* et du *Sheer* sans plus se soucier du porte-avions et de ce cuirassé.

– Non! Il faut d'abord être sûr qu'ils ne sont pas dans le secteur!

Les Allemands avaient de la situation stratégique une vision aussi fausse que les Anglais. Le porte-avions, qui naviguait avec la Home Fleet, avait à peine quitté les mers occidentales, sans même atteindre l'île Jan Mayen. Les Allemands, par suite d'une erreur d'un observateur aérien, avaient pris pour un cuirassé l'un des croiseurs lourds de l'escadre Hamilton. A l'instant même où les deux amiraux allemands conversaient, l'escorte s'était repliée depuis la veille au soir; le convoi se trouvait en début de dispersion, à la merci des forces allemandes qui voudraient bien sans risque s'occuper de lui!

Enfin, à 6 h 55, tomba le message aérien que tous les marins allemands attendaient : « Carreau AB 2732 (entre le Spitzberg et Jan Mayen). Le groupe du porte-avions se replie vers l'ouest. »

L'amiral Carls se rua alors sur la ligne directe qui le reliait à Raeder :

– Le porte-avions et les cuirassés se replient, *Herr Grossadmiral!* Puis-je lancer le *Tirpitz*?

– Je vais demander l'autorisation au Führer.

– Hâtez-vous! dans trois heures il sera trop tard!

A 11 h 41, le téléphone sonna dans le bureau de Carls. C'était Raeder.

– Nous avons l'accord de Hitler. Mais l'opération *Rösselsprung* sera interrompue si nos avions observent un quelconque mouvement de la Home Fleet vers l'est.

La peur de Hitler était contagieuse. Il l'avait passée à Raeder, et voici que cette crainte atavique qu'inspirait la Royal Navy se communiquait aux responsables des opérations! Alors même que toutes les reconnaissances aériennes qui affluaient sur les téléscripteurs de l'état-major annonçaient la débâcle du convoi et même la dispersion de son escorte, Carls ne donna enfin au téléphone, qu'à quinze heures trente, le feu vert à l'amiral Schniewind, qui s'impatientait à bord du *Tirpitz*, puis il confirma à seize heures par téléscripteur ce qui laissait une trace en dégageant sa responsabilité :

« Mieux vaut entreprendre une brève opération rapportant un succès partiel, qu'essayer d'obtenir un succès total réclamant beaucoup plus de risques. N'hésitez pas à rompre l'opération si la situation vous paraît douteuse. Ne laissez en aucun cas l'adversaire remporter un succès sur notre flotte principale. »

La pusillanimité de l'état-major allemand valait celle de l'état-major britannique, dont l'ordre intempestif de retrait des escortes déclenchait la sortie de l'escadre allemande!

Heureusement pour l'Allemagne et l'honneur de sa Marine, il y avait les sous-marins, et dans le ciel la Luftwaffe!

Le 5 juillet, à midi, les six Junkers 88 de la 5e Escadrille de bombardement, conduits par le capitaine Flechner, volaient vers le nord à la recherche des cargos. Soixante milles avant d'atteindre la zone, le capitaine aperçut un cargo isolé.

– Première section, continuez vers le nord. Je m'occupe de celui-ci avec la deuxième section. Il est à toi, Erkens!

L'adjudant-chef piqua vers le *Peter Kerr*, un cargo américain bien gras transportant 6 476 tonnes de vivres, et, sur le pont, en caisses, des avions et des chars. Il le manqua...

– A moi, dit Flechner, un as de guerre aux nombreuses victoires.

Il piqua dans un hurlement terrifiant et largua ses quatre bombes de cinq cents kilos... qui explosèrent dans la mer en soulevant d'énormes gerbes d'écume. Ses équipiers l'entendirent jurer :

– Bon Dieu de bon Dieu! C'est encore raté! Clausener aura peut-être plus de veine!

Le pilote du troisième bombardier prit tout son temps. A quoi bon se hâter? Après ce formidable pilonnage, le cargo ne ripostait plus que mollement. Tous les marins en ont témoigné, les piqués avaient un effet paralysant, même si les Allemands n'y ajoutaient pas les sirènes! Trois bombes frappèrent l'infortuné bateau. Aussitôt des colonnes de fumée et de flammes jaillirent des panneaux crevés. Peu après, le cargo en feu explosait. L'étrave arrachée, il flotta quelques minutes encore et disparut doucement.

Les marins avaient évacué sans perte à bord de deux grandes baleinières. La mer était calme. Pendant deux jours ils ramèrent. Puis un vent favorable se leva, les canots hissèrent les voiles. Ils voguèrent ainsi pendant sept jours, couvrant trois cent soixante milles, sans trop de souffrances, grâce à de bonnes couvertures et aux réserves d'eau et de vivres. Les officiers disposaient de cartes et d'instruments de navigation. Ils atterrirent enfin un peu à l'est de Mourmansk, où un escorteur soviétique les accueillit.

L'*Earlston*, cargo anglais moderne et rapide, offrait à son équipage tout le confort et il en avait grand besoin pour se remonter le moral, car, outre cinq mille tonnes de matériel de guerre, ce bateau transportait deux mille tonnes de munitions! Aussi lorsque son capitaine, Stenwick, vit exploser le *Peter Kerr*, il ne tenta même pas d'aller récupérer son équipage, sachant bien que celui-ci préférerait affronter la traversée de l'Arctique plutôt que d'embarquer sur sa poudrière!

C'était raisonner juste. Quelques heures plus tard, l'*Earlston* était attaqué par un U-Boot. Le second, Charles Benson, de quart sur la passerelle du cargo, aperçut un petit iceberg à environ cinq mille mètres. Comme il l'observait, il constata que non seulement il se maintenait à leur hauteur, mais se rapprochait! A la jumelle, il reconnut alors le kiosque d'un sous-marin peint en blanc.

– Alerte!

Le capitaine était déjà sur la passerelle. Il ordonna :

– En avant toute, ouvrez le feu! Et cap au nord!

A l'arrière, la pièce ASM de 100 se mit à cracher. Le cargo avait une petite chance de s'échapper. Certes, il ne filait que quinze nœuds, contre dix-sept au sous-marin en surface, mais il suffisait d'un seul coup au but pour endommager l'Allemand. Dès le premier coup de canon, le U-Boot se mit à évoluer à toute vitesse en se rapprochant.

– Emettez, dit Stenwick : « SOS SSS. *Earlston*, cap au 307. Poursuivi par U-Boot. 16 h 08, 5 juillet. » Avec la position.

Cependant, le tir du canon de 100 devenait si précis que le sous-marin plongea. Sa vitesse réduite à douze nœuds, il n'était plus dangereux.

Mais le danger était ailleurs. Le sous-marin naviguant en plongée périscopique, antenne sortie, signala à sa base la position du cargo récalcitrant. Le capitaine et le second, Benson, étaient toujours sur la passerelle; les hommes aux postes de combat. Brusquement, huit Junkers 88 fondirent par l'arrière. Dès la première passe, une bombe tomba près de l'étrave.

– Allez voir s'il y a des dégâts en bas, dit le capitaine.

Songeant aux deux mille tonnes de munitions de la

cale 2 (celle du centre avant), le second se précipita dans la cale 1.

Il avançait avec de l'eau jusqu'aux genoux; l'explosion avait ouvert une brèche dans la coque. La double cloison avait tenu. Comme il remontait vers la passerelle, un Junkers 88 arriva dans un vacarme assourdissant et lâcha une seule bombe qui explosa au centre. Trois mètres plus à l'avant, elle aurait touché la cale des munitions! L'*Earlston* se cabra violemment, les machines stoppèrent. Benson escalada les échelles en courant. Le chef mécanicien Cleghorn arriva en même temps sur la passerelle.

– C'est foutu, capitaine! Le collecteur de vapeur est crevé, arraché. Et la machine est envahie par l'eau. Il faut évacuer!

La peur se lisait sur son visage couvert de graisse.

– Du calme, chef! répliqua Stenwick. Nous ne coulons pas encore!

Le capitaine examina tranquillement s'il existait une possibilité de sauver le bateau. Mais les bombardiers tournaient dans le ciel comme des vautours. Enfin, il appela le radio, griffonna quelques chiffres et lui tendit un papier :

« AAA (1). 74° 57' nord. 37° 48' est. *Earlston* attaqué par bombardiers. 17 h 32, 5 juillet. »

Puis le capitaine, le cœur lourd, tendit la main vers la corde qui actionnait le sifflet à vapeur. Par six fois retentit le cri lugubre, l'ordre d'évacuation.

Un bombardier piquait, mais son pilote vit les embarcations glisser à la mer et, soit charité, soit pour économiser une bombe, il se retint de lancer. Peu après, l'escadrille se retira vers le nord à la recherche d'autres proies.

Alors apparut à l'horizon un U-Boot naviguant à toute vitesse vers le cargo.

A bord de l'*U-334* (Siemon), un ordre claqua :

– Nous attaquons en surface.

Rapidement, le sous-marin se plaça par le travers.

(1) AAA, attaque aérienne. SSS, attaque de sous-marin.

– Tube 2, attention! Distance 1 200 mètres. Feu!

La torpille frappa l'*Earlston* à hauteur du mât arrière. Une colonne de fumée noire monta à cinquante mètres, mais cette fois encore les munitions avaient été préservées. Lentement, le cargo se pencha sur le flanc, puis la gîte s'arrêta. Il ne coulait pas.

– Tube 3, feu!

Raté! A bout portant sur un but immobile! Mal réglée, la torpille était peut-être passée sous la quille?

– Tube 4, feu!

A cinq cents mètres de là, à bord des embarcations, l'équipage de l'*Earlston* suivait sa fin avec angoisse, quand ils virent le sillage de la troisième torpille. Elle fonçait à trente-cinq nœuds droit sur la cale 2. Les hommes se mirent à ramer furieusement en rentrant la tête dans leurs épaules. Les yeux agrandis par la peur, le second, Benson, ne pouvait arracher son regard de ce sillage maléfique.

La torpille percuta la cale 2 et explosa. Dans un grand éclair bleu, le cargo sauta. Tout l'avant arraché, l'arrière se souleva très haut, une épaisse fumée noire et blanche s'échappa de la cheminée. Sur le pont, une grosse barcasse à vapeur de plusieurs tonnes, destinée à la Russie, fut projetée en l'air comme une boîte d'allumettes et retomba à plus de cinq cents mètres. Brusquement, une mitrailleuse lourde montée sur le couronnement se mit à tirer toute seule en tournant en rond. Puis, dans un vacarme indescriptible, le bateau fila vers le fond.

Les hommes des canots, hébétés, entendirent encore des explosions sourdes sous la mer et les chuintements d'agonie de leur navire. Il ne restait à la surface, au milieu des épaves, que le ballon captif, dont le câble se déroulait au fur et à mesure que le treuil s'enfonçait avec le bateau. En bout de course, il entraîna le ballon dans les profondeurs.

Lentement, l'*U-334* approcha des embarcations :

– Accostez! Le capitaine?

Après une hésitation, Stenwick sauta sur un ballast,

escalada l'échelle du kiosque et disparut dans les entrailles du sous-marin.

Le capitaine Stenwick fut bien traité à bord. Il reçut une couchette au poste des maîtres et prit ses repas au carré, avec le commandant, qui l'autorisa à se déplacer librement à bord, après qu'on se fut assuré qu'il n'était pas armé. Ayant épuisé ses torpilles, l'*U-334* fit route en surface sur sa base. Il n'était pas au bout de ses peines.

Quant à l'équipage de l'*Earlston*, un long calvaire l'attendait. Cinquante-six hommes étaient entassés dans les canots. Le lendemain, celui de Benson perdit contact avec celui du lieutenant Evans, qu'un escorteur britannique découvrit sept jours plus tard.

Vingt-six hommes s'entassaient dans le canot de Benson, et pendant dix jours ils halèrent sur les avirons en espérant ne pas être capturés par les Allemands. Malheureusement, ils avaient peu de vivres, car la cambuse avait été pillée lors de la dernière escale en Angleterre et tous les vivres de secours destinés aux canots avaient été volés. Benson rationna sévèrement. Très vite ils n'eurent plus, pour toute « nourriture », qu'un quart d'eau par jour enrichie de quelques gouttes de lait condensé et de cognac.

Le second effectuait régulièrement son point, portait la dérive sur la carte et ne quittait pas la barre du gouvernail. Une tempête se leva, elle éprouva les hommes déjà épuisés, qui, par groupes de huit, ramaient, ramaient sans cesse. Dès qu'un nageur n'en pouvait plus, il se levait. Un homme, sortant de sous la tente dressée à l'avant pour se protéger des embruns et du froid, prenait sa place.

Une lutte de vitesse s'était engagée entre ces hommes et la mort. Infime était la chance d'être recueillis par un escorteur, et plus encore par un bateau ou un hydravion allemand. Il fallait donc atteindre la terre, russe si possible, avant de mourir de faim, de froid, et même de soif car aucun iceberg ne se montra. Comme rien ne venait à l'horizon, le désespoir s'empara des hommes. Le chauffeur Goodwin a raconté :

« Au bout de dix jours, il ne nous restait plus que quatre litres d'eau. J'avais perdu tout espoir et je pensais que le second nous faisait nager pour nous éviter la folie. »

Enfin, au dixième jour, comme il sortait de dessous la tente pour prendre un aviron, il aperçut une masse sombre à l'horizon.

– Terre! C'est la Russie!

C'était bien la terre. Des montagnes nues, sans végétation, mais la terre! Deux hommes s'installèrent à chaque aviron pour avancer plus vite. Ils virent enfin des arbres rabougris et, au-dessous, un petit village de pêcheurs, avec un phare.

Un pêcheur s'avança vers eux dans sa barque et les interpella.

– Traduisez, c'est du russe, s'écria Benson à trois matelots russes, des naufragés que l'*Earlston* devait ramener à Arkhangelsk

– Nous ne comprenons pas. Ce n'est pas un Russe, c'est un Finlandais!

Ils étaient en territoire occupé par les Allemands, vers lequel un courant les avait fait dériver sans qu'ils y prennent garde. La Russie était à cinquante milles dans l'est!

Ici, il faut admirer le courage de ces hommes. Depuis dix jours, ils rament presque sans manger. Ils sont à demi morts de faim, d'épuisement et de froid. Mais lorsque le second s'écrie : « Nous n'avons pas nagé dix jours pour nous rendre! », pas un ne proteste. En silence, ils reprennent leurs avirons, et l'embarcation remet le cap au large, vers l'est.

Hélas, un avion allemand les avait repérés. Il piqua vers eux en mitraillant leur avant. Les Anglais firent demi-tour et gagnèrent tristement le port finlandais, où des pêcheurs lapons les aidèrent à débarquer; leurs jambes ne les portaient plus.

On les envoya au camp de prisonniers de Marlag, où ils eurent la surprise de retrouver leur capitaine.

Celui-ci revenait de loin! Les hommes de l'*U-334*, sur lequel il avait embarqué, venaient à peine de regarder sombrer le cargo *Earlston*, qu'un Junkers 88 fondit du ciel et, le prenant pour un sous-marin britannique qui avait été signalé dans les parages, se prépara à l'attaquer. Pour éviter ce genre classique de méprise, il était prévu de se faire reconnaître en lançant du kiosque une certaine fusée blanche. Hélas, impossible de trouver le pistolet lanceur!

L'avion largue alors ses bombes et mitraille. Deux grosses bombes tombent tout près, à tribord. A l'intérieur de l'*U-334*, tout ce qui peut sauter saute. Les plaques d'acier du sol se soulèvent, les hommes sont précipités sur le sol. Le bâti du diesel se fend, un ballast est crevé, de la vapeur d'eau envahit le bateau, l'éclairage s'éteint. De la passerelle, un cri tombe :

– Tout le monde en haut! Evacuation!

La panique règne à bord. L'un des rares à garder son sang-froid, le quartier-maître Barczinski, distribue tranquillement des ceintures de sauvetage qu'il a décrochées d'un panneau. Dans le poste central, le capitaine anglais Stenwick regarde avec effroi tout ce remue-ménage, sans trop savoir quoi faire. Puis l'ordre d'évacuation est annulé. De la passerelle, le maître de manœuvre Kallee s'égosille :

– L'avez-vous trouvé, ce foutu pistolet Véry? Vite!

Faute maintenant de pouvoir plonger, pas d'autre moyen d'arrêter cet infâme pilote!

Mais on ne trouve pas le pistolet! On comprend enfin qu'il est tombé dans le puits du périscope! Pendant qu'on tente de le récupérer, l'avion repasse, menaçant. Par bonheur, il n'a plus de bombes et se contente de mitrailler ses compatriotes!

Quand on récupère enfin le pistolet, l'avion s'est éloigné. Effondré, le commandant envoie ce message :

« Avons été attaqués à la bombe et mitraillés par un Junkers 88. Ballasts avariés, impossible de plonger. Un diesel hors d'état. Je fais route en surface sur Kirkenes, escorté par l'*U-456.* »

Ce même jour, à bord de l'*U-703*, les Allemands, qui venaient de couler l'*Empire Byron*, fêtaient joyeusement leur victoire en bâfrant autour des tables bien garnies, et le prisonnier anglais, le capitaine du génie Rimington, qui riait jaune, fut contraint d'y participer. A cet instant, un cri tomba de la passerelle :

– Un cargo, route à l'est!

C'était la *River Afton*, un morceau de choix, puisqu'en sus d'une précieuse cargaison, il transportait le capitaine de corvette Dowding, commodore du feu PQ-17.

– Postes de plongée! cria le commandant Bielfeld, lorsque l'*U-703* se fut placé sur son avant.

Il effectua méticuleusement son approche, laissant sa proie s'avancer au maximum.

– Mille mètres. Tube 1, feu!

Une explosion. Derrière son périscope, le commandant annonça :

– Touché à l'arrière. Un nuage de vapeur s'élève. Il ne coule pas... Tube 2, feu!

La première torpille avait explosé en pleine salle des machines, sous la flottaison, tuant tout le personnel de quart. Déjà, l'eau envahissait le compartiment, achevant les blessés écrasés sous la ferraille.

L'équipage tremblait encore sous le choc lorsque la seconde torpille frappa le cargo, arrachant tout l'arrière et désemparant le bâtiment. Sur la passerelle, le capitaine Charlton ordonna :

– Mettez les embarcations à l'eau.

– Non! cria le commodore Dowding. Le bâtiment ne coule pas!

– Qu'est-ce qu'il vous faut!

Les deux hommes s'affrontèrent. Charlton, qui n'avait que trente ans, aurait pu être son fils, mais il ne se laissa pas intimider.

– Moi seul commande ce bâtiment, commodore! D'ailleurs, après la dispersion du convoi, vous n'avez plus d'autorité.

Le vieux marin ne répliqua pas. Pour cet homme de fer élevé dans la tradition de la marine de guerre, un équipage n'abandonne pas son bateau avant qu'il ne coule. Mais quel espoir restait-il d'échapper à ce sous-marin? Il insista :

– Il a peut-être épuisé ses torpilles. Alors, il fera surface pour nous achever au canon, et on pourra riposter.

Haussant les épaules en saisissant son mégaphone, le capitaine répéta :

– Evacuez! Larguez les radeaux!

Car toutes les embarcations, sauf le youyou, avaient été détruites. Tandis qu'une grande partie de l'équipage sautait à la mer, le lieutenant Cook, aidé par le capitaine, qui tenait à la main un coffret contenant l'argent du bord, mit le youyou à l'eau pour y embarquer. Mais ils s'y prirent si maladroitement qu'il chavira. De la passerelle où il était demeuré avec ses deux timoniers, le commodore les regarda ironiquement patauger pour tenter en vain de le redresser. Le capitaine n'avait pas lâché son coffret. Dès que le youyou eut été redressé, il ouvrit la boîte de fer, jeta les billets à la mer et s'en servit pour vider le canot. Puis ils se mirent à repêcher une douzaine d'hommes, qui s'entassèrent difficilement à bord de l'esquif.

Pendant ce temps, le commodore était descendu dans la machine avec l'espoir de sauver quelques mécaniciens. Mais tout était broyé en bas, on comptait surtout des morts. Le chef mécanicien Miller, le maître d'hôtel et le cuisinier, malgré le risque mortel d'être noyés, s'efforcèrent de sauver le second officier mécanicien, blessé, en le hissant à travers la claire-voie de la machine. Le pont enfin atteint, il fut attaché sur un radeau et largué à la mer. Alors seulement le commodore quitta le bateau.

A cet instant, une troisième torpille le frappa. Soufflés de l'intérieur, les panneaux de la cale jaillirent vers le ciel. La mer s'engouffra, le cargo se coucha sur tribord, puis il se dressa verticalement, l'arrière immergé. Sur leur radeau, le commodore et ses deux timoniers, agrippés dans les tourbillons, virent le mât avant s'abattre sur eux. Il frappa la mer avec violence, manquant de peu de les écraser. Aussitôt après, la *River Afton* coula dans un énorme remous qui faillit les entraîner.

L'*U-703* fit alors surface au milieu d'une foule de cadavres déjà raidis, qui flottaient sur la mer. Ayant identifié sa victime, il remit en route et fila à toute vitesse à la recherche d'autres proies. Sur les cinquante-deux hommes de la *River Afton*, la moitié devait trouver la mort.

A bord du navire de sauvetage *Zamalek*, le capitaine Morris recevait avec désespoir les nombreux SOS des cargos massacrés, mais il ne fit rien pour leur porter secours. Cap à l'est et chacun pour soi, avaient décrété les lords de l'Amirauté! Accompagné par son compère le *Zaafaran*, il faisait donc route plein est. Les deux bâtiments disposaient d'une bonne défense contre les avions, avec six canons et huit mitrailleuses. Mais comme le *Zamalek* crachait une fumée noire indiscrète, le capitaine Mc Govan, du *Zaafaran*, préféra s'en écarter.

Morris, qui n'aimait pas rester seul, se joignit au dragueur *Salamander*, au cargo *Ocean Freedom* et au gros pétrolier *Aldersdale*, le ravitailleur de l'escorte. Ce dernier excita la convoitise de la Luftwaffe : à quinze heures trente, quatre Junkers 88 de la 2/30 l'attaquèrent.

Très efficace, le barrage de la DCA les empêcha de se risquer de trop très. Les bombes tombèrent à la mer. Mais par un coup extraordinaire, un bombardier, qui avait lancé à deux mille mètres, désempara le pétrolier. Informé que la machine était arrachée de son bâti, le capitaine Hobson ordonna l'évacuation.

Malgré une voie d'eau, le bateau flottait toujours; s'étant ravisé, il demanda à la *Salamander* de le remorquer. L'opération allait commencer, lorsqu'un de ces ordres absurdes de l'Amirauté arriva : « *Sala-*

mander, ralliez la Nouvelle Zemble à grande vitesse. »

Désespéré, le capitaine Hobson, après avoir en vain tenté de couler et d'incendier son pétrolier, se résigna à l'abandonner, avec ses huit mille tonnes de mazout que n'importe quel bateau allemand pouvait récupérer.

Pendant ce temps, le *Zamalek* faisait du travail utile. A l'horizon où avait disparu son congénère le *Zaafaran*, le capitaine Morris observait à la jumelle, au-dessus des mâts encore visibles, un Junkers 88 qui tournoyait.

– Mc Govan vient d'encaisser un mauvais coup! Il l'a bien cherché!

Lentement, les mâts du *Zaafaran* se couchèrent et disparurent sous l'horizon.

– En avant! dit Morris. On va les tirer de l'eau.

A cet instant, une apparition providentielle surgit à l'ouest : le bâtiment antiaérien *Palomarès*, flanqué de deux dragueurs. Tandis que les trois bateaux de guerre veillaient aux sous-marins, le *Zamalek* récupéra sur la mer une embarcation et deux radeaux du *Zaafaran*, avec quatre-vingt-dix-sept survivants, dont beaucoup étaient déjà naufragés d'autres cargos. Puis le petit convoi fit route à l'est.

Juste à ce moment, un drame se déroulait à cent milles au nord-est, le long de la banquise, où le cargo américain *Pan Kraft*, chargé de TNT, avait été découvert par une patrouille de Focke Wulf Condor, qui avait rameuté quatre Junkers 88. Non seulement le capitaine Jacobson n'avait pas eu l'idée de peindre sa coque en blanc, mais en outre il dégageait un indiscret panache de fumée qui le fit repérer.

Il fallut cependant neuf attaques pour le désemparer, et encore, collecteur de vapeur rompu, il continuait à flotter avec obstination, le nez planté dans la glace.

L'équipage, qui à chaque piqué suivi d'explosions craignait de sauter aux mille diables avec la cargaison d'explosifs, se vit perdu. Quel espoir de gagner le continent, ou de survivre dans les canots au milieu de ces glaces? Sans trop y croire, car c'était vraiment le « sauve-qui-peut » dans le PQ-17, le capitaine Jacobson avait lancé un SOS.

Il fut capté à moins de trente milles par une petite escadre ayant appartenu à l'escorte, et composée du flak ship *Pazorica*, de trois corvettes, d'un chalutier armé et du troisième bâtiment de sauvetage, le *Rathlin*. En raison de son grade le plus élevé, le capitaine de vaisseau Lawford, du *Pazorica*, en avait pris le commandement, avec, hélas, une conception étriquée de ses devoirs.

– Pas question de risquer la vie de trois cents marins pour sauver trente marins du commerce! Nous avons ordre de faire route à l'est le plus vite possible.

Cette lâche attitude révolta le jeune lieutenant de vaisseau Hall, commandant la corvette *Lotus*. Il se tourna vers ses hommes :

– On y va quand même?

Une acclamation fut la réponse. Alors, plantant là le *Pazorica*, le *Lotus* fonça à vingt-cinq nœuds.

Ils trouvèrent le cargo au bout d'une heure. Il avait le nez dans les glaces et des nuages de vapeur l'environnaient. On embarqua l'équipage, qui se trouvait dans deux canots. Ils étaient fous de joie, comme des enfants. Puis le *Lotus* se mit à canonner le cargo. Déjà, des flammes jaillissaient des superstructures, lorsque le capitaine Jacobson courut vers la passerelle en hurlant :

– Cessez de tirer, bon Dieu de bougraille! Il y a mille tonnes de TNT à bord!

Ils étaient à peine à cent mètres du cargo en feu!

– En avant toute! Cap au sud-est!

Comme le *Lotus* fonçait pour rejoindre le *Pazorica*, les veilleurs distinguèrent une fumée à l'horizon. Là, l'un des nombreux miracles de cette tragédie allait encore se dérouler. Plus il se rapprochait, plus la fumée diminuait de hauteur, jusqu'à ne pas dépasser deux mètres. Elle venait d'un simple fumigène, jeté d'un radeau, celui du commodore Dowding. Si la réfraction arctique n'avait pas grossi ce modeste panache de fumée d'au moins quatre cents fois, les survivants de la *River Afton* auraient péri dans les heures suivantes, ils étaient déjà en pitoyable état. L'officier mécanicien blessé, que ses camarades avaient sauvé au péril de leur vie, mourut comme on le hissait à bord.

Après ce deuxième sauvetage, le *Lotus* allait s'efforcer de rejoindre le groupe lorsque le radio apporta un télégramme de l'Amirauté :

« Urgent. A tous. Deux cuirassés et huit destroyers par 71° 24' nord et 23° 40' est, route au 45. »

Le commandant Hall haussa les épaules. Au point où ils en étaient, un cuirassé de plus ou de moins ne comptait plus!

Mais l'Amirauté ne l'entendait pas ainsi. Les vieux amiraux qui dirigeaient la guerre navale de leur fauteuil au cœur de Londres se souvenaient de leur jeunesse généreuse, ils savaient que tous les équipages de la Navy s'exposeraient pour sauver les cargos. Aussi un deuxième télégramme se fit plus explicite encore : « Des attaques par bâtiments de surface sont possibles au cours des prochaines heures. Votre devoir impérieux est de vous soustraire à la destruction, puis, après le repli de l'ennemi, de retourner sur les lieux de l'attaque pour recueillir les survivants. »

On ne pouvait être à la fois plus cynique et plus pessimiste. Et pourtant, c'était vrai! Le *Tirpitz* avait enfin pris la mer!

12

LE *TIRPITZ* PREND LA MER

Le *Tirpitz*, battant pavillon de l'amiral Schniewind, le cuirassé de poche *Scheer* et le croiseur lourd *Hipper*, éclairés par six contre-torpilleurs, avaient enfin appareillé, de l'Altafjord, le 5 juillet 1942 à 11 h 45, cap au nord, droit sur l'avant du convoi.

Les treize sous-marins alliés en opération au large des côtes de Norvège intimidèrent-ils les Allemands, qui ne disposaient pas de l'asdic? A quelques dizaines de milles de la côte, l'escadre vira de quatre-vingt-dix degrés et mit le cap plein est, doubla le cap Nord et entra en mer de Barentz jusqu'au 31e degré de longitude. Craignant aussi la présence du porte-avions *Victorious*, l'amiral Schniewind comptait ainsi demeurer le plus longtemps possible sous la protection de la chasse allemande de Norvège.

Mais le groupe de combat fut repéré à 17 h 33 par le sous-marin russe *K-21* (Lunine) qui, gêné par la présence d'un avion allemand de patrouille ASM, lança quatre torpilles à grande distance (trois mille trois cents mètres) contre le *Tirpitz* et le manqua. Il ne s'aperçut même pas de l'attaque. Comme les Allemands filaient à grande vitesse, Lunine ne put la renouveler, et à 19 h 09 il avisa sa base : « Deux cuirassés en route au 45 (1). »

Quelques minutes plus tard, le groupe de combat

(1) A son retour, Lunine affirma avoir torpillé le *Tirpitz*, et le *K-21* fut décoré de l'ordre du Drapeau rouge!

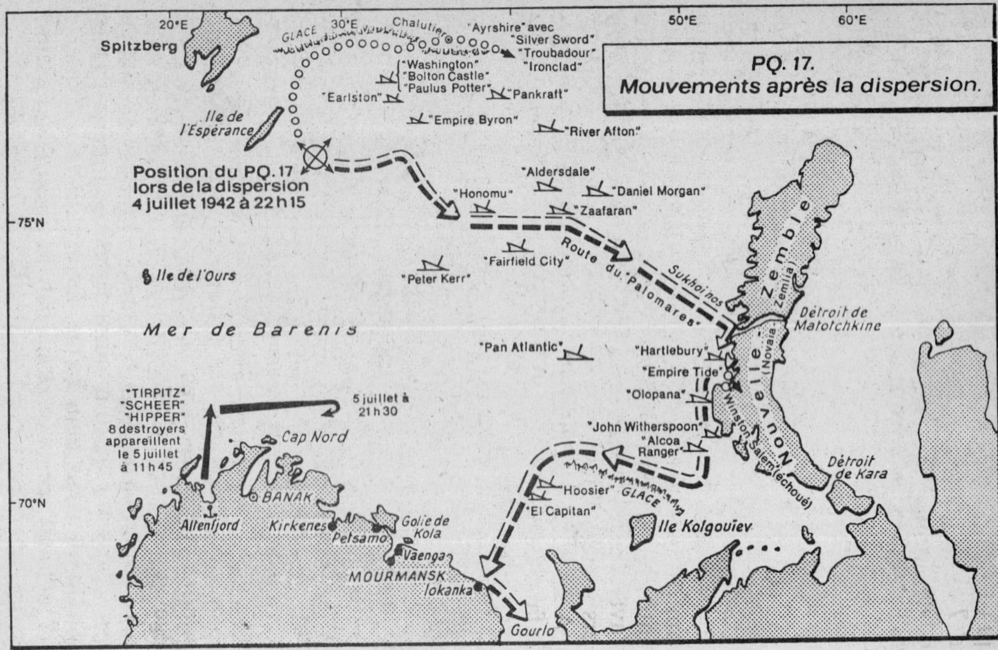
PQ. 17.
Mouvements après la dispersion.
Spitzberg
20°E
30°E
50°E
60°E
75°N
70°N
GLACE
Chalutiers
"Ayrshire" avec
"Silver Sword"
"Troubadour"
"Ironclad"
"Washington"
"Bolton Castle"
"Paulus Potter"
"Pankraft"
"Earlston"
"Empire Byron"
"River Afton"
Ile de l'Espérance
Position du PQ.17
lors de la dispersion
4 juillet 1942 à 22 h 15
"Aldersdale"
"Daniel Morgan"
"Honomu"
"Zaafaran"
"Fairfield City"
"Peter Kerr"
Route du "Palomares"
Sukhoi nos
Ile de l'Ours
Mer de Barenis
Nouvelle Zemble
(Novaia Zemlia)
Détroit de Matotchkine
"Pan Atlantic"
"Hartlebury"
"Empire Tide"
"Olopana"
Winston Salem (échoué)
"John Witherspoon"
"Alcoa Ranger"
Détroit de Kara
"Hoosier"
GLACE
"El Capitan"
Ile Kolgouïev
"TIRPITZ"
"SCHEER"
"HIPPER"
8 destroyers
appareillent
le 5 juillet
à 11 h 45
5 juillet à
21 h 30
Cap Nord
BANAK
Altenfjord
Kirkenes
Petsamo
Golfe de
Kola
Vaenga
MOURMANSK
Iokanka
Gourlo

était encore repéré, mais hors de portée, par le sous-marin britannique *Unshaken*. Ce submersible, ainsi qu'un hydravion Catalina, alertèrent aussi leur base, et le *Tirpitz* intercepta les messages.

Dès lors, les Allemands étant découverts (et le sachant), l'effet de surprise était manqué. A Narvik, l'amiral Schmundt souhaita néanmoins poursuivre l'opération, mais l'amiral Raeder s'y opposa, conscient, a-t-il écrit, « de la responsabilité qu'il encourait vis-à-vis du Führer en exposant à un danger nos unités les plus précieuses. »

Comme si un bâtiment de guerre pouvait agir efficacement sans s'exposer au danger! Il raisonnait comme les gens de l'Amirauté! Il avait peur d'un fantôme, le porte-avions *Victorious*, qui pourtant n'avait pas été revu depuis 6 h 55 alors qu'il se retirait vers l'ouest.

A 21 h 51, l'escadre allemande recevait donc l'ordre de faire demi-tour, qu'elle exécuta aussitôt, à la grande colère des marins.

Côté anglais, l'Amirauté avait signalé à 19 h 32 le *Tirpitz* à l'amiral Tovey, en l'interrogeant sur la possibilité d'une attaque de son escadre. Mais le chef de la Home Fleet répondit négativement. D'une part, le *Duke of York* qui portait sa marque n'avait plus assez de mazout pour poursuivre vers l'est, d'autre part le porte-avions *Victorious* risquait d'être détruit par les bombardiers allemands qui, dès qu'il pénétrerait dans leur zone d'action, le prendraient pour cible privilégiée, alors que ses propres chasseurs Albacore seraient aux prises avec la chasse allemande de Norvège qui couvrait le *Tirpitz*.

A 2 h 45 du matin, l'Amirauté renouvela sa suggestion. Il s'agissait surtout alors de se faire repérer par les Allemands pour éloigner le *Tirpitz*. Estimant que le ciel couvert ne permettait pas ce repérage, l'amiral Tovey, une deuxième fois, déclina la proposition.

A 6 h 45, alors que le *Tirpitz* venait de laisser tomber ses ancres à son mouillage retrouvé de l'Altafjord, sans avoir été découvert à son retour par les sous-marins alliés, l'amiral Hamilton recevait confirmation d'abandon du secteur et ordre de rallier à grande vitesse la Home Fleet. L'ex-convoi était ainsi inutilement livré sans défense à l'ennemi.

A onze heures le 6 juillet, la Home Fleet faisait aussi demi-tour sur Scapa Flow. Quant au *Tirpitz*, qui, en raison de la pusillanimité de Hitler, venait de perdre une occasion unique de se livrer sans risque à un massacre sur mer, sa sortie manquée lui avait tout de même permis de jouer un rôle décisif de dissuasion (les Anglais disent « *fleet in being* », flotte fantôme en puissance!), en faisant fuir la Home Fleet et l'escorte, ce qui livrait sans défense le PQ-17 aux sous-marins et aux avions.

Car les U-Boote et la Luftwaffe continuaient leurs attaques!

Le 5 juillet, entre neuf heures et vingt et une heures, quatorze cargos furent coulés par les bombardiers de la 30e escadre et la meute *Eisteufel*, les dix-huit autres continuaient vers la Russie, harcelés par l'aviation.

Trois cargos seulement s'étaient réfugiés avec un chalutier armé dans la banquise. Cependant, le reste du convoi ne commit pas l'erreur de faire route directement sur Arkhangelsk. Il existait un troisième choix en dehors de l'alternative de la glace ou des bombes! A mille kilomètres au nord d'Arkhangelsk un groupe d'îles glacées et solitaires se dressait à l'est de la mer de Barentz : la Nouvelle Zemble. Et beaucoup de capitaines décidèrent de s'y réfugier.

Malheureusement, un sous-marin avait déjoué cette ruse.

A bord de l'*U-255*, le lieutenant de vaisseau Reinhart Reche s'était installé au carré devant une carte, en compagnie de son second. Ancien officier instructeur de l'*Emden*, Reche ne s'engageait jamais sans réfléchir. Dans l'immense océan, trouver un cargo était bien difficile! Un sous-marin n'est pas un avion; bas sur l'eau, ses moyens d'investigations sont limités, et en 1942 il ne disposait pas encore du radar. Dans la meute, plusieurs U-Boote rentreront à leur base sans avoir rien vu, rien torpillé! Trente cargos et autant d'escorteurs, c'est comme soixante fourmis dispersées dans un champ de un hectare!

– Que feriez-vous si vous commandiez un cargo, commandant?

– Je ne chercherais surtout pas à atteindre Arkhangelsk. Trop dangereux! Huit cents milles, trois jours sans nuit harcelé par l'aviation et les sous-marins!

– Alors, pas d'autre choix que de gagner la Nouvelle Zemble, à six cents milles seulement dans l'est. Là, pas d'avions allemands.

– Bien raisonné, second! C'est là qu'il faut attaquer!

Dans son journal de bord, Reche a écrit :

« Au bout de quelques heures, nous apercevons un mât, bien net, au-dessus de la courbure de l'horizon. Cap sur lui à douze nœuds. Une grosse cheminée apparaît. Il file rapidement en ligne droite, cap au 120, sur la Nouvelle Zemble. A seize milles au sud de lui nous gagnons péniblement de l'avant. Son relèvement cule lentement, très lentement. Il disparaît soudain dans la brume, mais nous continuons sur son cap en naviguant à l'estime sur son avant. Faut-il plonger pour écouter? Cela va prendre trente minutes. »

– Remplissez! Douze mètres. Silence partout!

Ah! le voilà! Le bruit des hélices est fort, il est donc tout près.

– Périscope! On ne voit rien. Maudite brume! Surface! Les deux moteurs en avant toute!

Soudain, le cargo apparaît dans une trouée de brume. C'est une grosse baille. Mais lui aussi les a vus : il abat furieusement de l'autre bord et se met à canarder le sous-marin avec ses pétoires... A nouveau, la brume. Il sait maintenant que l'Allemand est sur ses talons, et peut-être va-t-il filer par derrière. Mais l'*U-255* a pour mascotte un renard dont l'emblème est peint sur le kiosque. En attendant, il a filé...

A nouveau, dans le carré, la longue réflexion devant la carte.

– La Nouvelle Zemble, c'est deux grandes îles, des côtes désertes, sans abri et sans port. Mais au milieu, ce chenal étroit de Matotchkin sépare les grandes îles. C'est là, évidemment, qu'il va aller se cacher. On y sera avant lui!

Après trente heures de navigation à l'aveugle, le sous-marin sort de la brume. Une haute terre blanche et déserte se dresse à l'horizon. Il se met aux aguets au large du détroit. Et, merveille! le mât reparaît. Cela devient presque trop facile!

– Postes de combat. Préparez les tubes 1 à 4.

Sans méfiance, le cargo approche, droit sur l'entrée du chenal.

– Distance 740 mètres. Feu!

Un coup au but, en plein milieu, un seul. Le bâtiment est désemparé.

A bord du cargo américain *John Witherspoon*, de Baltimore, on ne cherche plus à se défendre. Quel espoir d'échapper à un sous-marin en plongée placé sur l'avant?

Le capitaine ordonne l'évacuation et fait monter ses hommes sur le pont. Une minute plus tard, une autre torpille explose entre les cales 4 et 5. Il ne reste plus qu'un seul canot sur le pont. Il va être poussé, lorsque, le dernier, l'officier mécanicien Platt y embarque, avec son chef. Le sous-marin fait alors surface et lance encore une torpille. Le cargo se casse par le milieu et sombre. Le sous-marin accoste le dernier canot.

– Avez-vous besoin de quelque chose?

– De l'eau douce.

On passe les bidons par le haut du kiosque, une cartouche de cigarettes, une bouteille de cognac. De la baignoire, le commandant Reche crie :

– Gouvernez toujours au sud, en prenant bien garde au courant de nord-est qui risque de vous entraîner au large et sur des glaces dérivantes.

Les autres embarcations avaient été perdues de vue.

Les hommes se relayèrent aux avirons pour ne pas se refroidir. Les pieds étaient particulièrement menacés de geler et le chef mécanicien recommanda à chacun de se les masser pendant trente minutes. Comme il laissait imprudemment sa main pendre au dehors, un phoque surgit soudain pour la happer, mais il n'arracha que le gant de cuir. Tout le monde éclata de rire... sauf le chef, furieux d'avoir perdu son gant.

Mais bientôt le rire se figea sur les lèvres gercées. La brume s'était levée. Que ne l'avait-on eue tout à l'heure, quand on en avait besoin! Le canot dériva, s'écartant dangereusement de la côte; le courant l'entraînait au large.

Pendant trois jours, il erra sur la mer avec ses hommes exténués. Le froid s'était emparé peu à peu de leurs corps, comme une lente anesthésie qui les paralysait.

Soudain, un homme cria :

– Un bateau, droit devant!

C'était un cargo du convoi. Les naufragés lancèrent des fusées. Le cargo se détourna aussitôt pour les recueillir. Il était temps! Mais on n'avait aucune nouvelle des autres canots.

Les Allemands fêtaient joyeusement leur victoire dans le ventre bien chaud de l'*U-255*.

La découverte du cargo américain devant la Nouvelle Zemble constituait une information capitale pour les sous-marins. Les cargos rescapés du PQ-17 avaient-ils tous reçu l'ordre de se détourner d'Arkhangelsk?

Cela parut évident au commandant Reche lorsqu'il découvrit au nord deux autres cargos par cinquante degrés de longitude est. Il regretta alors amèrement d'avoir usé six torpilles sur le *Witherspoon* pour le faire couler plus vite. Les unités de ce type de 750 tonnes n'emportaient que huit à dix torpilles, outre les six que contenaient leurs tubes.

– Remplissez! Périscope! On ne lancera qu'une torpille par bateau. Ah! le second cargo nous arrive dessus! Feu!

La torpille partit sous une inclinaison très aiguë

tandis que l'*U-255* évoluait à toute vitesse pour éviter l'abordage.

A bord du cargo américain *Bellingham*, on entendit un choc. La torpille frappa au centre, par tribord, mais la charge n'explosa pas! L'engin creva une cloison, causant une voie d'eau de la grosseur d'un casque d'acier, à quatre mètres sous la flottaison! En bas, le choc fut si violent que les hommes de quart dans la machine furent renversés. Toutes les lampes s'éteignirent et le bateau trembla de la poupe à l'étrave.

Mais il poursuivit sa route.

Le second cargo aussi fut manqué. A bord de l'*U-255*, Reche enrageait. Ceci démontrait qu'à vouloir économiser les torpilles, on manquait les proies...

Il allait se lancer en surface à la poursuite des deux veinards, lorsqu'il aperçut dans le périscope une mâture qui arrivait du nord. Le cargo américain *Alcoa Ranger*, bourré de sept mille tonnes d'acier et de plaques de blindage, transportait aussi dix-neuf chars d'assaut sur son pont. Cette fois, la torpille explosa en plein but. Le bâtiment s'inclina lentement sur tribord tandis que l'équipage évacuait en bon ordre. Mais le cargo ne coulait pas et le sous-marin dut l'achever au canon.

La chasse continuait! Reche manqua une autre proie, puis il vit apparaître à l'horizon l'*Olopana*. Cette fois, la chance avait abandonné le capitaine Stone. La torpille frappa au centre. Le bateau frémit violemment, toutes les lampes s'éteignirent, l'eau embarquant à flot. Le canot tribord avait été pulvérisé, celui de bâbord fut amené si précipitamment qu'il chavira. Le radio Schultz avait déjà envoyé un SOS, sans penser à sa propre sécurité, et cette émission gêna beaucoup le sous-marin, qui craignit d'être repéré. Il pouvait toujours y avoir des escorteurs dans les parages. Il fit surface et tira rageusement sur la cabine radio. Il fallut quarante obus pour achever le cargo. Puis Reche ordonna :

– Cap au sud-ouest, sur la mer Blanche!

A bord de l'*U-355*, les sous-mariniers se lamentaient. Alors que tombaient sur les ondes les bulletins de victoire des camarades, le lieutenant de vaisseau Günther La Baume n'avait pas le plus petit cargo à se mettre sous la dent!

Pris de pitié ou le voyant inoccupé, le *b.d.U.* (1) lui indiqua le pétrolier *Aldersdale*, désemparé par les avions, qu'il s'agissait d'achever. Mais l'*U-457*, arrivé plus vite, lui enleva la besogne sous le nez! Alors, La Baume, lui aussi, ordonna :

– Cap à l'est sur la Nouvelle Zemble!

« Des montagnes pointent à l'horizon, a-t-il écrit, et la chance tourne enfin. Une fumée par le travers tribord! Postes de combat! On distingue à peine le contour de la côte. Aux diesels de nous montrer ce qu'ils ont dans le ventre! Enfin, deux mâts se dressent au-dessus de l'horizon, avec une épaisse bouffée de fumée. »

Machines en avant toute, le sous-marin gagne sur son avant. Après trois heures de poursuite, La Baume ordonne de plonger.

« Bientôt, le gaillard apparaît dans notre périscope, un assez gros morceau de construction moderne. Il approche sans se douter de rien. Au dernier moment, tout paraît rater. Il est par le travers tribord et arrive droit sur nous. Nous mettons à toute vitesse et évoluons rapidement. »

– Tubes 1 à 3, tir en gerbe... Feu! Tube 4, feu!

A bord du *Hartelbury*, le deuxième lieutenant Forth, vingt ans, venait de prendre son quart sur la passerelle :

« J'allais sur l'aileron tribord, quand une torpille explosa juste sous moi. Un coup formidable. Une colonne d'eau s'abattit sur la passerelle, me renversant.

(1) La direction des sous-marins, centralisée au PC de Dönitz, à Kernével, près de Lorient. En fait, c'était surtout l'amiral Carls à Kiel qui donnait les ordres pour la meute de l'Arctique, et son subordonné Schmundt, l'amiral « Mers Nordiques » à Narvik.

Des débris me heurtèrent à la tête. J'avançai à quatre pattes à travers l'abri de navigation que l'eau balayait. Je n'avais qu'une idée : gagner l'autre bord avant l'explosion d'une nouvelle torpille. Je venais juste d'atteindre bâbord et me relevais quand elle frappa. L'explosion fut si violente que je fus projeté en l'air et retombai sur le dos contre l'aileron. »

L'explosion avait arraché la plate-forme de l'Œrlikon, boulonnée sur la passerelle, et avait projeté à la mer ses canonniers, qu'on ne revit jamais. En retombant, la plate-forme écrasa le capitaine Stephenson, qui, ruisselant de sang, se mit à gueuler comme un taureau qu'on égorge. Le lieutenant Forth et deux hommes se précipitèrent pour le dégager. L'homme se remit debout, cracha, souffla et grommela :

– Ils viennent les venger...

Quelques semaines plus tôt, en convoi dans l'Atlantique, il avait chargé un sous-marin qui l'attaquait, l'avait éperonné et coulé, puis s'était éloigné sans s'occuper des survivants. Par la suite, il avait eu quelque remords, et il pensait aujourd'hui que les camarades du sous-marin venaient les venger.

La situation paraissait en effet désespérée. La deuxième torpille avait ouvert la coque dans le poste d'équipage. Juste à côté dans le réfectoire, les six hommes de plat, pris de panique dans l'obscurité, se ruèrent du mauvais côté et tombèrent dans le gouffre ouvert par la torpille. Ils furent aussitôt noyés par le torrent.

Au moment des explosions, le premier opérateur radio, Fearnside, se trouvait devant ses appareils. « Soudain, dit-il, les cloisons et le sol semblèrent se refermer sous moi dans une explosion effroyable. Je reçus une épontille sur le crâne et perdis connaissance. Storey, le second opérateur, me secoua. Je criais : « Foutons le camp, vite! »

Gordon, le second capitaine, ayant été jeté en l'air, retomba brutalement sur le pont en se blessant au bras droit. « Je constatai avec terreur, a-t-il rapporté, que la trombe d'eau avait démoli les embarcations, autour desquelles les hommes s'agitaient, pris de panique. Je courus à l'avant et à coups de marteau, je fis sauter la fixation d'un radeau, qui glissa à la mer. Je me jetai à l'eau, je nageai et j'arrivai à m'y hisser. » Bel exploit pour un homme blessé et choqué!

Oui, c'était vraiment la panique à bord. Chacun ne songeait qu'à sauver sa peau. Le radio Fearnside chercha un radeau, en vit un qu'on larguait à l'arrière et se précipita à l'eau. Mais quand il l'atteignit, il trouva treize hommes entassés sur l'étroit esquif prévu pour six!

L'eau était glacée à hurler. Fearnside sentit le froid l'engourdir et la mort approcher. Il savait que quelques minutes suffiraient pour faire de lui un de ces cadavres raidis qu'il voyait déjà autour de lui danser sur la mer, soutenus par leur brassière. Il supplia, jura, pleura. Les autres ne voulaient rien entendre. Le radeau était déjà si lourd que la mer le balayait. Enfin, on l'accepta, à condition qu'il restât debout! Il demeura ainsi dix heures et fut un des rares survivants.

Pendant ce temps, à bord, le jeune lieutenant Forth tentait d'organiser le sauvetage avec le dernier canot intact. Mais, très vite, il fut débordé par les paniquards qui s'y ruèrent. Comme le canot, chargé de dix hommes, descendait trop vite vers la mer, l'un de ses marins chargé de freiner la descente en retenant l'un des garants des poulies n'en fut plus maître, et l'embarcation bascula à la verticale en crachant ses hommes dans le vide. Presque tous se noyèrent.

L'embarcation apiquée se balançait, suspendue à son deuxième garant, lorsque Gordon, le second, passa dessous avec son radeau. Aussitôt, il reçut sur le dos un chapelet de rescapés qui descendaient du pont, accrochés à un filin. Quand il en eut embarqué huit, il s'écarta, de crainte de voir le radeau s'enfoncer.

Restait encore là-haut le youyou, que se disputaient deux chauffeurs, deux cuisiniers et le radio Storey. Ils parvinrent à le mettre à l'eau, mais l'embarcation surchargée chavira et les cinq hommes périrent de froid dans la mer. Tandis qu'il sentait la mort venir, Storey revit le visage angoissé de sa mère, qui l'avait accompagné jusqu'au bateau. L'année précédente, son mari avait été tué dans un bombardement, et la pauvre femme avait dit au chef radio :

– Veillez bien sur lui, c'est le dernier qui me reste!

Vingt hommes demeuraient encore à bord; le spectacle horrible qu'ils voyaient sur la mer ne les engageait pas à s'y jeter. Partout, des moribonds, déjà à moitié gelés, appelaient au secours ou nageaient désespérément vers les radeaux surchargés qui tentaient de s'écarter.

A ce moment, le sous-marin lâcha une dernière torpille, qui frappa à tribord, et le *Hartelbury* augmenta sa gîte, menaçant d'engloutir les hommes qui descendaient sur ses flancs. Quinze marins se jetèrent alors à l'eau et entourèrent le canot encore suspendu à son garant, l'avant enfoncé dans la mer. Il constituait leur dernier espoir. Ils coupèrent le garant, embarquèrent avec de l'eau jusqu'aux hanches, et se mirent furieusement à écoper; mais les vagues le remplissaient au fur et à mesure qu'ils le vidaient! En outre, cinq naufragés s'y agrippèrent et il s'enfonça au-dessous de la lisse, ses caissons étanches l'empêchant de couler. L'écopage devenait inutile, il eût fallu vider la mer!

Dans un craquement horrible, le cargo se brisa en trois. L'avant coula aussitôt, l'arrière émergeait encore, pointant très haut à la verticale. Les survivants aperçurent un homme qui se dressait sur le couronnement.

– C'est le Vieux!

– Sautez, capitaine!

Echevelé, le visage effrayant maculé de sang, il contempla avec horreur la mer couverte de cadavres et de débris, puis il escalada la rambarde et marcha sur la poupe, que le basculement de l'épave avait mise à l'horizontale. Alors, il se lança dans le vide, de douze mètres de haut, et tomba à trois mètres du canot immergé, où on le tira. Ils y étaient vingt et un et semblaient marcher sur la mer.

Enfin, l'arrière du cargo s'enfonça dans les flots, en aspirant épaves et cadavres dans ses remous tentaculaires.

Grâce au système des cloisons étanches, le milieu émergeait encore, avec la passerelle. Et sur cette passerelle, il y avait un homme, le premier lieutenant Spence. Et cet homme fier avait décidé de mourir à sa manière, refusant les aléas du sort.

Lentement, il retira sa ceinture de sauvetage, puis son manteau. Enlevant sa casquette, il salua d'un geste large ses compagnons d'infortune. La mer atteignit la passerelle. L'officier eut un dernier geste d'adieu. Son visage était le seul à ne pas marquer d'effroi, mais une paisible acceptation de la mort. Il s'était marié dix jours avant d'embarquer et on devine quelle fut sa dernière pensée. La mer se referma sur lui avec les restes de l'épave.

Toute cette tragédie n'avait duré que dix minutes. On comprend mal l'acharnement des Allemands, qui auraient pu, après les premières torpilles, laisser les naufragés évacuer pour gagner la côte toute proche. Mais où était la pitié, dans cette guerre d'extermination ?

Les remous du naufrage n'étaient pas encore apaisés, qu'une brume épaisse recouvrit tout, masquant la terre. Le U-Boot avait fait surface. Il se rapprocha du groupe d'hommes qui, les pieds au fond du canot enfoncé, semblaient toujours marcher sur la mer, apparition irréelle dans le brouillard.

Les Allemands réclamèrent le capitaine, mais, celui-ci ayant dit de ne pas le trahir, ne fut pas désigné. Du kiosque, une voix cria :

– Vous n'êtes pourtant pas des communistes ? Pourquoi donc combattez-vous pour les Russes ?

Le sous-marin disparut dans la brume, pour aller ravitailler le radeau du second, lui donnant du pain et de l'alcool, lui indiquant la direction de la terre, à moins de cinq mille mètres ! Au canot immergé ils ne donnèrent et ne dirent rien, le considérant comme perdu. Restés seuls dans la brume, la plupart de ses marins s'abandonnèrent au désespoir.

Günther La Baume, le commandant du sous-marin, qui aurait pu les recueillir le temps de remettre à flot le canot, commenta ainsi l'événement :

« Ces pauvres gens n'étaient évidemment pas à la noce, mais si ces chars et ces avions que transportait leur bateau étaient parvenus sur le front russe... »

Dixon fut le premier à mourir. Au bout d'une heure, il s'écria :

– Il n'y a plus aucune chance, nous sommes perdus sans recours!

Il se mit à pleurer et s'assit dans le canot. Il avait ainsi de l'eau jusqu'aux épaules. Soudain, il laissa tomber sa tête pour se noyer. Ses camarades le redressèrent et tentèrent en vain de le réconforter. Alors, il s'endormit. Les autres le crurent, ou firent semblant de le croire. Il était mort et ils le firent glisser à la mer.

D'autres moururent, qui venaient de la machine ou des postes chauffés en tenue légère, en manches de chemise. Juste avant le torpillage, le thermomètre de la passerelle marquait un degré et demi. Quinze hommes périrent ainsi dans le canot pendant les quatre premières heures.

Aucun n'osait le dire, mais les survivants le savaient : leur unique chance de salut était l'allègement du canot, et seule la mort pouvait se charger de la besogne! Quand ils ne furent plus que cinq, le capitaine ordonna :

– Videz l'embarcation.

Ils consacrèrent à cette tâche leurs dernières forces. Lorsque le canot fut à flot, ils tentèrent de hisser le mât et la voile, car ils étaient bien incapables de ramer. Ils ne parvinrent pas à planter le mât, mais la voile à demi déployée offrait assez de prise au vent, et l'embarcation avança.

C'est l'instant que choisit un chauffeur, devenu fou, pour sauter à la mer. Les autres l'appelèrent en vain, sans avoir la force de rien tenter. L'homme disparut en nageant dans la brume.

Et le canot dérivait dans cette brume. Au matin du 8 juillet, ils rencontrèrent le radeau du second, avec neuf hommes en bonne santé, ce qui leur parut extraordinaire. Pour lutter contre le froid, Gordon avait ordonné de s'enduire les jambes avec l'huile de baleine qui avait été mise à cette intention sur le radeau. Et ils pagayèrent pour se réchauffer.

Le second savait comment gagner la côte à travers le dédale des îlots et des récifs. Grâce au compas trouvé dans le canot, ils franchirent enfin tous les obstacles et débarquèrent sur une île de la baie d'Obsiedia. Mais le capitaine ne devait pas survivre à ses blessures.

Le radeau du radio Fearnside devait lui aussi connaître un sort tragique.

« Au début, a-t-il rapporté, nous étions quatorze pour ce radeau prévu pour neuf. Les premiers arrivés étaient assis, les quatre derniers, dont moi-même, restèrent debout. Or, nous fûmes les seuls à survivre, car nos camarades assis dans l'eau avaient de l'eau jusqu'à la poitrine et moururent de froid (1). L'un d'eux, Tighe, le deuxième officier mécanicien, ne cessait de chanter : « Le Seigneur est mon berger, rien ne saurait me troubler... » Il fut le dernier à mourir. Nous avons essayé en vain de le tenir éveillé, il s'endormit pour ne plus se réveiller. Au bout de quelques heures, nous aperçûmes un autre radeau dans la brume. Un jeune canonnier s'y trouvait, mais il ne répondit pas à nos appels, et quand nous l'accostâmes, il ne fit pas attention à nous, il était devenu apathique. Sur ce radeau, il y avait aussi un mort, que nous poussâmes à l'eau. On trouva une boîte de provisions, nous mangeâmes et nous sentîmes mieux. »

Le radeau de Fearnside dériva deux jours en plein

(1) Les marins alliés utilisaient en général deux sortes de radeaux, l'un de 2,50 m, l'autre de 3,50 m (ce qui permettait de les emboîter sur le pont l'un dans l'autre), composés d'un flotteur de liège circulaire et cylindrique soutenant au centre un caillebotis de bois, et pouvant porter six ou neuf hommes.

brouillard. Dans la soirée du 9, quand il se dissipa, les survivants hébétés se trouvaient dans une grande baie, où un cargo du PQ-17, le *Winston Salem*, était échoué. Il envoya aussitôt une embarcation pour ramener les naufragés.

Sur les soixante-dix hommes du *Hartelbury*, il n'y eut que dix-neuf survivants.

Le 7 juillet au matin, dix-sept bateaux du PQ-17 se trouvaient rassemblés en Nouvelle Zemble, dans la baie de Pomorskaya, derrière le cap Matotchkin. Hélas, on ne comptait parmi eux que quatre cargos : *Bellingham, El Capitan, Hossier, Ocean Freedom* et le pétrolier *Dombass* (1). Tous les autres appartenaient à l'escorte, intacte, ce qui démontre que l'Amirauté se trompait quand elle redoutait d'envoyer des bâtiments de guerre en mer de Barentz.

Le navire de sauvetage *Zamalek* avait recueilli cent cinquante-trois naufragés, la corvette *Lotus* quatre-vingt-un.

Vers midi, une conférence des capitaines eut lieu à bord du flak ship *Palomarès*. Les marins marchands souhaitaient demeurer au mouillage quelques jours pour laisser retomber l'agressivité allemande, mais les officiers de l'escorte les persuadèrent qu'ils se feraient enfermer dans un piège. Le convoi reconstitué appareilla donc le soir même.

Heureusement pour lui, deux sous-marins seulement, l'*U-255* et l'*U-355* opéraient dans le secteur. Les autres, très à l'ouest, barraient la route directe d'Arkhangelsk. La brume s'étant étendue partout, les Allemands décidèrent alors d'arrêter l'opération, persuadés d'avoir presque entièrement détruit le convoi. En effet, lorsqu'ils faisaient le compte des bateaux prétendus coulés, ils arrivaient au chiffre de vingt-huit, soit cinq survivants, alors qu'il en restait treize. Car beaucoup de sous-marins n'avaient fait qu'achever à la torpille

(1) Huit autres cargos restaient éparpillés en mer de Barentz.

un bateau bombardé déjà comptabilisé par l'aviation comme coulé!

Les Allemands auraient dû être alertés par leur reconnaissance aérienne à grande portée, mais un hasard de guerre l'empêcha. Le Focke-Wulf 200 du sous-lieutenant Grankow, à qui avait été assigné le secteur, aperçut d'abord le cargo américain *Bellingham*. Au lieu de se borner à le signaler et à en chercher d'autres dans la brume, il l'attaqua avec les quelques petites bombes dont il était armé.

Quatre explosions secouèrent violemment le bateau. Les bombes étaient tombées à cinquante mètres derrière. Puis l'avion survola le cargo. Derrière sa verrière le mitrailleur tirait comme un possédé.

Mais les puissantes mitrailleuses lourdes du cargo tiraient aussi.

Une grosse fumée noire jaillit de l'un des moteurs, puis des flammes. Le pilote réussit encore un amerrissage parfait sur le ventre, mais le Focke-Wulf était à peine posé sur l'eau qu'il se cassa par le milieu, deux colonnes de fumée montant vers le ciel.

Un incident imprévu montre alors qu'à la guerre, tout peut arriver. Le cargo stoppa sans ordre, une fumée blanche suinta de sa machine, qui éjecta par son panneau les mécaniciens toussant et pleurant. Une balle de l'avion avait crevé le réfrigérateur des mécaniciens, et des vapeurs d'ammoniac avaient rendu la salle des machines irrespirable. Il fallut trente minutes pour aérer, et si cet incident s'était produit avec un avion ou un sous-marin dans les parages, le cargo stoppé aurait été détruit.

Quant aux aviateurs allemands, ils moururent tous de froid. Le cargo avait abandonné sur la mer les hommes flottant dans leur brassière, le sauvetage revenant au rescue ship *Rathlin* qui suivait à deux milles seulement. Mais quand il arriva, il était déjà trop tard (1).

(1) C'est à la suite de ces morts dans l'océan Glacial que les sinistres médecins nazis effectuèrent des expériences dans les camps de concentration, en exposant au grand froid les corps nus des déportés, jusqu'à la mort.

Cependant, les quatre autres cargos rescapés du convoi, avec l'escorte, fonçaient aussi vers Arkhangelsk malgré la brume de plus en plus épaisse. Cette fois, le danger ne venait plus des Allemands, mais des glaces. Hull, le second du cargo *El Capitan* (1), a écrit dans son rapport :

« Nous naviguions dans l'ouate à treize nœuds. Soudain, le navire antiaérien, devant nous, donna avec sa sirène le signal des glaces. Je bondis sur le chadburn, dont la manette passa de « en avant toute » à « en arrière toute ». Tandis que le bateau vibrait de toutes ses membrures, je scrutai anxieusement la brume. »

Le capitaine aperçut une surface blanche de glaçons accolés. Le cargo s'y enfonça d'une centaine de mètres avec un crissement à déchirer les nerfs, puis il s'arrêta. « Machines, stop! » Un silence de mort régna pendant un moment. Tout à coup, le capitaine entendit le faible bruit lointain d'un sifflet de manœuvre. L'officier porta les jumelles à ses yeux pour tenter de percer la brume. Rien. Intrigué par ce sifflet, Hull écouta. Il l'entendit à nouveau, une fois, deux fois, trois fois! Il fixa intensément l'endroit d'où venait ce bruit. A cet instant, une petite brise écarta la brume et Hull distingua une minuscule voile rouge dans les glaces, à environ trois cents mètres. Très lentement, en faisant éclater la glace, le capitaine fit avancer son cargo vers le canot, prisonnier des glaces, avec dix-neuf naufragés du cargo américain *Whiterspoon.* S'ils n'avaient pas sifflé juste au moment où la machine stoppait pour quelques secondes, ils étaient irrémédiablement perdus.

Les pauvres bougres étaient en piètre état. Aussitôt, le capitaine Thevik mobilisa tous ses hommes non de quart, qui, pendant cinq heures consécutives, leur

(1) Pavillon panaméen, affréteur américain, capitaine norvégien, second anglais, équipage de quinze nations!

massèrent les pieds et les jambes avec de l'huile de baleine. Ils évitèrent ainsi l'amputation, sort tragique de nombreux rescapés.

Lentement, *El Capitan* remit en route et se dégagea des glaces. Le convoi s'était dispersé, mais heureusement la brume se maintenait. A nouveau, le cargo heurta une barrière de glace, cette fois infranchissable. Il fallait renoncer à faire route directement sur Arkhangelsk, pour trouver un chenal en eau libre, en remontant vers le nord-ouest, entrant du même coup dans la zone d'attaque des bombardiers. Deux autres cargos, *Hossier* et *Ocean Freedom*, s'étaient joints à lui.

Ils trouvèrent enfin la mer libre, puis ils furent rejoints par l'escorte, qui les avait repérés dans ses radars.

Le mini-convoi reconstitué allait atteindre Arkhangelsk, lorsque dans la soirée du 9 juillet l'alerte aérienne retentit. Les Allemands les avaient retrouvés! Là encore, le hasard avait joué. A 1 heure du matin le 9 juillet, Hubert Schmundt, l'« Amiral Arctique », avait demandé à la direction des sous-marins de rappeler toutes les unités dispersées à l'est du cap Nord, pour les ramener dans l'ouest, où elles constitueraient un barrage indispensable contre une éventuelle attaque des fjords où s'abritaient les cuirassés allemands. La meute avait cependant reçu ordre de ratisser soigneusement au passage la mer de Barentz.

Le 9 juillet à midi, à bord de l'*U-255*, le veilleur, à demi gelé dans la baignoire, se pencha sur le tube acoustique du poste central et cria :

– Trois bateaux dans les nuages, mâts pointés vers le bas!

– Vous êtes fou, ou quoi? grogna le commandant Reche, qui avait bondi sur la passerelle.

Il vit à son tour et s'exclama :

– Bon Dieu! Le Hollandais volant (1)!

(1) Evocation mythique d'un célèbre bateau fantôme que redoutaient les marins de la voile.

Puis il éclata de rire.

– C'est un mirage, un effet d'optique de la glace et de la brume. Il y a bien là-bas trois bateaux; ils sont à nous!

Mais ils disparurent à toute vitesse dans la brume, et Reche ne put les rattraper. Cependant, la direction des sous-marins avait répercuté l'information et quelques heures plus tard l'*U-457* annonçait : « Quatre ou cinq navires, route au 260. »

Stupéfait, l'amiral Dönitz retourna alors le râteau de la meute, tandis que la Luftwaffe se lançait sur ces fantômes bien vivants!

A nouveau, la 5e Escadrille des Junkers 88 du sous-lieutenant Copak, décollée à dix-neuf heures, volait vers le large. Elle rencontra soudain la chasse soviétique, dont ce fut l'unique apparition. Une furieuse poursuite se déroula alors dans les nuages, où l'action se limita en fait à un vulgaire problème de réservoirs. Il s'agissait de tenir l'air plus longtemps que l'adversaire, ce que les bombardiers firent sans peine. Mais à leur tour, essence épuisée, ils durent renoncer à attaquer.

Entre-temps, la 6e Escadrille, échappant à la chasse, avait trouvé le convoi à 20 h 40. La brume s'était dégagée, rendant les attaques faciles. Presque tous les bateaux étant sur le point de manquer de munitions, il avait fallu renoncer à former le fameux barrage de DCA qui paralysait les pilotes. On ne pouvait plus tirer qu'à coup sûr.

Les bombardiers piquèrent sur le cargo *Hossier*. Quatre bombes explosèrent à deux mètres de la coque, projetant les canonniers en l'air. D'autres bombes disloquèrent les coutures de la coque. L'eau pénétra dans la machine, la vitesse tomba. Ayant perdu la protection du convoi, le capitaine ordonna alors d'évacuer.

La corvette *Poppy* recueillit les naufragés, puis tenta en vain de couler le cargo au canon. C'est en fait l'*U-376* qui l'acheva.

Pendant ce temps, les Junkers 88, dont la base

n'était qu'à trente minutes de vol, s'acharnaient sur les débris du convoi. Le capitaine Morris, du navire de sauvetage *Zamalek*, a écrit dans son rapport :

« On avait la chance de transporter comme passager le capitaine Castle, de la RAF, qui dès le début de l'attaque s'étendit sur le dos, sur la passerelle supérieure, et ne perdit plus les Junkers 88 des yeux, nous annonçant comment ses confrères allaient nous attaquer. Il criait un ordre, que je transmettais en dessous à l'homme de barre. Pendant ce qui nous parut des heures, nous avançâmes, tel un skieur dans un slalom, à travers de hauts geysers, sans éprouver le moindre dommage. Venant de l'ouest, les vagues d'assaillants se succédaient. Une escadrille avait à peine disparu à l'horizon qu'une autre y paraissait. Soudain, une bombe éclata à six mètres sur notre avant. Une muraille d'eau s'abattit sur le bateau, et nous craignîmes qu'il ne chavire sous ce poids. Les nerfs des huit marins russes de l'*Azerbaidjan*, que nous avions recueillis, ne résistèrent pas. J'en vis un courir vers l'avant, détacher le radeau et quitter le bord. Je hurlai :

– Tirez sur lui !

« Mais je me repris et criai aux autres Russes qui escaladaient déjà la rambarde :

– Restez ici, bon Dieu ! Le bateau ne coule pas !

« Le lieutenant Lennard courut à eux et les ramena sur le pont. Nous avancions alors sous une grêle de bombes, un véritable enfer ! Une panique se déclencha aussi parmi la centaine d'hommes que nous avions recueillis en mer au cours des jours précédents. Ils s'entassèrent sur le pont des embarcations, où ils se sentaient plus en sécurité, mais nos canots n'auraient même pas pu en prendre la moitié. Une catastrophe s'annonçait. Soudain, Walker, mon second, surgit comme jaillissant d'une boîte. Il maniait à deux mains une lourde hache et avait un aspect si menaçant que les hommes reculèrent, nul ne doutant qu'il n'hésiterait pas à leur fendre la tête. »

Les avions avaient pris le *Zamalek* pour but après la destruction du *Hossier.*

Un affreux chaos régnait dans la salle des machines du rescue ship. Sous les ébranlements continuels des bombes explosant dans la mer, peu à peu les machines s'arrachaient de leur socle, les conduits de vapeur et de mazout fuyaient. Epuisés par ces alertes continuelles, les mécaniciens et chauffeurs n'agissaient plus que comme des automates, en réponse aux ordres de la passerelle.

Tout à coup, le socle de la grande dynamo se fendit. Un jet de vapeur fusa d'un tuyau voisin. Dans un ultime crachement, la machine expira.

Un silence de mort s'ensuivit. A quatre reprises, le chef mécanicien vit l'aiguille du chadburn s'inscrire sur « avant toute », puis « arrière toute ». C'était le signal de l'évacuation. Bateau stoppé sur la mer, à la merci des avions, le capitaine Morris s'était résolu à l'abandon.

Alors, on vit ce miracle : persuadés que le *Zamalek* allait couler, les pilotes des bombardiers arrêtèrent leurs attaques pour s'en prendre aux autres bateaux du convoi qui disparaissait à l'horizon.

En voyant arriver sur l'arrière le flak ship *Palomarès,* le capitaine Morris pensa que rien n'était peut-être perdu. Il annula l'évacuation. Hélas, le commandant du bâtiment DCA lui fit perdre ses illusions :

– Nous hésitons à vous porter secours...

Indigné, Morris, qui, lui, n'avait jamais hésité à porter secours à un navire en détresse, se mit à hurler :

– Allez au diable! On va vous montrer ce qu'on sait faire!

Puis, au lieutenant Lennard :

– Allez présenter mes compliments au chef mécanicien. Dites-lui que tout va bien en haut et qu'il peut remettre son tournebroche en marche.

– Mais, capitaine... La machine est complètement démolie!

En bas, le chef mécanicien fit en effet un bilan

consternant des dégâts puis il monta sur la passerelle pour rendre compte au capitaine :

– Une journée au moins de réparations! On a le temps d'être coulés dix fois!

Alors on vit s'avancer des hommes en bleu; certains avaient le visage maculé de graisse ou de charbon, d'autres portaient des pansements. C'étaient les hommes des machines des cargos coulés, officiers, mécaniciens, chauffeurs, graisseurs, que le *Zamalek* avait sauvés.

– On est à vos ordres, capitaine! A nous tous, on arrivera bien à faire marcher ce foutu tournebroche!

Et l'impossible se réalisa. Une heure plus tard, la machine repartait.

– Cap au sud-ouest, sur le convoi!

On apercevait encore le haut de ses mâts et sa fumée à l'horizon, mais aussi, dans le ciel, le sinistre ballet des Ju-88 qui, tel un vol de charognards sur un troupeau décimé, s'acharnait sur les derniers survivants du PQ-17. Malgré les appels de détresse qui encombraient les ondes, la chasse soviétique, après son unique sortie, restait clouée au sol, ou occupée sur d'autres fronts.

Puis, ce fut au tour du cargo *El Capitan* d'être pris sous le feu des Junkers 88. Les bombes explosèrent. Les rivets de la coque avaient cédé, la mer entrait de tous les côtés. Dans la chaufferie, l'eau atteignait déjà un mètre. La machine stoppa.

– Il n'y a plus rien à faire, capitaine! cria le chef mécanicien.

A ce moment, un matelot annonça qu'il y avait le feu sous le pont. Le capitaine Thevik hésita longuement, puis il donna l'ordre d'évacuer. Le chalutier armé *Lord Austin* recueillit les naufragés.

C'est seulement lorsque l'avant-dernier cargo du groupe eut été coulé par l'*U-251*, que les Soviétiques se manifestèrent, sous la forme de quelques dragueurs et torpilleurs et que la chasse russe refoula enfin les Junkers 88. Les douze bâtiments militaires rescapés mouillèrent le 11 juillet devant la rivière d'Arkhangelsk, où avaient seulement pu rallier individuellement le pétrolier soviétique *Dombass* et les cargos *Ocean Freedom* et *Bellingham*. Le *Samuel Chasse* rejoindra le lendemain. Il n'y avait pas de quoi être fier!

Restait-il d'autres rescapés? Les Allemands ne le croyaient pas, à cause d'une comptabilité trop optimiste qui profita à quelques-uns.

Les trois cargos, *Troubadour, Silver Sword* et *Ironclad*, sous la conduite du chalutier armé *Ayrshire*, s'étaient cachés le 5 juillet dans un champ de glace. Collant à la banquise, ils avaient appareillé le 7 à l'est et atteignirent sans encombre la Nouvelle Zemble, où ils mouillèrent dans une baie paisible au pied d'un glacier étincelant. Mais lorsque le commandant Gradwell eut convoqué à bord de son chalutier les trois capitaines, ce fut pour lui la stupeur.

– Fini pour nous, mon vieux. On saborde nos bateaux, les équipages embarquent sur votre bâtiment, et on met le cap sur Arkhangelsk. Les Junkers n'useront pas une bombe pour couler un chalutier; c'est notre dernière chance de sauver notre peau!

Le commandant Gradwell les considéra avec mépris. Pourtant ces officiers ne faisaient que refléter l'angoisse de leurs équipages. Tous étaient à bout de nerfs. A force d'entendre, sur les ondes, les appels de détresse des cargos massacrés, ils se croyaient les seuls rescapés et estimaient leurs chances nulles de gagner la Russie.

Patiemment, l'ancien avocat « plaida », et surtout il leur remonta le moral. Les trois capitaines se laissèrent convaincre. Le groupe appareilla et atteignit sans encombre le détroit de Matotchkin. Là, l'*Ayrshire* se transforma en saint-bernard des mers et sur les indications des Russes de la station, put récupérer les trente-quatre survivants du *Fairfield City*, complètement abandonnés sur une île déserte et presque tous devenus fous.

Puis un chalutier russe les guida sur une petite station où avait mouillé le *Benjamin Harrison*, égaré dans la brume. Enfin, on vit arriver le pétrolier russe *Azerbaidjan.*

Le poste russe ayant alerté Arkhangelsk (les cargos, eux, ne devaient émettre sous aucun prétexte), un Catalina se posa le 13 juillet et le commandant Gradwell lui remit un message pour les autorités britanniques d'Union soviétique : « Les capitaines ne reprendront pas la mer sans une forte escorte et l'appui de la chasse soviétique. J'attends ici votre réponse et vos ordres. »

Pendant ce temps, un autre drame se jouait non loin de là. Deux cargos rescapés s'étaient réfugiés dans les fjords méridionaux de Nouvelle Zemble : l'*Empire Tide* dans une île de la baie de Moller, et, à quinze kilomètres au sud, l'américain *Winston Salem.*

A bord de ce dernier, tout le monde, capitaine en tête, était bien résolu à sauver sa peau. On échoua le bateau, intact, sur un banc de sable de la presqu'île de Litka. Les canonniers jetèrent à la mer les culasses de leurs canons et la radio lança sur les ondes cet appel incroyable : le *Winston Salem* se rendait, il se déclarait « ville ouverte »!

Heureusement, seuls quelques couples de pingouins qui peuplaient ces solitudes glacées furent les témoins de ces agissements, et ni les Allemands ni malheureusement les Alliés ne captèrent le message.

Ne voyant rien venir, l'équipage, qui vivait dans la hantise des bombardiers, débarqua et s'installa dans un vieux phare abandonné, après l'avoir bourré de vivres, de quoi tenir un mois. D'autres dressèrent des tentes sur la plage et allumèrent du feu.

C'est là que les découvrit quelques jours plus tard le colonel russe Mazourouk, qui effectuait une patrouille de routine à bord d'un hydravion. Apercevant le cargo, il se pose juste à côté.

Personne à bord! Et des canons sans culasse! Utilisant le canot pneumatique de l'hydravion, il débarque. A distance, les marins américains bivouaquent autour d'un bon feu de bois qui pétille. On entend des rires, des plaisanteries, des chansons. L'arrivée du colonel est accueillie avec hilarité.

– Où est le capitaine? hurle le Russe, qui parle bien l'anglais.

Un homme se lève et s'avance.

– C'est moi, le capitaine.

– Je suis Igor Petrouchka Mazourouk, commandant de l'escadre aérienne soviétique du nord...

– On ne vous a pas vu souvent!

– Votre cargo a l'air en état; pourquoi n'appareillez-vous pas pour Arkhangelsk?

– Mon petit père, tout cela ne nous intéresse plus! Nous ne sommes pas des militaires, comme vous; des héros! nous ne faisons pas la guerre. Nous sommes des marins américains, nous avons été payés pour amener de la marchandise en Russie, vous l'avez, débrouillez-vous! Quant à nous, après le massacre de nos camarades et l'absence de toute escorte, nous demandons à être rapatriés aux Etats-Unis à bord d'un avion.

Le Russe en demeure sidéré. Dans son rapport, il a écrit :

« Le capitaine refusa de déséchouer son bâtiment, dont la cargaison ne l'intéressait plus, déclara-t-il, puisqu'il se trouvait dans un " port " soviétique. Cet homme d'affaires éhonté et insolent qualifiait de " port " cette baie désertique d'une île de l'Arctique à des milliers de kilomètres du terminus ferroviaire le plus proche! »

Le colonel s'étrangle d'indignation. Il ne lui vient même pas à l'idée que ce drame ne se serait pas produit si ses avions avaient efficacement protégé ces cargos, dont les marins civils venaient lui apporter des avions et le matériel de guerre pour sauver son pays. S'il avait été en force, il aurait sorti son revolver. Il se contente de sortir un insigne.

– Je suis député au Soviet suprême de l'Union des Républiques socialistes soviétiques, et je vous ordonne...

Le capitaine hausse les épaules et lui tourne le dos.

Le colonel crache par terre, retourne à son hydravion et décolle aussitôt.

Les jours passèrent. Le cargo, ainsi que l'*Empire Tide*, s'étaient transformés en station de sauvetage. De tous les côtés abordaient des canots surchargés de moribonds, les naufragés de l'*Olopana*, du *Hartelbury*, de l'*Alcoa Ranger*, du *Washington* et du *Paulus Potter* : plus de deux cents au total! Mais dans quel état! Une cinquantaine avaient les pieds gelés, presque tous seront plus tard amputés à Arkhangelsk, et sans anesthésie, les Russes se réservant le peu de chloroforme que leur envoyaient les Américains!

Enfin, on vit arriver une escorte, quelques corvettes et dragueurs britanniques conduits par le commodore Dowding. Six cargos regroupés appareillèrent alors de Nouvelle Zemble et gagnèrent sans encombre Arkhangelsk. Quant au *Winston Salem*, il ne rallia, seul, que quatre jours plus tard. Les marins avaient enfin compris qu'aucun avion américain ne viendrait les chercher là!

Au même moment, les reconnaissances aériennes allemandes déclaraient la mer vide, l'ennemi vaincu, et l'état d'alerte cessa dans toutes les bases de Norvège. Dans la meute *Eisteufel*, les équipages fêtaient à Narvik leurs victoires. Mais l'*U-255* (Reche) continuait inlassablement à ratisser la mer de Barentz. Le 13 il découvrit le cargo hollandais *Paulus Potter* échoué et abandonné en bon état de flottabilité. L'enseigne Deiring monta à bord en utilisant les échelles qui pendaient le long de la coque. Sur la passerelle, il mit la main sur les codes secrets et les instructions du PQ-17, prise d'importance capitale pour la suite des convois. Puis Reche l'acheva avec sa dernière torpille.

L'*U-376* aussi patrouillait encore en mer de Barentz. Le 13 juillet, il découvrit un canot à voile de l'ex-cargo *Carlton*, dérivant sur la mer avec dix-sept naufragés exténués, qui ramaient depuis huit jours, avec Hurley, le second, à la barre. Les vivres manquaient, chacun ne recevait plus qu'un quart d'eau et un biscuit par jour. Ces hommes n'étaient plus qu'à cent milles des côtes russes, lorsque le vent avait tourné, les refoulant vers le large.

Le sous-marin les accosta. Après les avoir identifiés, il leur donna des biscuits et de l'eau, ainsi que des couvertures et un compas.

– Je regrette de ne pouvoir vous prendre à mon bord, cria le commandant. Il n'y a pas de place. Faites route au 180.

Le sous-marin s'éloigna, les naufragés reprirent leurs avirons. Mais peu après, le second mécanicien s'effondra. La gangrène avait pourri ses pieds gelés et il mourut trois jours plus tard en appelant sa femme. Un homme récita une prière, le corps fut jeté à la mer.

Cette mort acheva de miner le moral des marins. Pour ajouter au drame, la tempête se leva, avec des creux de cinq mètres qui paraissaient vouloir engloutir la frêle embarcation. Le moindre incident dégénérait en querelle. Un homme fut surpris à voler de l'eau. Imposant ce qui lui restait d'autorité, Hurley le mit à l'amende en lui supprimant sa ration d'un jour.

Les journées s'écoulaient, désespérées. L'embarcation se traînait misérablement sur la mer déserte. Soudain, le 24 juillet, dix-neuf jours après le naufrage, le matelot Akins, qui se tenait appuyé contre le mât en regardant l'avant, cria :

– Terre! Terre droit devant!

Mais les autres ne le croyaient pas. On avait déjà eu tant de mirages!

Puis ils la virent aussi.

– Terre! C'est bien la terre! Nous sommes sauvés!

Ils empoignèrent les avirons, que la plupart avaient délaissés pour s'abandonner au désespoir.

Alors, un courant contraire s'empara de l'embarcation et la repoussa vers le large. Tirant furieusement sur les rames, ils pleuraient, criaient, s'injuriaient, et aussi le ciel et la mer, le vent et la terre, et cette guerre stupide!

« Pendant huit heures nous avons ainsi ramé comme des galériens, a dit Akins, et pendant ces huit heures, tout ce qui restait de camaraderie entre nous se déchira. On s'injuriait, on se promettait des raclées. Et la terre semblait toujours lointaine. Tout à coup, parut une barque avec deux Norvégiens, un vieux et un jeune. Ils nous jetèrent un filin et nous traînèrent comme une plume. Nous accostâmes à un petit quai. Les hommes se hissaient en titubant. Moi je riais, je riais; puis je m'effondrai sur le sol. »

Les Allemands les firent prisonniers et on les embarqua pour le Danemark, mais en mer du Nord un sous-marin anglais les torpilla. L'enfer continuait!

Quel fut le bilan de cette opération désastreuse?

Sur 35 cargos, 11 parvinrent en Russie. 2 avaient fait demi-tour peu après l'appareillage, et 22 furent coulés. Mais comme au retour des onze, avec le QP-14, deux des survivants, *Silver Sword* et *Bellingham*, furent coulés par les U-Boote, le total des pertes se monta à 24.

Le bilan des marchandises perdues s'élevait à 210 avions, 430 chars, 3 350 véhicules militaires et 123 000 tonnes de matériel de guerre, métaux stratégiques et vivres, sur les 188 000 tonnes chargées au départ. L'escorte n'avait perdu aucun bâtiment de guerre; seulement un navire de sauvetage et le pétrolier ravitailleur. 1 300 naufragés parvinrent en Union soviétique, où ils furent soignés avec des moyens de fortune. On comptait plus de 200 morts et d'innombrables blessés.

Les Allemands perdaient seulement 6 avions sur 202 engagés, qui effectuèrent 250 sorties, lançant 61 torpilles et 212 tonnes de bombes. 2 avions de patrouille furent aussi détruits. Les 11 sous-marins déployés avaient coulé ou achevé 10 bateaux et lancé 82 torpilles. Ils ne déploraient aucune perte.

Dans cette affaire, tout le monde avait commis des erreurs. Bien que victorieux, les Allemands n'auraient pas dû laisser échapper 11 cargos ou pétroliers, et ils manquèrent totalement d'agressivité à l'égard des escorteurs. Le raid éclair du *Tirpitz* fut interrompu cinq heures après son départ. Le puissant cuirassé, avec ses deux acolytes, fila honteusement sur Narvik en collant à la côte.

Enfin, la coordination fut si mauvaise entre la Marine et la Luftwaffe que cette dernière ignora même leur sortie! Le renseignement aérien, si décisif, fut mal acheminé. Il fit même défaut pour la phase finale au-dessus de la Nouvelle Zemble, ce qui permit aux rescapés de s'échapper.

Quant aux Russes, qui avaient été incapables de couvrir le convoi, même en mer de Barentz, ils reprochèrent aux Anglais de ne l'avoir pas fait escorter par un porte-avions.

Le convoi descendant, le QP-13, qui croisa le PQ-17, échappa aux Allemands grâce à la brume, mais, par suite d'une erreur de navigation, il se jeta dans un champ de mines... britanniques, et perdit cinq cargos! Dans cette affaire, la corvette française *Roselys*, des FNFL, se distingua en allant, au mépris du danger, repêcher les naufragés, dont 179 survécurent. Au moment où on le hissait à bord, un patron d'embarcation, devenu fou, se brûla la cervelle avec son revolver. C'était son quatrième naufrage depuis son départ d'Angleterre!

L'amiral Pound assuma devant l'histoire la responsabilité d'avoir enlevé l'escorte des croiseurs et dispersé le convoi, que Churchill, après l'expérience malheureuse du PQ-16, n'aurait jamais dû faire appareiller sans la protection directe d'un porte-avions.

Le commandant de l'escorte Broome eut tort de se replier avec ses destroyers en abandonnant le convoi, qui était sa mission exclusive, ne laissant aucune instruction aux corvettes et autres escorteurs qui poursuivaient vers la Russie; mais ainsi, il se conforma évidemment à l'esprit des instructions de l'Amirauté.

A la suite de ce désastre, la confiance des marins marchands vis-à-vis de la Royal Navy s'effondra. Quant à Churchill, premier responsable de ce drame, il murmura en apprenant la nouvelle : « C'est l'un des épisodes navals les plus déplorables de toute la guerre! » Puis il redressa le torse : « Dans la défaite, intransigeance! »

Cependant, il ne protesta pas lorsque l'Amirauté, cette fois unanime, suspendit les convois jusqu'à la fin de l'été.

13

A ARKHANGELSK ET MOURMANSK

En raison de la destruction de Mourmansk, les rescapés du PQ-17 avaient été dirigés sur Arkhangelsk, port russe à trente-deux kilomètres de la mer, sur la Dvina, dont l'estuaire, ouvert sur la mer Blanche, n'était pas bloqué par les glaces en cette saison.

Arrivés à l'embouchure, les cargos embarquèrent d'abord le pilote à Iokanka, qui les guida à travers le delta, un dédale d'îles, de terres basses et marécageuses, très dangereux à cause des glaces flottantes et des courants. Puis ils remontèrent la Dvina, au paysage tout aussi désolé, avec ses rives couvertes de végétation pauvre. Autour des huttes de bois, de vieux paysans évoluaient avec lenteur. Il fallait aux marins issus des riches et tendres terres d'Angleterre, d'Amérique et de France un solide optimisme doublé d'une ignorance totale pour espérer tirer quelque joie de ce pays aride de mousses et de lichens, aux bois de conifères rabougris coupés de maigres cultures, écrasé huit mois sous la neige, dont six mois de nuit perpétuelle, avec des froids de moins vingt à moins quarante degrés.

De type mongol, le pilote, toujours accompagné par une sorte de surveillant au visage sévère, parlait à peine l'anglais. Après avoir remonté la Dvina sillonnée d'invraisemblables vieux steamers à roues, chargés de bois, dont les équipages mixtes restaient insensibles aux appels égrillards des marins alliés, les cargos s'amarrèrent à Brevennik, l'avant-port d'Arkhangelsk, dont le quai de bois fut bientôt envahi par une foule d'enfants pieds nus, vêtus d'oripeaux hétéroclites, où la peau de mouton voisinait avec des restes de livrée militaire du régime tsariste. Ce n'étaient pas des mendiants; au contraire, ils tendaient des mains pleines de roubles, ils avaient les poches gonflées de billets!

– *Tovaritch, chokolad!*

– *Tovaritch, cigarettes!*

Le marché noir allait bon train! Cinquante roubles pour une barre de chocolat, quarante pour un paquet de cigarettes, prix si exorbitant (la livre sterling valait vingt roubles) que les marins alliés croyaient les billets faux.

Le troc s'établit sans délai, car les marins espéraient faire la fête à terre et devaient donc se munir de roubles, que l'Amirauté ne fournissait pas! Affaires réglées, les enfants disparurent aussitôt. Ils ne consommaient jamais le tabac et le chocolat, mais servaient seulement d'intermédiaires pour un troc plus vital. Car le peuple mourait de faim.

Puis les cargos accostèrent enfin à Arkhangelsk, que les Russes entretenaient pour doubler Mourmansk, encombré et continuellement bombardé à cause de la proximité du front. On était aussi obligé d'y décharger les chars lourds pour le front de Stalingrad, le tronçon de fortune de la voie ferrée Mourmansk-Arkhangelsk ne supportant pas des charges de trente tonnes.

Dès qu'ils purent débarquer, les marins partirent en ville, agglomération moderne, sale et triste, avec ses alignements de magasins vides et sa population d'enfants et de vieillards pauvrement vêtus, les jeunes et adultes des deux sexes étant au front. Les Russes regardaient avec curiosité ces marins étrangers, mais sans jamais répondre à leurs saluts. Pour eux, si le premier ennemi était l'Allemand, on n'oubliait pas l'ennemi de classe, même s'il venait vous ravitailler au péril de sa vie!

Aucun contact direct avec la population n'étant autorisé, les autorités soviétiques avaient prévu deux centres d'accueil pour les étrangers. Le Tourist Hôtel, réservé aux officiers, offrait en abondance pour cent roubles (la valeur de deux barres de chocolat ou de deux paquets et demi de cigarettes), caviar, saumon et viandes. On y voyait bien aussi quelques officiers russes avec leurs épouses, mais figés et muets, comme paralysés par la présence des étrangers.

Quant à l'International Club, destiné aux matelots, c'était un sinistre dancing où les marins, après une séance de cinéma, pouvaient faire quelques pas de danse avec des filles en service commandé qu'il n'était pas question de « faire monter » ou seulement de « peloter » de quelque manière!

Aussi, bien qu'Arkhangelsk ait présenté le gros avantage de n'être pas bombardé, les marins s'y ennuyèrent mortellement, et, après quelques visites à terre, préférèrent encore rester à bord, au grand soulagement des autorités.

Mourmansk, hélas, n'offrait guère plus de plaisirs!

Le convoi, qui s'était mis en ligne de file, remontait l'estuaire désolé de la Tuloma, fleuve serré entre des collines de minerai de fer, le plus souvent couvertes de neige. Encore étonnés d'être en vie, les hommes découvraient avec curiosité les petites maisons de bois flanquées d'estacades de planches, une batterie de canons antiaériens cachée dans les buissons et, sur la route, les traîneaux tirés par des poneys, les camions militaires de marque américaine, les gens à ski, les marins russes de l'escadre du nord, et les femmes soldats, énormes, montant la garde en veste de mouton et bottes de cuir.

On apercevait au loin, sur les collines, des immeubles de ciment de trois ou quatre étages, ou ce qu'il en restait après le passage des bombardiers allemands.

Comme il n'y avait jamais de place à quai, le bateau mouillait d'abord en baie de Kola ou le long de la rivière, en attendant son tour, mal protégé des attaques de l'aviation, malgré la chasse russe ou anglaise et les centaines de canons de DCA envoyés par les Américains.

Voici les soldats russes du contrôle, en long manteau de peau de mouton serré par une ceinture, petites bottes de cuir, casquette à visière frappée de l'étoile rouge. Les visages aux pommettes saillantes sont mal rasés, l'œil mélancolique s'éclaire seulement lorsque sortent les paquets de cigarettes américaines.

Fondée en 1916 par le tsar Nicolas II, Mourmansk n'était qu'un village de pêcheurs lorsqu'en 1933 Staline décida d'en faire le grand port marchand de l'Arctique. Baignée par une branche du Gulf Stream, la baie de Kola est en effet libre de glaces toute l'année. La ville, reliée depuis 1919 au réseau ferré russe, et depuis 1939 au réseau fluvial et à la Baltique, comptait soixante mille habitants en 1942.

A soixante kilomètres du rivage, le port se trouvait à l'abri des attaques maritimes, les approches de la baie de Kola étant seulement très vulnérables aux U-Boote basés à Kirkenes. A l'ouest, les Allemands avaient été stoppés, côté terre, à moins de quatre-vingts kilomètres de Mourmansk, par un *no man's land* de forêts et de jungle nordiques, mais de l'aérodrome voisin de Petsamo s'envolaient chaque jour cinq ou six raids de bombardiers, qu'aucun préavis, faute de radars, ne pouvait prévenir, si bien que la population vivait dans une terreur continuelle. Comme on l'a dit, la ville et le port avaient été rasés par des raids massifs en juillet 1942, alors même que le PQ-17 prenait la mer, mais des baraques remplacèrent aussitôt les immeubles effondrés et on déblaya les décombres des quais, ce qui fait que seul de tous les convois le PQ-17 n'y put aborder.

Aux attaques continuelles de la Luftwaffe s'ajoutait l'encombrement chronique du port. La confusion, le désordre et la saleté régnaient partout sur les quais, où s'entassaient le matériel de guerre débarqué et les vivres au milieu des gravats, des ordures et des épaves. Ici, pas de déchargement direct du navire aux wagons, comme dans tous les grands ports; seulement des grues, et en nombre insuffisant, pour décharger les marchandises, qu'une chaîne de pauvres hères transportait ensuite jusqu'aux wagons, non pas des dockers de métier, mais des troupes de déportés politiques et autres « ennemis du peuple ». James Pattinson, qui fit les convois de Mourmansk comme canonnier, les décrit ainsi :

« Quand ils montèrent à bord pour décharger nos marchandises, on avait l'impression de contempler des morts vivants. Leurs visages étaient livides, tirés, leurs yeux sans expression, leurs mouvements lents, des gestes de robot. Sur le pont, un soldat russe armé d'un pistolet-mitrailleur les surveillait, les brutalisant dès qu'ils s'arrêtaient de travailler. »

Se joignaient parfois à eux des soldats russes en permission, blessés légers ou convalescents, et quelques robustes paysannes venues de leur toundra.

En raison des bombardements et du peu de distractions à terre, tous les marins auraient bien voulu hâter le déchargement, mais la bureaucratie soviétique interdisait l'usage de leurs mâts de charge et même leur aide bénévole! Parfois les « dockers » semblaient paralysés par d'incompréhensibles consignes. Le bateau demeurait alors jusqu'à une semaine au mouillage, et même vingt-quatre heures à quai, sans que personne n'intervienne, tandis que les raids de bombardiers se succédaient jour et nuit. On voyait surgir au ras des collines deux ou trois Messerschmitt qui lâchaient leurs bombes sur le port et les bateaux. Certains équipages ont ainsi compté jusqu'à cent dix attaques, avec un maximum de seize en vingt-quatre heures, heureusement imprécises grâce à la forte concentration de la DCA et à l'arrivée rapide des chasseurs « Yak » russes.

Les marins en auraient pleuré de se voir détruits là, stupidement, après avoir bravé tant de périls. Aussi certains équipages se révoltaient. Un jour que l'encombrement à quai atteignait son paroxysme, l'équipage d'un cargo depuis plusieurs jours en attente déchargea sa cargaison sur une solide plaque de glace qui s'était formée sur le fleuve. La colère des fonctionnaires, qui arrivaient en hurlant avec canots et péniches, hués par les marins, aurait fait plaisir à voir, si tous ces gens, au fond, n'avaient pas été victimes du même mal implacable : la guerre.

Parfois, un cargo sautait sur une mine magnétique au milieu du fleuve ou sur rade, car c'était un jeu pour l'aviation allemande de les lancer la nuit, ou pour un sous-marin d'en semer dans la baie. Un jour, un cargo fut ainsi frappé en rivière. Sur la passerelle, son capitaine s'égosillait en vain pour réclamer un remorqueur qui ne venait pas, car il fallait un ordre écrit que le responsable n'était pas là pour signer. Et le cargo coula, sous l'œil indifférent de la population. Il ressortait de tout cela, malgré le courage héroïque du peuple russe dans la guerre, une impression d'insuffisance matérielle et d'incapacité au niveau des responsables, qui contrastait avec la terrible efficacité allemande, britannique, américaine.

L'interdiction de communiquer avec la population, conséquence logique de régimes politiques diamétralement opposés, ne souffrait pas d'exception pour éviter d'embarrasser la propagande. Dans les rues de Mourmansk, des haut-parleurs diffusaient en effet à longueur de journée des slogans et des bulletins de victoire. La population, les soldats, les gens du port, tout ce monde était persuadé que les convois alliés qui venaient d'Occident chargés de richesses avaient été préservés en mer grâce à l'intervention des bateaux russes, des avions russes, et la moindre mise en doute de cette affirmation tendancieuse suffisait à provoquer de pénibles frictions. Il était déjà intolérable aux politiciens du régime d'accepter l'aide militaire des nations « capitalistes », il l'eût été plus encore de reconnaître que les Russes avaient été incapables, malgré leurs promesses, de transporter tout ce matériel, et même de le défendre dans la mer de Barentz qui baignait le pays.

Peu après l'arrivée du convoi, le délégué du Commissariat du Peuple pour le Commerce extérieur invitait une délégation des marins alliés, qu'on ne tenait pas à voir errer dans les rues de la ville. Le fonctionnaire leur faisait visiter la maison du Repos et de la Culture, grosse bâtisse de béton dont le seuil s'ornait d'une énorme statue de Lénine et de la carcasse d'un Messerschmitt abattu.

On passait ensuite à l'Arctic Hôtel, où les autorités soviétiques offraient aux marins un excellent repas. En juillet 1942, cet édifice fut entièrement détruit... par les Messerschmitt, et on ne retrouva dans les décombres, où périrent plusieurs marins du PQ-16, que la tête d'un ours de pierre.

Suivaient malheureusement les inévitables discours politiques, aussi quelques marins tentaient-ils de rompre l'ennui en lutinant les serveuses, mais ils se faisaient aussitôt admonester publiquement par le délégué, qui leur expliquait que dans la vertueuse Union soviétique, toute femme russe qui avait des complaisances pour un étranger était jetée en prison... Heureusement, il y avait d'autres « distractions », par exemple ce chœur d'hommes qui chaque samedi faisait entendre ses chants nostalgiques à la maison de la Culture... Une telle annonce déchaînait l'hilarité des marins, sevrés de femmes depuis un mois, et indifférents au folklore russe!

Alors le délégué (qui avait l'habitude) sortait la surprise, le « gâteau du chef », en quelque sorte, en présentant un lieu pompeusement nommé « International Club » (ces mots disaient quelque chose aux marins venus d'Arkhangelsk), où ils pourraient, assurait-il, danser, mais oui! avec d'élégantes jeunes filles parlant l'anglais!

On s'y ruait, les poches pleines de roubles, les regards pleins de désirs. Hélas! Les hôtesses, au demeurant agréables à regarder, étaient si étroitement surveillées par des policiers en civil qu'elles n'ouvraient pas la bouche de peur d'être accusées de livrer aux diables américains des secrets militaires. Elles ne parlaient ou ne comprenaient d'ailleurs que quelques mots d'anglais. Bien entendu, il ne fallait pas compter sur le moindre abandon et même le moindre sourire. Aussi, toute ambiance cassée, les marins, après quelques tentatives de dégel, dansaient-ils entre eux et ne revenaient plus.

Il faut reconnaître, à la décharge des Russes, que le milieu des matelots marchands était très mélangé. On trouvait des hommes admirables (en fait, presque tous les marins de métier et quelques engagés), courageux et animés d'un idéal patriotique sans faille. Leur nombre étant insuffisant, les armateurs embarquaient tous les volontaires qui se présentaient, attirés par les primes énormes, tels ces pauvres Noirs des ghettos de New York essayant d'échapper à leur misère, ou la fange des grands ports britanniques.

Ce furent en général ceux-là, blancs ou noirs, qui, paralysés par la peur durant les attaques, refusèrent tout service et abandonnèrent le bateau à la première avarie. On ne peut dès lors s'étonner de leur comportement à terre. Ils comptaient trouver à Mourmansk, comme dans tous les ports, filles faciles, alcool et mangeaille en abondance. En fait de défoulement et de bombance, ils tombaient sur la stricte « morale » soviétique, des boutiques vides, les restrictions, le morne ennui d'une ville perdue au bout du monde et qui, sortie de l'oubli de l'histoire par l'esprit de conquête nazi, supportait stoïquement son martyre.

Evidemment, impensable de déserter à Mourmansk, comme on l'eût fait à New York ou à Liverpool! Mais on a tout de même relevé quelques fugues dans les rapports des capitaines! Où allaient-ils, ces bougres de marins, si l'on se représente la ville entourée d'un morne désert de neige ou de steppe aride, sillonnés de patrouilles farouches de soldats sur le qui-vive?

Avant l'arrivée, un marin prétendait qu'avec une barre de chocolat il pourrait jouir de toutes les faveurs des femmes russes (1), sans compter quelques jolies affaires de fourrure en échange de tabac.

Des fourrures, certes, mais guère de femmes! Les

(1) Raisonnement logique, puisque la barre de chocolat se payait en roubles au marché noir jusqu'à l'équivalent de 2,5 £, le prix maximum d'une très belle fille dans un port britannique! Mais raisonnement « capitaliste »!

marins qui tentaient d'apprivoiser l'une de ces matrones de sentinelles qui gardaient les accès du port risquaient fort de se voir planter une baïonnette dans le ventre. Le monde renversé, en somme!

Cependant, les marins qui eurent le malheur d'hiverner à Mourmansk ont témoigné qu'il y eut quelques contacts discrets avec la population. Mais il fallait connaître les filières! Ces marins recherchant la vodka et les femmes devaient pouvoir s'entendre avec les Russes qui cherchaient du tabac, de la nourriture et des vêtements. Ainsi certaines Mourmanes, malgré le risque sévère (prisons et travaux forcés), reçurent secrètement la nuit des marins pour ce troc.

Il y eut peut-être aussi quelques amours sincères. Mais, vénaux ou sincères, ces contacts se révélaient très dangereux. La police épiait tout le monde, et les Russes se surveillaient mutuellement. Sur dénonciation, des marins furent surpris en flagrant délit de coucherie. On arrêta même ceux qui menaient sans espoir un simple flirt. Après un ou plusieurs jours de prison, les marins, que leur capitaine venait inévitablement chercher, étaient reconduits à bord par la garde en armes. Quant aux coupables russes, elles se retrouvaient sur le port à décharger les navires, dans la campagne à planter des poteaux télégraphiques, ou dans la ville à creuser des abris...

James Pattinson a pourtant affirmé qu'il existait quelques bordels clandestins, que l'autorité soviétique faisait semblant d'ignorer. On peut supposer qu'ils étaient truffés d'espions.

Dans une cabane de planches des faubourgs de Mourmansk, marins et filles sont réunis autour d'un poêle qui ronfle. Sur la table, le samovar et la bouteille de vodka. Grâce à la guitare d'un marin, il y a un peu d'ambiance, l'alcool aidant. Evoluant à travers l'air épais de la fumée du tabac, la grosse maquerelle empoche tous les roubles qu'elle peut tirer. Le minimum est cent roubles (1). Pour ce prix, le marin a un

(1) Soit deux tablettes de chocolat... Prix exorbitant!

verre de vodka et une passe avec une fille, dans la chambre à côté. Il faut faire vite, car il y a du monde qui attend derrière le rideau. L'homme donne encore cent roubles à la fille, et sera heureux si on ne lui vole pas le reste et sa montre. Il retrouvera son bateau, la tête lourde et les poches vides, mais content d'avoir échappé au morne ennui de l'International Club, aux discours de Staline traduits par la fille interprète perchée sur son tabouret, ou aux chœurs mâles de la Maison du Repos et de la Culture.

Non, il n'y eut jamais de désertions à Mourmansk, malgré quelques tentatives de pauvres bougres recrutés dans les bas-fonds des ports britanniques. La propagande communiste leur avait présenté l'Union soviétique comme le paradis marxiste, et ils comptaient bien échapper ainsi à leur vie misérable; mais la vue du peuple russe plus misérable encore, travaillant comme aucun docker anglais n'eût accepté de le faire au XIXe siècle, la dictature implacable du régime, la lugubre solitude des rues de Mourmansk, les magasins vides ou barricadés, la mendicité et le marché noir des enfants, le silence et la résignation de tout un peuple, les haut-parleurs diffusant dans les rues désertes une propagande infantile, les avaient à jamais vaccinés. Ils rejoignaient avec soulagement, presque avec joie, le poste puant de leur cargo, aux murailles de fer ruisselantes d'humidité.

Là, on se retrouvait entre frères de misère, malgré les bagarres et les haines sordides nées de la souffrance des convois. On bourrait le poêle de charbon, on le chauffait à blanc. Dans le poste bientôt étouffant, on dansait follement entre hommes au son d'un harmonica ou d'un accordéon. S'il y avait de l'alcool, on se soûlait à mort, mais le plus souvent ce n'était dans le gobelet de fer que l'insipide chocolat de la coopérative, accompagné des éternelles patates russes avec la dure viande de renne.

Qu'importe! On les mangeait avec plaisir. Au-dehors, la longue nuit arctique refermait sur le pays sa poigne d'acier. Les rochers craquaient sous cette emprise, les pins grelottaient sous le souffle glacial, les aurores boréales se tordaient en agonie dans le ciel, tandis que sur toutes les choses la neige silencieuse tombait inlassablement d'un ciel opaque.

Et le miracle se produisait; l'inhumaine solitude de l'homme face à son destin cruel et incompréhensible relâchait son étreinte. Ces marins à la barbe hirsute, au regard sombre pour avoir vu tant de souffrances et tant de morts, sentaient tout à coup couler en eux un certain bonheur. La vie triomphait, puisqu'ils avaient échappé à tous les périls de l'océan Glacial. Alors, les langues se déliaient, on racontait son aventure, sa guerre. Il n'y avait plus là le petit tailleur de Londres, l'ancien pêcheur de la Tamise, l'employé de bureau minable, l'ouvrier d'arsenal, mais des hommes engagés dans une formidable aventure : les convois de Mourmansk de la Seconde Guerre mondiale.

Pendant que les cargos allaient décharger à Mourmansk, les bâtiments de guerre de l'escorte mouillaient à Vaenga, une baie mal abritée à l'est du golfe de Kola. Les Russes possédaient à l'ouest un bon port de guerre, Polyarnoë, créé en 1933, mais jusqu'en octobre 1943 ils en refusèrent l'accès aux escorteurs alliés autres que les sous-marins. A Vaenga, les escorteurs se ravitaillaient à couple de leur propre pétrolier, tandis qu'à terre un camp de baraques misérables accueillait les survivants des bateaux torpillés.

Les Russes avaient bien offert de loger les équipages des escorteurs, mais dans un édifice presque vide de meubles, sans même de lavabos et de toilettes, et si sale que les marins indignés préférèrent demeurer à bord. Seule une infirmerie militaire, mal chauffée et mal éclairée, recevait malades et blessés, qu'on se hâtait de rapatrier au plus vite.

A Mourmansk et Arkhangelsk, les services sanitaires étaient aussi primitifs qu'au Moyen Age. Le sort lamentable réservé aux blessés du PQ-17 indigna les Alliés. Il fallut même une intervention personnelle de

Churchill auprès de Staline pour qu'on autorisât les médecins alliés à assister leurs propres blessés.

Sous la menace continuelle des bombardiers, les marins, là aussi, n'avaient qu'une hâte : déguerpir de ce pays maudit.

A Polyarnoë, les sous-mariniers britanniques étaient au moins abrités, mais le port ne possédait qu'un outillage limité. La force navale russe de l'Arctique, qui y stationnait, comptait vingt-deux sous-marins, quinze torpilleurs et quelques vedettes et dragueurs. C'est en raison du peu d'efficacité des sous-marins soviétiques que Moscou avait accepté la présence de deux sous-marins britanniques, qui attaquèrent avec succès le trafic allemand côtier qui ravitaillait les armées et les bases.

La couverture aérienne de la région était assurée par cent seize avions de combat, russes et anglais, dont les trois quarts étaient occupés par le front terrestre, ce qui laissait Mourmansk et la baie de Kola sous le feu de la Luftwaffe. Polyarnoë, dont les Allemands auraient bien voulu s'emparer, était plus proche encore du front. Dans ses mémoires, le grand amiral Raeder a écrit :

« J'avais proposé à Hitler de nous emparer de Polyarnoë, pour obtenir un point d'appui au voisinage de Mourmansk, où les Alliés débarqueraient sans doute le matériel. Mais je ne disposai pas des forces nécessaires. Il fallut donc mener l'attaque contre les convois et les forces navales soviétiques à partir des bases norvégiennes du nord. Ces combats se déroulèrent dans des conditions extraordinaires. »

Les marins français de la corvette FNFL *Roselys* qui séjournèrent à Vaenga en gardent un souvenir pénible, comme ceux des autres bâtiments alliés. Aux dangers mortels de la traversée, au climat inhumain, à la sinistre misère de la base, s'ajoutait une atmosphère intolérable de suspicion entre Russes et Alliés qui, bien qu'en guerre contre le même ennemi, donnaient l'impression de poursuivre chacun de leur côté un effort de guerre parallèle, en évitant soigneusement tout contact.

Ils se demandaient toujours s'ils n'allaient pas apprendre brusquement que l'URSS s'était retournée contre les Alliés. Ils avaient le sentiment qu'ils pouvaient à tout instant être arrêtés, ou attaqués. Dans leurs promenades, il arrivait souvent que les marins alliés essuient des coups de feu des patrouilles russes. Ailleurs, les sentinelles refusaient le passage, malgré les laissez-passer en règle (mais beaucoup ne savaient pas lire!). Tous leurs efforts pour nouer des relations amicales avec des marins soviétiques furent frustrés par la présence permanente et glaciale du commissaire politique.

Comme dans les usines, chaque bateau soviétique possédait un agent du parti communiste chargé de surveiller, épier, et officiellement de donner à l'équipage une « culture » politique (évidemment marxiste stalinienne). Ces « cours du soir » étaient même imposés aux sous-mariniers lorsqu'ils rentraient de leurs épuisantes missions. L'autorité de ce « commissaire » dépassait largement celle du commandant, puisqu'une simple dénonciation de sa part suffisait à faire dégrader un homme. Il était également le maître des promotions.

Un jour, à Polyarnoë, des officiers britanniques d'un destroyer rendirent visite à ceux d'un torpilleur russe, qui offraient une tournée de vodka. Pour une fois, il y eut de l'ambiance. A l'heure des toasts, les officiers russes, passablement éméchés, en portèrent un à Staline. Tout naturellement, un officier anglais en porta alors un au roi George VI. Les Russes répondirent poliment, sauf un, qui jeta son verre à terre en crachant de mépris. L'homme étant ivre, les Anglais ne s'en formalisèrent pas.

Ils avaient même oublié l'incident, lorsque le lendemain, l'officier de service du destroyer vit arriver une troupe en armes. Redoutant une attaque, le commandant rappela l'équipage aux postes de combat. Pendant ce temps, les soldats russes s'alignaient sur le quai. On vit alors s'avancer un homme vêtu d'un simple pantalon et d'une chemise. C'était l'officier de marine qui n'aimait pas le roi d'Angleterre! Tourné vers le destroyer, il prononça d'une voix mécanique une longue excuse, puis, séance tenante, on le colla contre le mur d'un hangar et on le fusilla.

On comprend alors pourquoi les Alliés espaçaient les visites! Restait le plaisir de se recevoir entre bateaux amis, et aussi les régates et joutes de baleinières, organisées dans la baie. Les commandants devaient entretenir le moral des équipages, surmenés par le combat, le chargement, le ravitaillement, les réparations et les alertes aériennes continuelles. Quant à ceux qui hivernèrent, bloqués par les glaces à Arkhangelsk, le cauchemar devait laisser un bien plus tragique souvenir. L'aviso dragueur *Niger* passa huit mois à briser les glaces du fleuve et à draguer les mines. On compta jusqu'à seize alertes par jour et lorsqu'il fut enfin autorisé à rentrer en Angleterre, il sauta sur une mine dans la tempête. Trois survivants seulement (sur les cent cinquante hommes d'équipage et passagers) revirent leur pays.

Enfin, à Mourmansk, pour les marins rescapés du dernier convoi, l'heure tant attendue du retour a sonné. Après avoir descendu la Tuloma, le cargo s'amarre à une petite jetée de planches qui lance son bras dans le fleuve. Il charge un peu de bois ou quelques centaines de tonnes d'engrais (la plupart des cargos repartent sur lest), puis il gagne l'estuaire, où se forme le convoi. Des pavillons multicolores claquent au mât du commodore. Dans la baie de Kola, les corvettes et les destroyers prennent allégrement leur poste. Lentement, les cargos s'enfoncent dans la brume de la mer de Barentz, cap au nord-ouest, vers cette Angleterre, ce Canada ou ces Etats-Unis, terres de liberté!

14

L'AVIATION NAVALE SAUVERA-T-ELLE LE PQ-18 ?

Le massacre du PQ-17 ne découragea pas Churchill, qui s'était rendu à Moscou après la nouvelle du désastre, et en revint chargé, dit-il, d'« une résolution nouvelle d'aider la Russie jusqu'à l'extrême limite de nos possibilités ». De toute évidence, la défaite des Alliés venait de la maîtrise du ciel par la Luftwaffe. Il demanda donc à l'Amirauté d'envoyer en mer de Norvège tous les porte-avions qui combattaient en Méditerranée. Mais les stratèges lui firent comprendre qu'il en résulterait un effondrement dans ce secteur, ce qui rendrait impossible le débarquement d'Afrique du Nord (1). En accord avec Roosevelt, le Premier britannique décida alors de stopper les convois meurtriers de l'été. Convaincre Staline était une autre affaire :

« Mes conseillers navals, lui écrivit Churchill, déclarent que s'ils disposaient, dans les circonstances présentes, des forces de surface, sous-marines et aériennes allemandes, ils garantiraient la destruction de tout convoi faisant route pour la Russie. C'est donc avec le plus profond regret que nous sommes parvenus à cette conclusion. Faire appareiller le PQ-18 ne nous

(1) Le 26 août 1942, Raeder discuta avec Hitler de l'opportunité de ramener les cuirassés à Brest pour stopper le passage éventuel des convois de débarquement d'Afrique du Nord venant d'Angleterre. Mais la Norvège et l'Arctique gardèrent la préférence du Führer, ce qui montre l'importance décisive des convois du grand Nord dans la stratégie globale.

apporterait aucun avantage et constituerait simplement une perte sèche pour la cause commune. »

Staline répliqua avec colère :

« Votre gouvernement refuse de continuer à envoyer du matériel de guerre à l'Union soviétique par la route du nord, et, en dépit du communiqué sur lequel nous étions d'accord concernant la nécessité urgente d'ouvrir un second front en 1942, il ajourne cette réalisation à 1943. Nos experts navals jugent vos raisons absolument pas convaincantes. Ils estiment qu'avec de la bonne volonté et le désir de remplir les obligations contractées, ces convois pourraient circuler régulièrement et de lourdes pertes être infligées à l'ennemi. »

Les deux pétroliers russes du PQ-17 étaient bien arrivés, eux!

Lors d'une deuxième visite à Moscou fin août 1942, Churchill répondit au maître du Kremlin que si les Russes avaient tenu leurs engagements en faisant escorter les convois par des torpilleurs en mer de Barentz et en leur donnant une couverture aérienne, les pertes auraient été réduites de moitié. Mais Staline balaya ces considérations et Churchill promit de tout faire pour approvisionner l'armée Rouge, qui était sur le point de retourner enfin à son profit le cours de la guerre. Il commença par l'aider en renforçant ses défenses aériennes du secteur vital de Mourmansk, grâce à un envoi massif de chasseurs Spitfire, de bombardiers Hampden et d'hydravions Catalina, qui, pilotés par des Anglais, furent basés dans le golfe de Kola. La pression intolérable contre la baie et le port de Mourmansk alors se relâcha.

Puis l'Amirauté se prépara à lancer le PQ-18. Les dispositions de défense furent changées. La Home Fleet restait toujours en arrière-plan, évoluant en mer de Norvège jusqu'au nord-ouest de l'île aux Ours, prête à combattre les cuirassés s'ils sortaient de leurs fjords. Mais l'amiral Tovey obtint de faire escorter le convoi, jusqu'à Mourmansk, par ses puissants destroyers d'escadre, dont il accepta de se séparer(1). Quatre pétroliers ravitailleurs devaient leur donner l'autonomie nécessaire.

Dans la brume prévisible de l'automne arctique, avec ses longues nuits, cette force rapide représentait une menace mortelle pour le *Tirpitz,* s'il se risquait à attaquer le convoi. Malheureusement, le porte-avions *Victorious,* en grande refonte, était indisponible. On para à la menace aérienne grâce à un petit porte-avions, l'*Avenger,* cédé par les Américains à la Royal Navy, le premier d'une longue série spécialement conçue pour l'escorte des convois. Déplaçant seulement 17 600 tonnes, il emportait douze chasseurs Hurricane et trois patrouilleurs Swordfish ASM, biplans de type malheureusement périmé.

Le 2 septembre 1942, le PQ-18, pour déjouer la surveillance de la Luftwaffe sur Reykjavik, appareilla du loch Ewe en Ecosse. Churchill avait tenu parole, c'était le plus important convoi jamais envoyé en Russie : quarante navires marchands, menés par un commodore énergique, l'amiral Boddam-Whetam.

En même temps, le convoi descendant (QP-14) appareillait d'Arkhangelsk avec les rescapés du PQ-17.

Le convoi montant se heurta d'abord à une forte tempête et ne fit sa jonction que le 7 septembre avec sa première escorte : trois destroyers, quatre corvettes, quatre chalutiers armés, deux flak ships constituant sa protection rapprochée, qui ne devait pas le lâcher. Deux jours plus tard ralliait la seconde escorte, dite « combative », menée par le croiseur antiaérien *Scylla,* sur lequel flottait la marque de l'amiral Burnett, le grand spécialiste des attaques à la torpille. Avec admiration, les marins contemplèrent les splendides lévriers des mers qui caracolaient autour du croiseur : l'Amirauté avait tenu parole et se rachetait : dix-huit destroyers s'avançaient avec le porte-avions tout neuf *Avenger,* et deux sous-marins.

(1) 2000 à 2400 tonnes, jusqu'à huit canons de 120, huit tubes lance-torpilles, vitesse trente-cinq nœuds.

Sept autres sous-marins avaient été déployés le long de la côte de Norvège. Compte tenu des bâtiments de soutien de la Home Fleet en troisième position, cinquante et un bateaux de guerre étaient engagés dans cette opération! Ce furent néanmoins les Allemands qui marquèrent le premier point.

En effet, parmi les trente-deux bombardiers Hampden à grand rayon d'action qui effectuèrent le raid Angleterre-Shetland-Mourmansk (mille cinq cents milles en ligne droite) pour renforcer les défenses du port russe, six se perdirent et, à court d'essence s'écrasèrent en Norvège ou en Suède, qu'ils ne pouvaient éviter (1). Or à bord de l'un d'eux, les Allemands s'emparèrent des codes secrets de radio-communications, à utiliser lors du passage du PQ-18, dont ils connurent désormais la route.

Dans son PC de Kirkenes, le colonel général Stumpff mit alors en état d'alerte la Luftwaffe, dont les effectifs s'étaient considérablement renforcés, tandis que l'amiral Carls alertait les cuirassés.

Ainsi, malgré les conditions de visibilité difficiles, la Luftwaffe repéra le PQ-18 le 8 septembre au soir en mer de Norvège, pour le perdre presque aussitôt, mais pas avant qu'une meute de neuf U-Boote n'ait obtenu un contact, qu'elle ne devait plus lâcher, malgré le harcèlement continuel des trois Swordfish de l'*Avenger,* et la poursuite des destroyers, qui les maintenaient hors de portée de lancement (2).

Les commandants de sous-marins parvinrent cependant à mettre au point une tactique d'approche. Prenant d'énormes risques, ils coulèrent deux cargos d'une colonne extérieure.

La banquise étant au plus haut dans le nord à cette

(1) En août 1977, des paysans du village suédois de Kwittjok découvrirent les restes d'un de ces avions dans les montagnes désertes. Ils contenaient encore trois squelettes d'aviateurs.

(2) On assiste ici à la mise en place du futur système de défense des convois, qui donnera en 1944 la victoire aux Alliés : des bombardiers légers ASM harcèlent jusqu'à cent cinquante milles les sous-marins, les forçant à naviguer en plongée, où ils sont alors livrés aux escorteurs. Et sur le porte-avions, les chasseurs Hurricane se tiennent prêts à attaquer tout ennemi aérien.

époque de l'année, le convoi devait passer à quatre-vingt-dix milles au nord de l'île aux Ours avant de s'engager en mer de Barentz, passage le plus dangereux. Entre-temps, la Luftwaffe avait repéré la Home Fleet croisant au nord-est de l'île Jan Mayen, et surtout le porte-avions *Avenger* qui naviguait dans le convoi, en queue de la deuxième des dix colonnes.

L'affaire parut grave aux Allemands.

– Détruisez à tout prix ce porte-avions! demanda de Kiel l'amiral Carls à la Luftwaffe et au chef des sous-marins, Dönitz.

L'*Avenger* était armé de douze chasseurs Hawker « Hurricane », version marine du chasseur de la RAF, un monoplan monoplace assez ancien, mais bien armé (quatre canons de 20) et plus rapide que les Junkers 88 (570 km/h), ce qui en faisait un adversaire redoutable, du fait qu'aucun chasseur allemand ne pouvait intervenir aussi loin au large. La seule parade possible des Allemands était alors de rester groupés pour lui opposer une puissance de feu supérieure, leurs avions étant armés depuis peu, en plus des mitrailleuses, d'un canon de 20 (1).

Pour l'attaque ASM, l'*Avenger* embarquait trois vieux Fairey Swordfish, biplan lourd et démodé, avec train fixe et cockpit ouvert, que ses pilotes avaient surnommé *Stringbag* (sac de ficelle). Son moteur de 775 CV ne lui permettait qu'une vitesse de 280 km/h, mais il pouvait emporter 860 kilos de grenades ASM. Plus tard, l'amiral Tovey signalera la sottise consistant à armer un porte-avions neuf avec de vieux avions, alors que les cales des cargos étaient pleines de chasseurs neufs en caisse que l'on envoyait aux Russes, et qui risquaient ainsi de ne jamais arriver!

Le 13 septembre, lorsque le convoi arriva à quatre cent cinquante milles au nord des côtes de Norvège,

(1) La mitrailleuse débite des balles pleines. Le canon de 20 des obus qui explosent au contact, dispersant des éclats meurtriers. La DCA dispose en outre de canons lourds à tir lent dont les obus explosent à une altitude déterminée, mais ils sont inutilisables contre les avions qui piquent.

les Allemands firent décoller massivement de Banak bombardiers et torpilleurs.

Les Junkers 88 avaient amélioré leurs performances. Un système plus élaboré de volets, freins aérodynamiques à manœuvre hydraulique, se braquant sous les ailes, leur permettait de mieux contrôler leur piqué. L'intérêt du piqué n'est pas dans sa vitesse, mais dans le fait qu'il déjoue la DCA lourde, dont l'éclatement des obus ne peut se régler qu'à une altitude stable. Seuls sont alors efficaces les canons de 40 et de 20 à tir rapide, mais les Allemands neutralisaient souvent les canonniers en les mitraillant, ou seulement par l'effet terrifiant des sirènes.

Grâce aux volets, les pilotes ne descendaient qu'à 500 km/h, vitesse permettant d'amorcer l'arrondi à trois cents mètres de la mer, donc de lancer les bombes à bout portant. Et tous les marins qui ont osé regarder l'attaque en face ont dit que « l'avion n'en finissait pas de piquer ».

Autre innovation : jusqu'alors, la visée se calculait grossièrement, le pilote déterminant son angle de piqué en repérant l'horizon à travers le plexiglas marqué de graduations en degrés. Maintenant, le viseur gyroscopique BZA permettait un calcul précis, auquel s'adaptait un déclenchement automatique des bombes (1).

Le pilote se présente à mille deux cents ou deux mille mètres d'altitude en ligne de vol horizontal; il prend l'objectif dans son viseur, règle l'appareil après avoir décidé de l'altitude de lancement en fonction de la DCA, puis il pique, tout en appuyant sur un bouton, et un ordinateur prend le bombardier en charge : ouverture des volets de freinage dès l'amorce du piqué, mise au bon angle de descente, déclenche-

(1) Le Ju-88 peut emporter 1 800 kg de bombes, soit, en général, quatre bombes de 250 kg fixées à l'extérieur, le reste à l'intérieur, mais lancé en vol horizontal par une trappe. Au-dessus de l'Arctique, à cause des longs vols de recherche, des réservoirs d'essence supplémentaires remplaçaient les 800 kg de bombes à l'intérieur, le lancer en altitude ne donnant d'ailleurs presque jamais de résultats contre un but mobile sur la mer.

ment du lâcher des bombes, manœuvre de ressource dosée à l'accélération convenable pour éviter de percuter la mer ou la cible. Le pilote n'a plus qu'à agir légèrement sur le manche pour maintenir la visée sur l'objectif. En même temps, l'ordinateur commande le réglage du pas de l'hélice, la fermeture des volets du radiateur, la réduction de vitesse du compresseur centrifuge, le maintien de l'amorçage de la pompe à huile, tous problèmes qui jusqu'alors avaient provoqué des accidents et constituaient un casse-tête pour le pilote.

Après un bombardement infructueux de six Junkers 88 en altitude, un raid massif de trente bombardiers attaqua le convoi en piqué à 15 h 30, avec une rare audace. Les avions passèrent à moins de cinquante mètres des bateaux. Ceux qui osaient encore regarder pouvaient voir le pilote tassé sur son siège par l'énorme force centrifuge de la ressource. Tandis que 2400 chevaux hurlant arrachaient l'avion en altitude, les mitrailleurs, à l'arrière du cockpit, poivraient furieusement le pont des cargos. Traversés de part en part, les véhicules, les chars et les grandes caisses de bois s'embrasaient dans un feu d'artifice que les hommes, à peine remis de leur frayeur, tentaient de noyer sous le déluge des manches à incendie.

C'est alors qu'un seul cri monta de toutes les passerelles :

– Les avions torpilleurs attaquent!

Spectacle de cauchemar! Les cinquante-cinq Heinkel 111 s'avancent en ligne de front incurvée, comme à la parade, volant au ras des vagues à cent mètres d'intervalle les uns des autres.

– L'attaque au peigne d'or! s'écrie le commodore. Il va falloir évoluer à toute vitesse! Attention à mon signal!

Indifférents au mur d'acier de la DCA, les avions foncent toujours. Ceux de tête ne sont pas de métal argenté, comme les autres, mais entièrement noirs, à l'exception du bout des ailes, orange ou vert.

– Les escadrons de la mort! hurle un marin qui a déjà subi en Méditerranée les attaques de ce corps d'élite. Ils se lancent toujours avec un courage suicidaire!

Ignorant la DCA, ils avancent. Le tir crépitant des affûts octuples des deux flak ships, débitant quatre cents coups à la minute, et celui du croiseur amiral qui s'est porté en avant du convoi pour donner du champ à ses pièces de 120, désintègrent les premiers.

Parfois un avion éclate en morceaux et s'abat, vomissant une traînée de fumée noire en piquant du nez dans l'océan, où il brûle jusqu'au moment où les vagues engloutissent l'épave. Le barrage de feu que les escorteurs et les cargos élèvent semble infranchissable. Les avions volent si bas que les canonniers tirent horizontalement au-dessus de l'eau, directement dans les carlingues des Heinkel qui arrivent au ras des vagues.

Huit avions sont ainsi abattus en flammes dans la mer, mais leur exemple a électrisé les autres, qui lâchent à bout portant lorsqu'il ne reste plus que juste l'espace pour s'élever sans heurter les cargos.

Avec un ensemble parfait, ils lancent tous à la fois leurs torpilles. Les quatre-vingts sillages parallèles qui foncent à quarante nœuds sur le convoi ressemblent aux dents d'un peigne immense. Puis, remettant les gaz, la vague des Heinkel 111, crachant de toutes leurs pièces, passe au-dessus du convoi dans un grondement terrifiant qui couvre même le tir des centaines de canons.

Aux drisses du commodore, dès que les torpilles sont tombées à la mer, les pavillons ont claqué :

– Abattre *tous à la fois* de quarante-cinq degrés par tribord.

La manœuvre consiste à mettre les proues des cargos face aux torpilles pour leur offrir le moins de prise possible. Manœuvre classique pour des bâtiments de guerre entraînés, mais difficile pour des navires marchands! Les bâtiments de tête des deux colonnes de droite n'ont pas aperçu le signal ni entendu sa répétition au sifflet; ils évoluent *par la contremarche!* Certains ont dit que, la panique s'étant mise dans leurs rangs, les cargos avaient évolué dans tous les sens. Quoi qu'il en soit, le résultat est terrifiant. Six bateaux sont ainsi coulés, dont l'un, chargé d'explosifs, se désintègre en quelques secondes dans une boule de feu immense. Au centre, deux autres cargos sont frappés à mort et coulent.

Ainsi, une seule attaque aérienne, parce que massive, avait éliminé huit cargos d'un coup, le cinquième du convoi! Les chasseurs de l'*Avenger,* qui s'étaient dépensés en vaines tentatives juste avant l'attaque pour refouler les éperviers qui tenaient le contact, n'avaient rien pu faire, car ils étaient encore occupés à pourchasser loin de là les mouchards de la Luftwaffe.

Le harcèlement continuait. A dix-sept heures un petit groupe d'hydravions Heinkel 115 attaquait, puis, à 20 h 35, douze Heinkel 111, mais sans succès, à cause de la nuit, beaucoup d'avions s'étant égarés et n'ayant pas trouvé le convoi.

L'échec total du porte-avions *Avenger* avait consterné son jeune commandant Colthurst, qui s'en ouvrit au chef du groupe aérien, un aviateur confirmé.

– Quel est le point faible du Heinkel 111?

– Lorsqu'il effectue sa longue approche finale, le pilote ne peut pas faire d'esquive, il doit suivre une route rectiligne et au ras de la mer, pendant que l'observateur calcule le cap à donner à la torpille. Le pilote, menacé de tous les côtés, a alors le désir irrésistible de se débarrasser de sa torpille qui en outre l'alourdit, pour redonner à son appareil la mobilité qui le sauvera. Mais il doit tenir compte aussi des autres avions de son groupe d'attaque, le lancer devant être simultané. C'est à ce moment précis que les avions torpilleurs sont les plus vulnérables. Si alors des chasseurs décidés les attaquent à fond, les Heinkel seront bien obligés de lâcher prématurément leurs engins pour se dérober, et en outre la confusion se mettra dans toute la formation.

– On va donc changer de tactique. Au lieu d'employer les chasseurs à poursuivre les éperviers au contact, on les lâchera pour briser les grandes formations d'assaillants.

– La marge d'attaque sera étroite, commandant. Si nos chasseurs décollent trop tôt, ils se trouveront à court d'essence, manqueront l'interception, et le porte-avions sans défense risquera même d'être détruit. S'ils décollent trop tard, le résultat sera le même.

– Alors, pour éviter une absence tragique en l'air pendant les pleins d'essence des Hurricane, on maintiendra en vol, de jour, une section de trois avions. Dès qu'elle apponterа pour se ravitailler, une autre prendra immédiatement l'air. Cela évitera aussi de se faire surprendre, puisque les avions ennemis arrivant au ras des vagues échappent à notre détection radar. Pas d'objection ?

– Non, commandant; sinon que dans ce genre d'attaque nos chasseurs risquent d'être touchés par notre DCA.

– C'est un risque qu'il faudra prendre.

La longue nuit du 13 au 14 septembre se déroula dans la hantise, non plus des avions, mais des U-Boote. Malgré la surveillance des escorteurs asdic et radar qui enveloppaient le convoi, le pétrolier *Atheltemplar,* torpillé par l'*U*-557, sauta dans une grande flamme qui illumina la mer. A bord des escorteurs, toutes les équipes ASM en état d'alerte renforcée tentèrent de trouver un écho, et sur le porte-avions *Avenger,* pilotes et observateurs des trois patrouilleurs Swordfish ASM se précipitèrent dans la salle d'alerte, où les attendait le chef-aviation.

– Messieurs, un pétrolier vient d'être torpillé en queue de la colonne centrale du convoi. Il faut neutraliser ce sous-marin. Je passe la parole au chef-ops.

Le chef-opérations se leva et désigna une carte de l'Arctique fixée au panneau de la cloison de fer. Des petits drapeaux indiquaient la position des sous-marins déjà signalés par l'Amirauté et repérés grâce à leur bavardage radio.

– Messieurs, ce torpillage est imprévu; d'après nos informations, nous ne pensions pas nous heurter à la meute avant d'avoir atteint le vingtième degré de longitude. D'autres sous-marins vont rallier. Vous prendrez des routes divergentes à trois cents pieds (1), vecteur 110, 140 et 180, puis, à vingt milles du convoi, vous mettrez le cap à l'est pendant dix milles. Ensuite, retour à la base.

Après quelques informations sur le vol de nuit, les routes, les fréquences radio et la météo, les hommes se précipitèrent sur le pont, où les patrons d'appareils avaient déjà préparé les Swordfish.

– En route, les moteurs!

Le porte-avions s'est écarté du PQ-18 pour se placer face au vent. Un à un, les trois Swordfish sont catapultés avec leur lourde charge de grenades ASM. Ils prennent le cap qui leur a été assigné sur le flanc tribord du convoi, tentant de détecter au radar un sous-marin naviguant en surface ou en plongée périscopique.

Dans la salle de contrôle du porte-avions, qui a repris sa place dans le convoi, des hommes attendent en silence. Le « chef-ops », qui dirige l'interception, a sous ses ordres deux enseignes reliés à la fois aux avions et aux divers centres de détection radar et asdic de l'escorte. En face d'eux, sur un grand panneau de plexiglas, le « plot », le servant de plot porte au crayon gras les positions des avions et de l'ennemi qu'on lui communique, ainsi que celles des escorteurs et du convoi, de sorte que le « chef-ops » a sans cesse sous les yeux une vision globale de la situation et

(1) Quatre-vingt-dix mètres d'altitude.

donne aux intercepteurs ses ordres en conséquence.

– Son coup réalisé, le sous-marin a dû plonger profondément pour s'écarter du convoi, dit-il; puis il a refait surface et navigue à grande vitesse pour se replacer sur son avant.

En raison des troubles atmosphériques, les communications radio avec les pilotes sont très mauvaises. A leurs voix, l'officier contrôleur devine l'angoisse de ces hommes perdus dans l'obscurité au-dessus de cette mer hostile. Au-delà de vingt milles marins, et parfois avant, à cette altitude très basse, le radar les perdra de vue.

Soudain, le haut-parleur de la salle de contrôle se met à grésiller, et on entend la voix de l'observateur du premier Swordfish :

– Cachalot! Ici A comme Able! Un écho au 170, cinq milles.

Aussitôt, la position du sous-marin présumé est portée sur le plot et on alerte l'escorteur le plus proche. Mais l'avion n'attend pas.

– Cachalot! Ici A comme Able! Sous-marin en surface à trois milles au 172. J'attaque!

Le sous-marin est déjà sur ses gardes grâce à son détecteur de radar, aussi ses quatre pièces jumelées de 20 reçoivent le Swordfish sous un feu meurtrier, qui oblige le lent biplan à s'éloigner au plus vite. Dès qu'il a disparu dans l'obscurité, le sous-marin plonge en catastrophe en trente secondes.

– Cachalot! Ici A comme Able. Echo disparu. Il a plongé. Je suis touché par la DCA. Fuite d'huile au moteur; je rentre à la maison.

– Ici contrôle. Bien compris, A comme Able. Tout est paré pour vous recevoir. B comme Brutus, ici Cachalot; vous m'entendez?

– Affirmatif, Cachalot; deux sur cinq.

– Portez-vous au 172. Le sous-marin a plongé.

– Bien compris.

A bord du deuxième Swordfish, l'observateur ne quitte pas des yeux l'écran de son radar. Soudain :

– Ici B comme Brutus. Echo dans le 175.

Par le casque téléphonique, l'observateur guide maintenant le pilote.

– Je vois sur l'écran un très petit point, droit devant. Peut-être un périscope...

L'avion vole à cent mètres de hauteur, servi par sa faible vitesse.

– Ennemi repéré, dit tout à coup le pilote. Je pique.

La surface presque noire des eaux est rayée d'un infime sillage phosphorescent. Le pilote fonce sur lui, largue ses grenades et remet les gaz en tirant le manche. Mais pendant ce temps...

– Cachalot à B comme Brutus. Je n'entends plus C comme Castle et il est hors de portée de notre radar. Pouvez-vous le contacter?

– Négatif. Je ne le reçois plus depuis cinq minutes.

– Cachalot à C comme Castle. Grimpez à mille pieds.

Mais Castle n'entend pas, ou, s'il entend, il ne parvient pas à prendre de l'altitude pour entrer à nouveau dans le champ du radar et améliorer ses communications radio.

Pendant ce temps, Able, moteur fumant, se hâte vers le porte-avions, dont le radiophare le guide. La mer s'est creusée, ce qui ne va pas faciliter l'appontage.

– Ici contrôle. A comme Able, autorisation d'apponter.

Le pilote effectue son approche après avoir largué ses grenades ASM, qui risqueraient d'exploser en cas de choc violent. Se repérant sur la double rampe des feux marquant la piste au ras du pont d'envol, mais invisibles au niveau de la mer, il effectue sa présentation par l'arrière. Une fumée de plus en plus épaisse sort maintenant du moteur et aveugle le pilote. Sur sa plate-forme à l'arrière du pont d'envol, le batman, tout de blanc vêtu, agite ses raquettes lumineuses, et, par grands gestes conventionnels précis, le guide (1).

– Relève un peu l'aile gauche. Reste comme ça... Descends, doucement. Un peu de moteur. Pas trop. Ça y est, tu es bon. Relève un peu le nez. Laisse tomber ton aile droite. Descends, descends! Tu as franchi l'arrondi. Tiens-toi bien droit! Coupe!

Le batman a croisé ses raquettes, le pilote coupe les gaz, l'avion tombe, mais juste au moment où il va poser ses roues sur la piste, un coup de tangage dérobe le pont, et le Swordfish le percute avec violence. Le train résiste, mais l'avion rebondit et sa crosse d'appontement manque les brins d'acier tendus perpendiculairement à la piste. Impossible de remettre les gaz avec ce moteur en feu.

A l'autre bout de la piste, une barrière se dresse aussitôt et stoppe l'avion brutalement, pour l'empêcher de tomber à la mer.

– A comme Able à contrôle. Suis posé. Pas trop de casse. Terminé.

– Eteignez partout!

Aux autres, maintenant!

– Cachalot à C comme Castle, orbitez, altitude 5. Orbitez!

L'avion ne répond toujours pas. Parce qu'il vole bas, le radar de l'*Avenger* ne le voit pas. Il va bientôt atteindre sa limite d'essence. S'il ne retrouve pas le porte-avions, ce sera la chute inexorable dans la mer.

– Cachalot à C comme Castle! Vérifiez vos transmissions!

(1) A cette époque, le batman n'était pas relié en radiophonie à l'avion. Parfois, un pilote, perdant le contrôle de ses nerfs, au lieu de se laisser guider par le batman, se fiait à son propre jugement, ce qui donnait de très mauvais résultats! Il fallait alors demander à la salle de contrôle, avec laquelle le batman était en liaison téléphonique, d'intervenir par radio auprès du pilote pour le ramener à la raison. Dans les cas extrêmes, le contrôleur montait sur la passerelle avec un casque d'écoute et un micro. Dans l'Arctique, les conditions de vol étaient toujours acrobatiques, et beaucoup d'avions, qui s'étaient envolés par beau temps, revenaient à court d'essence pour trouver un pont rouge (appontages interdits) à cause du roulis, du tangage. Le ravitaillement en vol n'existant pas encore, il fallait choisir entre l'écrasement sur le pont ou sur la mer.

– B comme Brutus à Cachalot! Ça y est, je l'entends! Je ne comprends pas mais je l'entends!

Se sachant perdu de vue par les radars du porte-avions et ne pouvant pas lui-même le repérer, Castle a pris de l'altitude, les communications s'améliorent. Il répond enfin aux appels. Dans la salle de contrôle, le grand poids qui écrase les cœurs s'est soulevé.

– Ici le radar. Je l'ai! Il vole au 195 à cinquante milles. Il est complètement perdu!

– Cachalot à C comme Castle. Vecteur 291.

– Bien reçu, Cachalot. Merci! Des ennuis de compas et des transmissions perturbées dans un grain de neige. Nous rentrons à la maison.

Pendant ce temps, un destroyer de l'escorte a pris le relais des avions. L'amiral a ordonné en scott à l'*Onslow* :

– Un Swordfish de l'*Avenger* signale un U-Boot en surface à seize milles au sud du convoi. Occupez-vous de lui.

L'*Onslow* est commandé par le célèbre Sherbrooke, qui fonce aussitôt.

– En avant toute, à trente nœuds.

Trente minutes plus tard, la vigie hurle du nid de pie :

– Sous-marin en vue, route au 95. Il plonge!

La recherche commence. A 9 h 51, un contact asdic est enfin obtenu à mille huit cents mètres. Quatre minutes plus tard, un ordre claque :

– Lâchez les grenades!

Il se dérobe. L'*Onslow* passe à nouveau à l'attaque. Le sous-marin tente alors de gagner les profondeurs. Un troisième pattern de grenades est lancé à 10 h 25, puis un quatrième. Le contact est perdu. Des bulles d'air montent à la surface, puis une immense tache huileuse qui sent le gas-oil. Le contact est retrouvé à soixante mètres. Nouveau pattern. Le contact est encore perdu. A onze heures, l'*Onslow* négocie sa sixième attaque. Il n'a presque plus de grenades. A 11 h 44, le destroyer lance ses derniers projectiles, et trois minutes après, on entend une forte explosion sous-marine. Des débris remontent en surface, caillebotis de bois, des légumes, des caissons, une chaussette... L'*U-88,* commandé par le célèbre Bohman, vient d'effectuer sa dernière plongée. Le QG de la 13e flottille reconnaîtra sa perte.

Le jour s'était levé. En ce 14 septembre, l'angoisse augmentait dans le PQ-18. Non seulement on attendait les avions, mais aussi le *Tirpitz.* S'il voulait attaquer, il le ferait maintenant, pour profiter au maximum du jour très court. Sur la passerelle du croiseur *Scylla,* l'amiral Burnett, chef de la deuxième escorte, s'entretenait avec le commandant des messages reçus à l'instant de l'Amirauté.

– Toutes ces informations donnent à penser que nous allons être attaqués. Les Catalina ont découvert vide le mouillage du cuirassé *Scheer* et des croiseurs *Hipper* et *Köln* à Narvik. Puis le sous-marin *Tigris* a attaqué – en vain – le *Scheer* au large de l'Altafjord où il s'apprêtait à entrer. Pourquoi auraient-ils donc tous quitté leur mouillage de Narvik pour gagner le cap Nord si ce n'est pour effectuer leur concentration en vue de nous attaquer?

– A-t-on repéré le *Tirpitz,* amiral?

– L'Amirauté me fait savoir qu'un Catalina vient de trouver son mouillage vide à Trondheim! De toute évidence, il a lui aussi mis le cap sur l'Altafjord.

Ce même jour à dix heures, suivant le planning établi, le chef-aviation se présente sur la passerelle de l'*Avenger.*

– Nous sommes prêts à faire décoller les trois Hurricane de la section *Blue,* commandant.

Le commandant Colthurst se tourne vers l'officier de quart.

– Venez face au vent; route d'aviation.

Le porte-avions, suivi par son destroyer, se laisse culer pour sortir du convoi.

– A gauche cinq!

L'officier de quart tient son regard fixé sur le jet de vapeur blanche qui sort du milieu du pont et lui donne son cap, face au vent de nord-est. Quand le jet se couche dans l'axe de la piste d'envol, il ordonne :

– Droite, la barre! Allez-y, commandant.

Il fait à peine jour. On aperçoit seulement une vague clarté à l'est. Le chef-aviation sort sur la plate-forme qui lui est réservée à bâbord de l'îlot et agite sa torche électrique bleutée. En bas, sur le pont, l'officier d'appontage agite la sienne et aussitôt deux hommes se précipitent pour retirer les cales du premier Hurricane.

L'officier d'appontage décrit, avec sa torche, des cercles en les élargissant de plus en plus. Le moteur gronde. Le pilote lâche les freins, l'avion roule lentement, puis il s'élance et décolle à hauteur de l'îlot. Derrière lui, un souffle furieux balaie le pont.

– Le deuxième Hurricane, en place!

Une minute plus tard il a décollé à son tour. Tandis que le troisième avion prend position pour s'envoler, le second rejoint le premier qui effectue des cercles autour de l'*Avenger,* puis la section *Blue* s'éloigne vers l'avant du convoi. Elle doit voler jusqu'à treize heures, limite de son autonomie en carburant.

Un jour blafard se lève enfin sur l'océan Glacial. La section *Blue* a remis le cap sur le porte-avions après une large patrouille circulaire, quand soudain, à 12 h 35, sur la passerelle de l'*Avenger,* un veilleur crie :

– Vingt avions torpilleurs à l'avant tribord, au ras des vagues!

– Route d'aviation; en avant toute! ordonne aussitôt le commandant.

Au même instant, mais il est bien tard, sous la salle de contrôle, le radariste a crié :

– Vol massif de *bogeys* (1) au 110, à quelques milles!

Grâce à l'attaque surprise au ras de la mer, donc hors de la portée des radars anglais, le porte-avions et l'escorte se sont laissé surprendre, hors couverture de la patrouille *Blue,* qui vole alors très au nord, sur le flanc gauche du convoi.

Le chef-opérations se précipite sur son téléphone et forme le numéro de la passerelle.

– Attaque aérienne massive à l'avant tribord, commandant!

– Déjà en vue, mon vieux! Rappelez *Blue* pour nous couvrir. Je gouverne dans le vent. Tous les chasseurs en l'air!

Partiront-ils assez tôt? L'affaire est grave, dramatique même.

– Regardez, dit le commandant Colthurst au chef-aviation. Cette fois, c'est à nous qu'ils en veulent! Ils se dirigent droit sur *l'Avenger* et sur le croiseur amiral! Si vous ne faites pas prendre l'air à vos neuf coucous avant le lancer des torpilles, nous sommes fichus. Avec les avions, réservoirs pleins, sur le pont, nous flamberons comme un pétrolier!

Le « chef-avia » s'est rué sur son micro :

– Tous les Hurricane en l'air!

Les moteurs grondent, six pilotes courent à leurs appareils déjà parés, rangés à l'arrière.

Pour venir face au vent pour faire décoller les avions, le porte-avions a dû quitter la protection du convoi. A l'avant, en tête de la colonne centrale, l'amiral Burnett a compris le danger mortel qui menace l'*Avenger.* Ses projecteurs de signalisation claquent simultanément plusieurs messages :

– Destroyers *Ashanti* et *Opportune,* flak ship *Ulster Queen,* couvrez l'*Avenger.*

Déjà, les six pièces de 101 du bâtiment DCA crachent à grande distance sur le vol compact des

(1) *Bogey* (épouvantail), terme conventionnel indiquant un écho aérien suspect. Si l'ennemi se confirme, c'est un *bandit.*

Heinkel 111, qui ont dû prendre leur vitesse minimum pour se préparer à lancer. En même temps, au PC opérations de l'*Avenger,* la voix du chef de section des Hurricane *Blue* partis le matin retentit joyeusement dans le haut-parleur :

– Cachalot, ici *Blue 1.* Porte-avions en vue. Où est l'ennemi?

– *Blue 1,* ici contrôle. Bandits vecteur 120, altitude zéro, distance cinq milles.

– Diable! Ah! je les vois, Cachalot! J'attaque! *Blue 1* à *Blue 2* et *3,* bandits vecteur 120, altitude zéro. Je pique. Suivez-moi!

Pendant ce dramatique suspense, le porte-avions s'est enfin placé debout au vent.

– Zéro, la barre!

L'un derrière l'autre, six Hurricane, moteurs grondants, sont prêts à décoller. Trois autres, dans le hangar ou sur l'ascenseur, attendent de prendre leur place.

De la passerelle, sur la plate-forme extérieure, le chef-avia laisse retomber sa main gantée. Devant la piste d'envol, le chef de pont répète son geste. Un par un, les chasseurs décollent, aussitôt remplacés par d'autres dans l'axe de la piste.

– Bandits à trois milles en rapprochement, annonce le contrôle à l'intention des pilotes. Vecteur 124, altitude zéro.

– Cachalot, ici *Red 1.* Vingt bandits à six heures (1). Taïaut!

Une furieuse mêlée s'engage. Les Hurricane et la DCA abattent onze Heinkel sans que ceux-ci aient pu lancer une torpille. Surpris avant d'avoir pu atteindre une portée utile de mille mètres, ils ont été contraints de les lâcher trop tôt pour s'alléger et échapper ainsi aux assaillants. Les bateaux du convoi, comme le porte-avions et le croiseur amiral, cibles privilégiées, ont eu le temps d'évoluer.

(1) On se représente le cadran d'une horloge pour situer l'ennemi.

Les Heinkel 111 rescapés ont fait demi-tour, quand soudain :

– Central Cachalot à *Blue 1, Red 1, Yellow 1* et *Green 1* : douze *bogeys* en rapprochement au 95, distance dix milles, altitude cinq.

Un vol de douze Junkers 88 attaque. Cette fois, les positions sont inversées. Les Hurricane sont encore trop bas pour les atteindre, lorsque, basculant de mille cinq cents mètres sur l'aile dans un ensemble parfait, les Ju-88 piquent sur l'*Avenger* avec un hurlement terrifiant. Les bombes l'encadrent, mais, évoluant à toute vitesse, il parvient à les éviter. La DCA abat un Junkers. Les autres filent si vite que les Hurricane ne peuvent les atteindre. Ils ont d'ailleurs mieux à faire.

– Un groupe de *bogeys,* environ vingt-cinq, au 90, altitude zéro!

– Ici *Red 1.* Bien reçu, Cachalot, je les vois!

Cette fois encore, les Heinkel 111 se scindent en deux groupes pour attaquer exclusivement le croiseur amiral à l'avant, et à l'arrière l'*Avenger.* Dans une énorme confusion de métal hurlant, les douze Hurricane, indifférents à la DCA qui continue à tirer, brisent l'attaque des Heinkel, abattant neuf avions. Leurs cinquante torpilles, lâchées au hasard, se mettent à filer dans toutes les directions, jetant la confusion dans le convoi, mais manquant leurs deux objectifs principaux.

Cependant, l'une des torpilles frappe en plein ventre le cargo *Mary Luchenbach,* chargé de trois mille tonnes de TNT. On entend une explosion fantastique, préfiguration des explosions nucléaires de l'avenir. Tandis que les quarante-cinq hommes de l'équipage et les dix canonniers « montent au ciel » dans un souffle de feu, cent tonnes de ferraille déchiquetée s'abattent sur le cargo *Nathaniel Greene,* qui arrive derrière, détruisant tout sur le pont, y compris les caisses de pontée contenant des avions démontés, arrachant les panneaux et déréglant les compas. Sous ce déluge de fer, de nombreux canonniers ont été blessés. Se croyant torpillé (on voit partout des sillages), le capitaine Vickers fait stopper les machines et ordonne l'évacuation. A cet instant, il voit apparaître le visage furibond du chef mécanicien :

– Que se passe-t-il, en haut? En bas, tout tourne rond et il n'y a pas une goutte d'eau dans la cale!

– Bon, dit le capitaine. Alors, en avant toute! Reprenons notre place dans le convoi.

Déjà, des hommes de l'équipage ont remplacé les servants blessés des canons.

Le vacarme et le grondement des avions apaisés, on s'aperçoit avec consternation que, dans l'effrayante mêlée, la DCA a aussi abattu trois Hurricane, le quart de la flottille! Les pilotes, fous de rage, sont heureusement repêchés.

Le ciel se couvre, on peut espérer que la nuit tombera sans qu'une nouvelle attaque se produise. Soudain, à quatorze heures trente, au central-opérations du porte-avions :

– *Bogeys* stationnaires à vingt milles, relèvement 90, altitude huit.

Volant au-dessus de la couche des nuages, guidés par les éperviers, ils cherchent leurs proies, profitant de la moindre trouée pour piquer. Mieux vaut ne pas se faire remarquer en lançant les chasseurs. Ce jeu lancinant de piqûres d'épingles dure une heure, un Junkers est abattu par la DCA, les autres se retirent, bredouilles.

Epuisés, les canonniers s'étendirent enfin à même le pont pour récupérer. Avec la nuit, où seuls sévissaient les U-Boote, c'était maintenant aux escorteurs ASM de prendre la relève. Ils étaient à présent si bien rodés qu'aucun sous-marin ne put se placer en position de lancement.

A l'aube du 15 septembre, l'amiral Burnett se trouvait toujours sur la passerelle du *Scylla*. Il s'approcha du commandant :

– Mauvaises nouvelles au sujet du *Tirpitz*. Les Catalina ne l'ont pas trouvé dans l'Altafjord.

– Cela signifie-t-il, amiral, qu'il fonce déjà vers le nord pour nous couper la route?

– J'en ai bien peur. Que tous les destroyers se tiennent en état d'alerte renforcée.

Le jour se leva triste et gris, avec un plafond bas miséricordieux.

12 h 45. Sous la salle de contrôle de l'*Avenger,* l'opérateur radar soudain annonce :

– Une vingtaine de *bogeys* au 95, distance quarante milles, altitude huit.

– Tous les Hurricane en l'air! Alertez la section *Red.*

Mais les trois chasseurs qui patrouillent en tête du convoi ont déjà repéré l'assaillant, un vol massif de Junkers 88. Ils foncent sur eux.

– *Red 1,* ici contrôle. Vingt-cinq *bogeys* au 92, distance trente-cinq milles, en rapprochement. Ils seront sur vous dans une minute.

– Bien compris, Cachalot; on y va!

– A tous, ici Cachalot. *Bogeys* à vingt milles, en rapprochement, vecteur 90, altitude huit. Ralliez leader *Red.*

– Ici *Red 1.* Taïaut! Une vingtaine de bandits à douze heures, altitude sept.

– Ici *Yellow 1.* Un autre groupe droit devant. J'attaque!

Au contrôle *Avenger,* le « chef-ops » s'empare d'un casque téléphonique.

– Je monte sur la passerelle, tout va se dérouler à la vue. Soyez prêts à me relayer si je ne les vois plus.

Mais il ne voit pas grand-chose, car le combat sauvage se déroule au-dessus de la couche épaisse des nuages. On entend le vrombissement furieux des moteurs, le tac-à-tac des mitrailleuses, le hurlement des machines piquant, puis amorçant leur ressource. Parfois, on voit une carlingue en feu marquée de la sinistre croix noire bordée de blanc qui crève les nuages et, tournoyant comme une feuille morte, s'abat sur la mer dans une gerbe d'écume.

Eclairée par le pâle soleil de l'Arctique, la folle mêlée se poursuit au-dessus des nuages. Les pilotes des Hurricane ont d'abord vu les Junkers 88 arriver droit devant eux dans le soleil, à mille huit cents mètres d'altitude, volant en formation impeccable sur trois échelons de six.

– Ici *Red 1.* Je vire sur la gauche et je grimpe pour les attaquer sur leur hanche droite. *Yellow,* passez sur leur gauche; *Blue,* attaquez l'arrière de la formation.

– Bien compris.

Les Hurricane s'élèvent au-dessus de la formation ennemie qui les ignore, cherchant uniquement le convoi à travers les rares trouées des nuages.

Au commandement du leader *Red,* tous les Hurricane piquent soudain sur les Junkers. Les avions grossissent, ils entrent dans le viseur. Au moment où ils se placent à la croisée du réticule, le doigt ganté du pilote appuie sur le bouton de mise à feu, les canons crachent et l'avion fonce dans le sillage traçant des obus.

– Dérobement à droite, *Red 2.*

Les trois Hurricane de la section rouge passent au-dessous des Junkers en amorçant leur ressource, redressent et virent.

– OK, on y retourne!

Yellow, maintenant, attaque de face. Les Ju-88 les ignorent superbement. Ont-ils repéré le convoi? Les voilà qui amorcent leur piqué! Mêlées furieuses. Les balles traçantes s'entrecroisent, car les Allemands ripostent. Un bombardier, moteur en feu, sort de la formation et tombe en laissant derrière lui un long panache de fumée noire.

– Le salaud a son compte!

Maintenant, les Allemands volent sous la couche des nuages, et le convoi est en vue. D'abord dispersés, les Junkers, handicapés par leur charge de bombes, se regroupent pour faire face au plus pressé : les Hurricane qui les harcèlent. Un autre bombardier tombe en flammes, les autres se dispersent, attaqués isolément par les chasseurs anglais, mais leur leader finit par les regrouper, et ils se dirigent droit vers le convoi. Un ordre tombe de l'*Avenger* à l'intention des Hurricane :

– Contrôle à tous : ne vous rapprochez plus de la base! Orbitez à deux heures à cinq milles.

– Bien compris, Cachalot.

Car la DCA se déchaîne, et rien ne pourrait éviter une méprise de la part des canonniers en furie.

Dans le désordre, les Junkers se débarrassent de leurs bombes, puis ils s'enfuient au ras de la mer, sans perdre de la puissance des moteurs à grimper. Vides, ils sont alors aussi rapides que les Hurricane.

Cette suite ininterrompue de combats avait duré trois heures. Pas une seule bombe n'avait touché un cargo. Réservoir à sec, les Hurricane victorieux un à un appontèrent, salués par les acclamations de l'équipage.

Lorsque le soleil se coucha, le convoi naviguait seulement à quatre cents milles de la côte norvégienne, mais le temps ne permettait plus le décollage des bombardiers. Le bilan de la Luftwaffe plafonnait toujours à neuf cargos coulés, mais elle avait perdu au total trente-quatre appareils.

Restaient le groupe *Tirpitz* et les sous-marins. L'amiral Raeder redoutait tellement le porte-avions que, suivant les instructions de Hitler, il n'osa pas, à la grande confusion de l'équipage, lancer le raid du *Tirpitz,* qui se contenta d'effectuer un exercice de tir dans un fjord voisin!

Les sous-marins, eux, attaquèrent. Trois d'entre eux n'avaient jamais lâché le convoi, douze autres opéraient dans les parages. Ceux qui tenaient le contact décidèrent de profiter de l'attaque aérienne pour s'approcher en surface. Dans cette mer hachée, avec la mauvaise visibilité et la confusion des échos électroniques, le kiosque qui seul émergeait pouvait passer inaperçu. Mais le destroyer *Opportune* les repéra grâce à la fumée d'échappement des diesels, et, à coups de grenades, les fit promptement rentrer sous la mer à grande profondeur, où ils demeurèrent inoffensifs.

A 3 heures du matin, l'*U-457* (qui avait déjà coulé l'*Atheltemplar*) tenta cependant un coup hardi : passer sous le rideau de l'escorte pour faire surface au milieu du convoi. Cette audace lui fut fatale; le destroyer *Impulsive* le coula.

La journée du 16 septembre n'amena pas d'amélioration des conditions météorologiques. Deux sous-marins tentèrent encore une attaque, mais ils furent repoussés; aussi, comprenant l'inutilité de leurs efforts, l'amiral Carls ordonna aux meutes de lâcher le PQ-18 pour se porter sur le QP-14, qui, parti d'Arkhangelsk le 13 septembre, allait arriver à portée. Mais ce fut aussi le moment que choisit l'amiral Burnett pour transférer son « escorte combative » sur le QP-14! Amputé du porte-avions, des destroyers, des deux sous-marins et d'un flak ship, le PQ-18 entra en mer de Barentz, où il fut heureusement rallié par quatre torpilleurs russes. Cependant, les aérodromes allemands n'étaient plus qu'à trois cents milles, moins de deux heures de vol.

Le 18 au matin, une vague de douze Heinkel 111 torpilleurs attaqua par le travers, lançant entre trois mille et quatre mille mètres. Le commodore ordonna aussitôt l'abattée. Un seul cargo, le *Kentucky,* fut touché. Il devait être achevé une heure plus tard par les bombardiers.

En raison de la proximité de la côte russe, le Hurricane du CAM-ship *Empire Morn* prit l'air et mit les Allemands en déroute, abattant trois avions. Puis, redoutant à tout instant de tomber en panne sèche dans la mer, il rallia d'extrême justesse un aérodrome soviétique.

Le 19, le convoi entra enfin en mer Blanche et atteignit dans la soirée l'embouchure de la Dvina, mais une forte tempête contraignit les cargos à regagner le large. A deux reprises, les Junkers 88 les harcelèrent, sans les atteindre, bien que trois cargos se fussent échoués dans la tempête.

Enfin, le PQ-18 remonta jusqu'à Arkhangelsk. Les canonniers étaient si épuisés qu'ils dormaient étendus à même le pont devant leur pièce. « Pendant plusieurs jours, a raconté l'enseigne Miller, officier canonnier du *Stolaf,* nous avions dormi deux heures sur vingt-quatre, les hommes se nourrissant sans quitter leur poste. Il y avait six heures de jour pendant lesquelles tout le monde demeurait au poste de combat. Les vêtements étanches torturaient nos corps épuisés, mais il fallait les endurer car en cas d'abandon on n'aurait pas eu le temps de les revêtir. »

Treize cargos sur quarante avaient été détruits, soit presque le tiers du convoi, dont dix par l'aviation. Pour obtenir ce résultat, les Allemands avaient engagé plus de deux cents avions de combat. Il est certain que les interventions du porte-avions, l'importance accrue de la DCA avaient été décisives, contraignant les pilotes à lancer hâtivement et de loin leurs torpilles ou leurs bombes, que les cargos purent éviter dans la plupart des attaques. Le score des sous-marins (trois cargos coulés) avait été médiocre; le convoi ne s'étant pas dispersé, ils n'avaient pu jouer le rôle de charognards qui avait été le leur dans le PQ-17. Deux avaient été coulés, un troisième très endommagé.

Pendant ce temps, une menace énorme pesait sur le convoi descendant QP-14 naviguant sur lest, venant d'Arkhangelsk, et comprenant les onze cargos rescapés du PQ-17, auxquels s'ajoutaient quatre autres bateaux, sous la conduite du commodore Dowding, à bord de l'*Ocean Voice.* La force aéronavale de l'amiral Burnett s'était détournée du PQ-18 le 16 septembre pour prendre en charge ce convoi descendant dans la seconde partie de son parcours, convoi dont l'escorte rapprochée ne comptait que deux destroyers, quatre corvettes, deux flak ships et six dragueurs ou chalutiers armés.

Les Allemands, qui n'avaient pas osé lancer leurs cuirassés sur le PQ-18 à cause du porte-avions, et ignorant qu'il avait rallié le QP-14, comptaient anéantir ce dernier par un raid du cuirassé de poche *Scheer*, accompagné des croiseurs *Hipper* et *Köln*, avec quatre contre-torpilleurs. Hitler, inquiet de la présence de l'*Avenger* dans l'Arctique, téléphona à Raeder pour l'en dissuader. Le grand amiral annula encore l'opération. Ainsi, une poignée de chasseurs et trois « sacs de ficelle » avaient suffi pour faire d'abord reculer le plus puissant des bâtiments de guerre, le *Tirpitz*, soutenu par deux cents avions, puis un raid important de la marine de surface. C'était vraiment la plus grande révélation de la guerre navale depuis Pearl Harbour, la victoire du porte-avions d'escorte.

Restaient les sous-marins. Dès son entrée en mer de Barentz, le QP-14 avait eu la chance de trouver brume ou rafales de neige, ce qui ne l'empêcha pas de se faire repérer par la Luftwaffe.

L'amiral Carls avait placé une meute de neuf U-Boote en barrage à deux cents milles à l'est de l'île aux Ours, au passage obligé du convoi entre cette île et le Spitzberg, mais le QP-14 fut plus rapide qu'eux, ils le manquèrent. Les U-Boote, alertés par un avion, se lancèrent alors à sa poursuite en surface et le rattrapèrent à la tombée du jour le 18 septembre. Les équipages étaient tous animés par une grande agressivité pour faire oublier leur demi-échec avec le PQ-18.

L'amiral Burnett tenta en vain de les égarer dans la brume en modifiant la route du convoi et en leur faisant rentrer la tête sous l'eau par le harcèlement continu des Swordfish.

Le 20 septembre, à 5 h 20, le dragueur *Leda*, que l'*U-435* avait pris pour un destroyer à l'arrière du convoi, fut envoyé par le fond. Tous ses marins périrent.

Dans l'après-midi, après qu'un sous-marin britannique eut lâché en vain une gerbe de torpilles sur l'*U-408*, l'*U-255* parvint à se placer, malgré le harcèlement des avions et des escorteurs. L'asdic de ceux-ci fonctionnait mal en raison de la fusion des glaces qui créait des couches bathymétriques faisant dévier les faisceaux d'ondes sonores. C'est ainsi que le cargo américain *Silver Sword,* rescapé du PQ-17, fut envoyé par le fond.

Lorsque le convoi se trouva hors de portée de la Luftwaffe, l'amiral Burnett prit la décision de détacher du convoi son croiseur *Scylla* et le porte-avions *Avenger,* dont il craignait que les U-Boote ne fassent une cible privilégiée. Ces deux précieux bâtiments firent donc route à grande vitesse vers leur base. La mesure peut sembler légitime, compte tenu de l'état d'épuisement des pilotes. Ceux du Coastal Command devaient prendre le relais. Malheureusement, ces avions de grande patrouille se trouvaient alors engagés dans la défense d'un convoi attaqué dans l'Atlantique, ils ne purent être détournés à temps sur la mer de Norvège.

Profitant de l'absence de couverture aérienne, l'*U-703* torpilla le destroyer *Somali,* mais il ne coula pas. On dut le faire remorquer et escorter par trois autres destroyers, en dégarnissant dangereusement l'escorte du convoi. Ce que voyant, la meute devint plus agressive encore. Un Catalina isolé, qui avait attaqué un U-Boot en surface, fut même abattu par lui au canon, fait très rare dans les annales de la guerre.

A l'aube du 22 septembre, l'*U-435* força l'écran des corvettes et émergea en plein convoi où, en cinq minutes, il opéra un massacre. Le pétrolier *Grey Ranger,* le *Bellingham* et l'*Ocean Voice* du commodore furent proprement envoyés par le fond, ce qui valut un bain glacé au commodore Dowding, dont c'était en deux mois le deuxième naufrage!

Le convoi se trouvant maintenant sous la protection rapprochée de l'aviation islandaise, les U-Boote, dont un Catalina avait coulé une unité, furent rappelés. Avec le PQ-18, ils comptaient sept bâtiments marchands à leur actif, un dragueur et un destroyer.

Car le *Somali* n'allait pas survivre. Machines noyées, remorqué à cinq nœuds, il fut pris dans une violente tempête. On entendit un bruit terrifiant de métal broyé, le bâtiment se cassa par le milieu, les deux parties chavirèrent lentement et coulèrent. Sur les quatre-vingts hommes demeurés à bord, trente-cinq seulement furent sauvés.

Roulant abominablement sur lest dans la tempête, les rescapés du QP-14 mouillèrent enfin au loch Ewe le 26 septembre. La malédiction qui marquait le PQ-17 avait joué jusqu'au bout.

Le bilan de cette suite ininterrompue de combats sans merci s'établissait ainsi pour les deux convois qui s'étaient croisés, totalisant cinquante-cinq bateaux marchands : seize d'entre eux avaient coulé, ainsi qu'un destroyer, un dragueur, un pétrolier militaire, quatre avions de chasse et un Catalina.

Les Allemands perdaient quarante et un avions et quatre sous-marins. Ils se rendirent compte qu'avec le porte-avions d'escorte ils arrivaient à un tournant de la guerre des convois. Contrairement aux prévisions pessimistes, le petit *Avenger,* ses marins et ses pilotes, avaient tenu jusqu'au bout dans les conditions atroces de l'océan Glacial. Mais dans les convois d'hiver qui suivront, jusqu'aux deux tiers des avions embarqués seront détruits, par l'ennemi ou par la mer.

Avec le PQ-18, grâce aux escortes, dont les équipages, continuellement en alerte, avaient aussi fait preuve d'une endurance admirable, l'Amirauté avait racheté son abandon du PQ-17 et montré sa résolution de maintenir ouverte la route de l'océan Glacial Arctique, avec les convois de Mourmansk.

15

LA BATAILLE DE LA MER DE BARENTZ

31 décembre 1942

Churchill avait promis à Staline d'accélérer la fourniture du matériel de guerre, mais il en fut empêché par le débarquement en Afrique du Nord, qui accapara la Home Fleet en novembre 1942. La colère du dictateur fut si vive que les Anglo-Américains décidèrent, à partir de novembre où tombe la grande nuit arctique, d'acheminer quelques cargos rapides isolément. Sur les quinze qui effectuèrent ce dangereux voyage, sept seulement revinrent en Angleterre, et il fut impossible de retrouver des volontaires. Mais comme de nombreux cargos restaient immobilisés en Union soviétique et que la pénurie de tonnage atteignait son paroxysme, les Alliés organisèrent un convoi de retour. Le QP-15 (vingt-huit cargos) appareilla d'Arkhangelsk le 17 novembre, juste avant le blocage des glaces, fortement escorté et couvert par les croiseurs de l'amiral Hamilton.

Les Allemands, avertis, décidèrent de lancer contre lui le croiseur lourd *Hipper*. Une énorme tempête annula l'opération et dispersa le convoi, de même que la meute des U-Boote qui l'attendait; il n'y eut que deux cargos torpillés. L'absence de toute attaque de la Luftwaffe s'expliquait par les conditions météorologiques et par le retrait de nombreuses escadrilles, envoyées en Afrique du Nord pour enrayer la débâcle de Rommel. A ce signe, les Alliés sentirent la régression de la défense allemande en Norvège; le moment était donc venu de lancer un grand convoi vers la Russie.

Mais, l'expérience ayant montré que les grands convois étaient dispersés par les tempêtes d'hiver, l'Amirauté décida de les fractionner et de faire appareiller les 15 et 22 décembre les JW-51 A et B, nouvelle appellation destinée à effacer dans les esprits les sinistres souvenirs qui surgissaient au seul terme de PQ. Les convois de retour furent baptisés RA.

Neuf sous-marins alliés prirent position pour surveiller les bases allemandes de Norvège, tandis que le Coastal Command s'efforçait de coopérer à cette difficile surveillance tout en assurant le plus loin possible aux cargos une couverture anti-sous-marine.

Chaque convoi disposait d'une flottille de puissants destroyers, outre les corvettes, flak ships et chalutiers armés habituels. Par ailleurs, les deux JW-51 seraient couverts à distance, et jusqu'en Russie, par deux croiseurs de l'amiral Burnett. Enfin, la Home Fleet de l'amiral Tovey, scindée en deux escadres, patrouillerait entre l'Islande et l'île aux Ours. En raison du très mauvais temps, aucun porte-avions ne participerait à l'opération.

Le 15 décembre 1942, le JW-51 A (seize bateaux) appareilla du loch Ewe avec cent mille tonnes de matériel de guerre. Grâce au mauvais temps, ce convoi déjoua la surveillance ennemie et parvint sans encombre à Mourmansk le 25 décembre, tandis que l'amiral Burnett et l'escorte allaient se ravitailler en baie de Kola. Un triomphe!

Les conditions de déchargement s'étant améliorées, le convoi put reprendre la mer cinq jours plus tard. Il se heurta cette fois à une énorme tempête qui menaça de faire chavirer les cargos sur lest, dont les ponts se chargeaient dangereusement de glace, mais il maintint sa cohésion.

Tandis que le A, ayant atteint la mer de Norvège, naviguait protégé désormais par la Home Fleet, l'amiral Burnett détacha ses croiseurs pour les porter dans les parages de l'île aux Ours, où il avait rendez-vous avec le convoi montant B. Ce deuxième convoi, que conduisait à bord de l'*Empire Archer* le commodore Melduish, avait donc appareillé du loch Ewe le 22 décembre et comptait quatorze bateaux transportant 87 chasseurs, 33 bombardiers, 202 chars, 2 040 véhicules militaires, 20 120 tonnes de mazout, 12 650 tonnes d'essence d'avion et 54 321 tonnes de matériel de guerre, explosifs, munitions, équipements et métaux stratégiques.

Il était escorté par les sept destroyers de la 17e Flottille du fameux Robert Sherbrooke, que nous avons déjà vu en action avec le PQ-18. Avant le départ du loch Ewe, il avait ainsi exposé sa tactique aux capitaines :

– En cas d'attaque par les navires de surface, cinq destroyers de notre escorte se porteront à leur rencontre, deux destroyers et les corvettes continuant à protéger directement le convoi qui se dérobera derrière un rideau de fumée. Le mauvais temps devrait rendre aléatoires les attaques de sous-marins, et la nuit arctique interdire les attaques aériennes. Comme vous le savez, à cette époque, dans l'Arctique, le soleil se montre seulement à onze heures juste au-dessus de l'horizon, et disparaît peu après. La pénombre dure environ deux heures.

Dès la sortie du loch Ewe, le convoi se heurta à une mer énorme, une tempête de force douze qui contraignit certains destroyers à prendre la cape. Enfin, les bâtiments de guerre mouillèrent au Seydisfjord, en Islande, où soufflait encore un vent de quarante nœuds qui menaçait de plaquer les bâtiments à la côte. Nuit abominable, où les destroyers, machines en route, chassaient sur leurs ancres. Les équipages, qui avaient manqué leur Noël en famille et espéraient au moins prendre en Islande un peu de repos, enrageaient.

Le convoi appareilla d'Islande le jour même de Noël, et navigua à huit nœuds en zigzaguant, bientôt rejoint par l'escorte de Sherbrooke, à qui manquait un destroyer, contraint de rentrer en Angleterre à la suite d'avaries graves dues à la tempête.

On fêta Noël en mer – dinde en conserve, pudding et whisky –, puis les équipages s'installèrent dans la routine astreignante des quarts : ne pas perdre le convoi, ne pas aborder son « matelot avant », veiller au péril sous-marin.

Le 26 décembre à midi, le JW-51 B pénétra à l'intérieur du cercle arctique, tandis que s'étendait partout la grande nuit polaire avec son cortège d'éléments déchaînés.

Pendant ce temps, à Londres, dans la salle des opérations, la « Citadelle » de l'Amirauté, des *wren*, perchées sur une haute échelle (1), portaient sur la grande carte la position des bateaux, transmise par un Catalina du Coastal Command qui l'obtenait en scott du destroyer chef d'escorte.

Parmi ces *wren*, une femme discrète, Mme Sherbrooke, songeait à la nuit de Noël qu'elle n'avait pas passée en famille avec son mari, sur les épaules duquel reposait la lourde charge de l'escorte. Par un étrange hasard, elle se trouvait l'une des rares épouses de marin en mer à connaître à tout instant, avec une certitude totale, le lieu où se trouvait son mari, et les périls énormes qui le menaçaient.

A bord du cargo *Empire Archer*, le commodore Melduish fulminait. Son bateau, empli jusqu'au pont de camions, de chars et d'avions, chauffait avec un charbon de mauvaise qualité. Par vent arrière, la cheminée rabattait son épaisse fumée sur la passerelle, enfumant les timoniers, bouchant la visibilité.

Le 27, l'état d'alerte fut renforcé. On approchait du secteur dangereux où les attaques allemandes de surface pouvaient se produire : à moins de deux cents

(1) Parce que l'océan Arctique est en haut de la carte murale! La mode était alors aux jupes courtes, ce qui fit dire à un amiral puritain, à la vue de l'agréable spectacle : « Ou bien on devra déplacer vers le sud les convois de Mourmansk, ou bien on mettra des pantalons à ces filles! » (WREN : corps féminin de la Royal Navy).

milles des deux bases navales principales, le Vestfjord (Narvik) et bientôt l'Altafjord proche du cap Nord.

Le JW-51 B eut moins de chance que son prédécesseur : il se fit repérer par la Luftwaffe le 24 décembre. Dès lors s'engagea l'engrenage de l'interception.

Deux jours auparavant, le 22 décembre, alors même que le convoi appareillait du loch Ewe, Hitler avait présidé une conférence navale au Wolfschanze (le repaire du loup), sa résidence dans les pins, proche de Rastenburg. Longuement, le grand amiral Raeder plaida pour obtenir l'autorisation d'attaquer, suivant l'opération *Regenbogen* (arc-en-ciel) que son bureau des opérations avait mis au point à Berlin :

– Le *Tirpitz* est à Trondheim, mais il ne sera pas utile de l'employer. A Narvik, le cuirassé *Lützow* et le croiseur *Admiral Hipper*, avec cinq contre-torpilleurs, sont prêts à prendre la mer. La situation semble favorable, car, à l'est de l'île aux Ours, le convoi ne sera sans doute escorté que par des forces légères. Quant aux sous-marins ennemis qui pourraient menacer nos bâtiments, leur efficacité se trouvera très réduite par la forte mer, la brume et la nuit qui règnent en ce moment dans l'Arctique.

Hitler hésitait. Depuis l'été, les Alliés avaient réduit les convois du grand Nord, aussi aurait-il préféré lancer ses cuirassés dans l'Atlantique. Mais la hantise d'une attaque contre la Norvège le poursuivait toujours :

– Mettez en alerte nos forces aéronavales du Nord et attendons les nouvelles des convois.

On passa à table. Lorsque Raeder quitta la résidence dans la soirée, il avait l'accord de principe de Hitler pour attaquer, si un convoi se risquait vers l'URSS. Il demanda donc aux patrouilles aériennes de balayer l'océan, quel que soit le temps. Le 24 décembre, un avion signala le convoi B. Aussitôt, la force de raid appareilla de Narvik pour l'Altafjord, sous la conduite de l'amiral Kummetz.

Le 27 décembre, tandis que le convoi B s'avançait en mer de Norvège, le cap sur son rendez-vous avec l'escadre des croiseurs de Burnett, dans la nuit la tempête se leva, une tornade glaciale de nord-est chassant d'énormes vagues qui balayaient les ponts. Chalutiers et corvettes menaçaient de chavirer. A bord des cargos, les caisses d'avions arrimées sur le pont donnaient prise au vent furieux, ce qui compromettait la stabilité. Dans ce cauchemar glacé il fallait veiller, veiller sans cesse, d'autant plus qu'on avait enregistré un appel radio suspect qui ne pouvait provenir que d'un sous-marin ennemi.

Mackness, le radariste du destroyer d'escorte *Orwell*, a rapporté :

« Le bâtiment frémissait et craquait en s'ouvrant un chemin à travers les vagues, roulant sauvagement bord sur bord. Quand la mer arrivait de l'arrière, l'eau balayait le pont, s'engouffrait dans le panneau et tombait en cascade dans le poste. Le quart était atroce. Après quatre heures sous le vent glacial, les averses de neige, les paquets de mer, les hommes pleuraient presque de douleur lorsque, revenus dans le poste, la chaleur recommençait à faire circuler le sang dans leurs membres engourdis. Tous étaient trempés sans avoir le moindre espoir de se sécher avant de reprendre le prochain quart. »

Mêmes difficultés à bord des cargos : « Les tuyaux sont gelés, note le timonier Matthews, de l'*Empire Archer,* impossible de se laver, de dormir, de se réchauffer. La glace tapisse les cloisons intérieures. »

A bord du destroyer *Oribi*, les choses allaient encore plus mal. Avec le compas gyroscopique en panne (le compas magnétique était inutilisable à proximité de la Norvège bourrée de fer), et une visibilité presque nulle, le bâtiment ne parvenait plus à tenir son poste dans le convoi. Il lança un bref appel radio à son chef sur ondes ultra-courtes, mais l'officier du chiffre de l'*Onslow* n'arriva pas à le déchiffrer. L'*Oribi* se perdit alors dans la tempête de neige. Pendant vingt-quatre heures il chercha en vain le convoi, avant de se décider à faire route isolément sur la Russie. C'était le deuxième destroyer de l'escorte qui faisait défaut.

A minuit, le cargo américain *Jefferson Meyers* se rapprocha de l'*Empire Archer* et signala au commodore :

– Impossible de faire route au 71 avec cette mer de travers. Le roulis va arracher les quatre maudites caisses de bombardiers arrimées sur le pont, et tout sera démoli à bord! Je vais prendre la cape pour refaire les arrimages.

– OK! Mais pas question pour le convoi de prendre aussi la cape. On ne s'en sortirait pas. Essayez de rallier ensuite.

Le 28, la tempête augmenta. Dans la nuit, un incident dramatique se produisit.

Il faisait noir, avec des averses de neige intermittentes. Le commandant Sherbrooke venait de regagner sa chambre de veille, sous la passerelle, lorsque la voix du lieutenant de vaisseau Foster se fit entendre :

– Nous allons aborder l'*Orwell!*

On imagine le drame : deux destroyers endommagés, dont l'un ne pourrait sans doute plus faire route, et cela à des centaines de milles d'un refuge éventuel; et une escorte déjà insuffisante, encore réduite! Bondissant sur la passerelle, le commandant arriva juste à temps pour voir l'arrière de l'*Orwell* passer sous l'étrave. Les deux bâtiments se croisèrent à angle droit et se manquèrent seulement de cinq ou six mètres!

On ne sut jamais lequel des deux destroyers avait quitté son poste, mais l'incident était en soi significatif et montre bien la précarité de l'escorte dans la tempête. Sherbrooke ne se faisait d'ailleurs aucune illusion, le moindre hasard de guerre pouvait à tout moment modifier le fragile équilibre des forces.

Ce Sherbrooke avait fait la bataille de Narvik et briqué l'Atlantique et l'Arctique dans l'escorte des convois. Ce personnage hors du commun devait sa réputation à ses exploits comme à son calme olympien, qu'il tenait de ses ancêtres saxons. Il citait volontiers son aïeul l'amiral Jervis, le vainqueur de la bataille de Saint-Vincent.

Le 29 décembre, le vent, toujours hurlant, sauta sans se calmer au nord-nord-ouest. Dans le tumulte, le timonier Matthews, responsable des transmissions, vint annoncer au commodore Melduish :

– Un message du *Daldorch*, commandant : « Cargaison de pont emportée par la mer. Impossible de tenir le cap. Je viens au 55. »

– Bon Dieu! Il va foutre le convoi en l'air!

Jumelles aux yeux dans la bouscaille hurlante, le commodore tenta de distinguer quelque chose entre deux rafales de neige et les collines monstrueuses des déferlantes. Il vit alors la colonne intérieure dont le *Daldorch* était le guide se disloquer et trois bateaux se séparer du convoi, pour mettre à la cape, face au vent.

Lorsqu'à midi la tempête se calma, le convoi se trouvait complètement dispersé. Les destroyers se mirent à chasser les cargos pour les ramener en formation. Travail épuisant! Par moins dix degrés, la couche de glace atteignait quinze centimètres sur les ponts; canons, lance-grenades et tubes lance-torpilles devenaient inutilisables. Si un sous-marin était apparu (des échos étaient signalés), il aurait à ce moment trouvé le convoi sans défense.

Le chef d'escorte ne connaissait même pas sa position, faute d'avoir pu faire le point astronomique depuis quarante-huit heures. Que valait l'estime dans un pareil chaos? Ils devaient naviguer quelque part entre Jan Mayen et l'île aux Ours. Sherbrooke ordonna :

– Signalez au dragueur *Bramble* d'aller dans le nord-ouest pour ramener ces fuyards!

Le petit bâtiment de huit cent soixante-quinze tonnes, qui possédait un radar, s'éloigna en roulant abominablement. On ne devait plus le revoir. Son radar, bloqué par la glace, ne fonctionna pas. Avait-il chaviré brutalement sans pouvoir lancer un appel de détresse?

Ou bien faisait-il route isolément vers la Russie en respectant le silence radio?

Le 30 décembre, la tempête se calma. Ce qui restait du convoi (neuf cargos et neuf escorteurs), navigua à six nœuds pour permettre aux traînards de rallier. Profitant de l'accalmie, sur tous les bateaux, les canonniers, aidés par les marins, s'étaient précipités avec des marteaux et des pelles pour dégager leurs pièces prisonnières de la glace. Les antennes des radars se remirent lentement à tourner. A neuf heures, le premier traînard se pointa à l'horizon. Sur sa passerelle le commandant Sherbrooke, qui n'avait pas dormi depuis deux jours, fulminait. On était en retard; or toute l'opération était articulée, à l'est sur le rendez-vous avec la 10e Escadre des croiseurs, à l'ouest sur la protection éloignée des bâtiments de ligne.

A onze heures trente, deux autres cargos rallièrent. Manquaient le chalutier armé *Vizalma*, deux marchands et le dragueur *Bramble*. Le convoi naviguant à deux cents milles des bases allemandes, une attaque pouvait intervenir d'une heure à l'autre. Mais avait-il été repéré?

Ce même 30 décembre, l'*U-354* naviguait en plongée à cinquante milles au sud de l'île aux Ours, lorsqu'à 12 h 40 l'homme de veille aux hydrophones s'écria :

– Bruits d'hélices dans le nord-ouest!

– Remontez à sept mètres. Périscope!

C'était lui, le convoi signalé le 24 décembre par la Luftwaffe! A l'horizon qui venait juste de se dégager, les sous-mariniers distinguaient un nuage de fumée noire; puis des mâts, innombrables, apparurent au-dessus de l'horizon. La mer s'était calmée.

– Surface!

Fébrilement, le commandant Herschleb et l'officier de quart identifièrent le convoi à la jumelle, comptant les bateaux, repérant les escorteurs, calculant leur route et leur vitesse. Puis le commandant appela le radio :

– Transmettez ceci au *B.d.U.* : « Convoi six à dix bateaux, route au 70, vitesse douze nœuds, carreau AB 6388. Escorte faible. Beau temps, quelques grains de neige. J'attaque. »

Une heure plus tard, le message décodé était remis à l'amiral Dönitz, dans son PC de Kernével, d'où il dirigeait la bataille des sous-marins. Il envoya aussitôt sur le carreau indiqué toutes les unités disponibles.

Capté aussi à Narvik, le message avait été communiqué par fil direct à l'amiral Raeder. Hâtivement, le chef de la Kriegsmarine griffonna un avis pour le GQG du Führer : « Sous-marin mentionne un convoi à cinquante milles au sud de l'île aux Ours, six à dix vapeurs faiblement escortés. Vice-amiral Krancke rendra compte au Führer que l'amiral Raeder a donné liberté de manœuvre au *Hipper* et au *Lützow* pour attaquer. »

Pendant ce temps, l'*U-354* manœuvrait dans la nuit pour se placer sur l'avant du convoi en position de lancement. A seize heures, un ordre bref retentit dans le poste central :

– *Torpedo... los!*

Trois chocs successifs ébranlent le sous-marin. Les torpilles ont quitté leur tube. Mais au même moment, sur la passerelle des cargos et des escorteurs, un ordre claque :

– Route au 100!

C'est le zigzag prévu à heure fixe. Lentement, les lourds bateaux évoluent. Et les torpilles les manquent!

A bord du sous-marin, la chasse vers l'avant du convoi a repris. Patiemment, avançant à peine plus vite que l'ennemi, il gagne dans la mer redevenue houleuse. Enfin, vers vingt heures, il atteint une position favorable. Mais cette fois, Herschleb veut mettre le maximum de chances de son côté. Il faut lancer de plus près, donc prendre davantage de risques.

Juste à ce moment-là, sur la passerelle du destroyer *Obdurate* le téléphone sonne :

– Ici opérateur asdic. Un écho dans le 112. Distance mille mètres.

Mille mètres! C'est presque comme s'ils étaient déjà morts!

– En avant toute, route d'abordage! Cap au 112.

Avec ses jumelles de nuit, le commandant Sclater fouille la pénombre. Soudain :

– Sous-marin en surface à huit cents mètres! Cap au 115. Abordez-le!

Mais le temps d'arriver sur lui, il n'y a plus rien sur la mer, qu'un peu d'écume blanche que le vent de la nuit disperse. Le sous-marin a replongé en catastrophe. Cependant, l'*Obedient*, qui s'est joint à l'*Obdurate*, le retrouve grâce à ses microphones et le grenade violemment. Puis le contact est perdu. Pendant deux heures, les deux destroyers fouillent la mer. En vain. Il faut rejoindre le convoi, qui ne peut demeurer davantage sans protection.

Sous la surface, à bord de l'*U-354*, on entend les bruits d'hélice décroître vers l'est, on respire plus librement. Lorsque le silence est total, le commandant Herschleb ordonne :

– Surface! Les deux diesels en avant toute. Rattrapez le convoi!

A deux mille kilomètres de là, dans la grande salle souterraine des opérations de l'Amirauté, Mme Sherbrooke a pâli. L'une de ses compagnes, sur l'ordre d'un officier, vient de piquer à quelques milles au sud du convoi le sinistre petit drapeau représentant un U-Boot! Elle sait par expérience que, tenant désormais le contact, il va aussitôt rameuter sur le convoi non seulement d'autres sous-marins, mais les avions, et peut-être les raiders de surface.

Le message de l'*U-354* avait en effet jeté le trouble au grand quartier général allemand. Justement, la conférence quotidienne au Wolfschanze menaçait déjà d'être houleuse, à cause de la rivalité qui opposait la Luftwaffe et la Kriegsmarine en Méditerranée. Le maréchal Goering était venu en personne défendre « ses » avions, et il se heurta à l'amiral Krancke, que Raeder, qui ne pouvait pas supporter Goering, avait délégué à sa place.

Hitler les écouta avec impatience. D'humeur noire à cause de la situation désespérée de l'armée allemande prisonnière dans Stalingrad, il prit le parti de Goering et se mit à vitupérer contre la Marine et tous ces gros culs, « jamais prêts à agir, qui sommeillaient oisivement dans les fjords de Norvège, pas plus utiles que des tas de ferraille »! Un silence de mort plana sur l'assemblée. Pour le rompre, quelqu'un risqua :

– D'ailleurs, il ne passe plus guère de convois dans les eaux nordiques.

Alors, l'amiral Krancke, qui attendait cet instant avec impatience, brandit le télégramme de l'*U-354* et le mit sous le nez du Führer. Celui-ci, perplexe, demanda :

– Que dit l'amiral Raeder?

– Il approuve l'engagement du *Lützow* et du *Hipper* et demande l'autorisation d'attaquer. L'amiral Carls décidera de l'exécution d'*Arc-en-ciel* si de nouveaux renseignements confirment la faiblesse de l'escorte.

– Est-il possible de rejoindre ce convoi?

– Oui, mon Führer. Il va se trouver les 30 et 31 décembre à environ deux cents milles de l'Altafjord, à moins de quinze heures de nos forces.

– Bien. Vous avez mon accord. Mais ne prenez pas de risques avec les grands navires!

Quelques minutes plus tard, le bureau des Opérations du haut commandement naval à Berlin transmettait l'ordre à l'amiral Carls, qui le communiqua aussitôt au *Hipper*, dans l'Altafjord. L'amiral Kummetz exulta :

– Enfin, on va se battre!

Déjà, dès réception du message de l'*U-354*, il avait rappelé tous ses hommes à bord et ordonné d'allumer les feux. L'*Admiral Hipper*, qui portait sa marque, était un splendide croiseur neuf de douze mille tonnes, l'un des plus rapides grâce à des turbines à vapeur, doublées de diesels, lui assurant une vitesse de trente-deux nœuds. Son armement comprenait huit pièces de 203, douze de 105 et douze de 37 AA, ainsi que douze tubes lance-torpilles.

Quant au *Lützow,* mouillé à côté, son armement était encore plus redoutable : six pièces de 280 tirant à trente-deux kilomètres. Ce cuirassé de poche de treize mille tonnes, lancé en 1931, représentait un habile compromis tournant les interdictions du traité de Washington de limitation d'armements. En 1942, il filait encore vingt-huit nœuds.

Chaque bâtiment était éclairé par trois contre-torpilleurs, armés de quatre canons de 150 ou de 127, huit tubes lance-torpilles, filant trente-cinq à trente-six nœuds, qui représentaient des adversaires très supérieurs aux destroyers du convoi.

A quatorze heures trente, l'amiral Klüber, qui commandait alors le secteur « Mers nordiques », se rendit à bord du *Hipper* où se tenait la conférence des commandants d'unités.

– Messieurs, votre mission est de détruire le convoi. Son escorte est faible. Cependant, méfiez-vous des trois ou quatre sous-marins ennemis qui doivent opérer au large de nos côtes. Les ordres sont d'éviter des forces supérieures aux vôtres. L'*U-354*, et depuis peu l'*U-626*, qui sont au contact du convoi, vous donneront sa position.

L'amiral Kummetz, chef de l'escadre, prit ensuite la parole :

– Tous nos bâtiments appareilleront ensemble, puis se sépareront en deux groupes pour attaquer demain entre neuf heures et midi, seul moment de visibilité relative. Le *Hipper* attaquera le premier par le nord pour attirer sur lui les escorteurs, jetant le convoi sans défense sur le *Lützow* qui arrivera au sud.

A dix-neuf heures, le *Hipper* appareilla le premier dans la nuit. Au beau temps succéda une forte houle au large. Les équipages n'avaient pas pris la mer

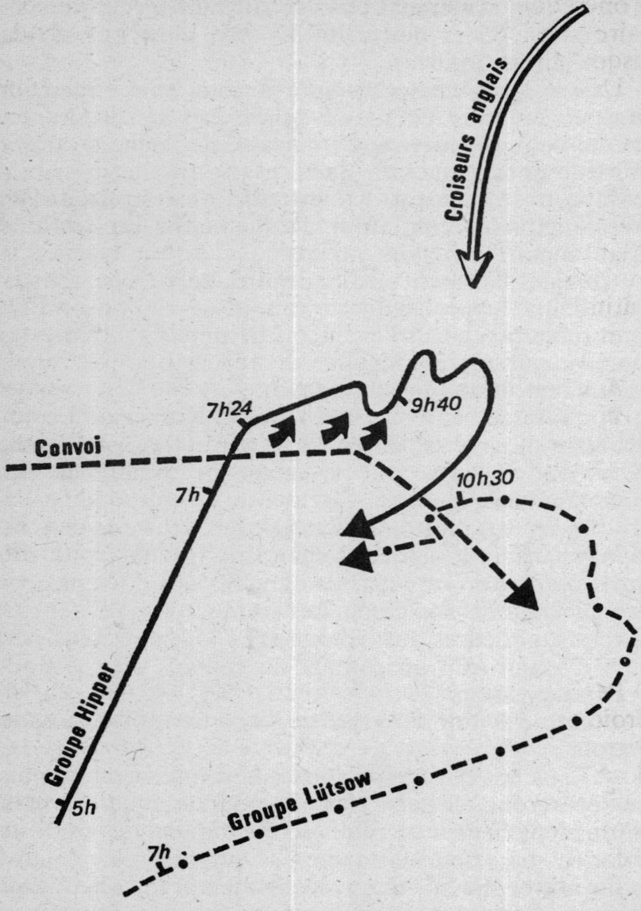

depuis très longtemps. L'angoisse et le mal de mer les

tenaillaient. Les appréhensions des officiers furent renforcées par un message restrictif du chef d'état-major de l'amiral Raeder : « Contrairement à l'ordre d'opération, n'engagez pas de combat avec un adversaire de force égale, afin d'éviter de trop grands risques. »

Une fois encore, à tous les échelons de la hiéarchie, la peur morbide de Hitler de perdre du prestige en perdant un cuirassé se répercutait sur tous, avec ses conséquences psychologiques catastrophiques.

A Berlin, l'amiral Krancke informait Hitler. Le Führer avait exigé d'être tenu immédiatement au courant de tout ce qui arriverait. L'amiral savait qu'il ne pouvait fermer l'œil de la nuit quand de grands bâtiments se trouvaient en opération.

A la sortie de l'Altafjord, l'escadre allemande évita habilement les sous-marins alliés en faisant un large détour par l'ouest au lieu de mettre le cap au nord, puis elle s'élança à vingt-quatre nœuds en direction du convoi. A deux heures trente, le 31 décembre, le groupe se scinda en deux, et le *Lützow* réduisit sa vitesse. A 8 h 24, les veilleurs du *Hipper* repéraient quelques formes indistinctes.

– Le convoi! Postes de combat!

Pendant que l'escadre allemande fonçait sur sa proie, le convoi, mal remis de la tempête, s'était regroupé, avait repris sa route vers l'est à onze nœuds, doublé très au sud l'île aux Ours à cause de la banquise, et s'était engagé en mer de Barentz sans avoir trouvé les croiseurs de l'amiral Burnett, qui le recherchaient loin au nord-est.

Burnett pressentait une attaque. L'Amirauté avait détecté le message du sous-marin allemand qui avait repéré le convoi. Les stations radio russes signalaient des mouvements suspects de bâtiments de surface autour du cap Nord.

Sur les flancs du convoi, à bord des destroyers de Sherbrooke régnait le sentiment inexprimé que si les Allemands attaquaient ce serait ce jour-là. La situation parut même catastrophique au commandant Sherbrooke : la banquise était descendue au sud de l'île aux Ours, contraignant le convoi à naviguer à moins de deux cents milles des côtes norvégiennes (cap Nord). Son escorte réduite et sans la moindre protection aérienne, il savait que son seul avantage, en cas de bataille, serait le radar, dont les Allemands ne disposaient pas. Mais que pourrait-il faire contre des cuirassés?

L'*Onslow* couvrait le flanc avant nord du convoi, lorsqu'à 8 h 45 il fut avisé par la corvette *Hyderabad* et le destroyer *Obdurate* de la présence de deux torpilleurs inconnus au nord-nord-ouest. Sherbrooke ordonna aussitôt à l'*Obdurate* d'aller les reconnaître. Il s'agissait sans doute de l'escadre Burnett, ou de l'escorte russe annoncée, mais il fut impossible d'identifier les inconnus, maintenant au nombre de trois, qui ne répondaient pas aux signaux de reconnaissance.

Soudain, l'horizon se couvrit d'éclairs. L'un des torpilleurs venait d'ouvrir le feu et l'*Obdurate* se déroba immédiatement pour retourner vers le convoi. A bord de l'*Onslow*, Sherbrooke ordonna :

– Rappelez aux postes de combat! Signalez par projecteur à tous les destroyers : flammes de départ des coups au 270. A gauche toute, vingt nœuds. Ralliez-moi!

L'ennemi attaquait donc par le flanc arrière bâbord(1). L'escorte se porta à sa rencontre, excepté l'*Achates*, qui, avec les corvettes, avait reçu l'ordre de dissimuler le convoi derrière un rideau de fumée. Quatre destroyers, contre le croiseur lourd *Hipper* flanqué de trois contre-torpilleurs!

Et tout à coup, Sherbrooke voit le croiseur, monstre noir et fumant qui sort d'un grain de neige. Est-ce le *Tirpitz*? Tout ce qu'ils ont redouté se réalise! Où est la

(1) Par 74° nord et 28° est, soit 175 milles à l'est de l'île aux Ours.

seconde escorte, cette 10e escadre des croiseurs de Burnett? Où sont les cuirassés de la Home Fleet? Hélas, ils n'ont pas quitté les eaux occidentales. Sherbrooke ordonne :

– Mettez le cap sur l'ennemi et signalez à toute puissance sur la longueur d'onde de l'Amirauté : « Bâtiment suspect au 325, distance douze mille mètres, route au 140 »; avec notre position. Chargez les pièces! Ouvrez le feu dès que vous aurez la distance exacte.

A cause de la mauvaise visibilité, les Allemands se trouvent contraints de s'approcher, ce qui donne aux destroyers britanniques la possibilité de les torpiller et d'utiliser leurs pièces. Le combat risque alors d'être sans merci.

Soudain, des cris retentissent sur la passerelle :

– Il abat sur bâbord, il a peur de nos torpilles!

– Quel est son cap?

– Il ouvre le feu! Quatre tourelles!

– C'est donc le *Tirpitz!*

– Non, c'est le *Hipper!*

A bord du croiseur *Sheffield*, à soixante milles de là, l'amiral Burnett a aussi capté l'appel de Sherbrooke. « J'arrive! », répond-il. Hélas, il n'a toujours pas la position exacte du convoi, mais l'appel, radiogoniométré, lui en donne une position approximative. Il sera là au mieux dans deux heures...

Sous le feu du *Hipper*, le destroyer *Achates*, qui colle au convoi, est aussitôt encadré. Huit colonnes d'eau immenses jaillissent vers le ciel noir. Puis d'autres, qui se rapprochent. Imperturbable sous ce déluge de fer et de feu, le destroyer crache toujours sa fumée protectrice. Tout à coup, un obus explose sur la passerelle. Une voie d'eau se déclare à l'avant, le bâtiment, qui compte de nombreux blessés, est menacé de couler. Pompant l'eau et épontillant les cloisons, les marins se battent pour le sauver, tandis qu'à vitesse réduite, il continue à masquer le convoi en crachant sa fumée.

Enfin à portée de canon du croiseur qui se rapproche, l'*Onslow* ouvre le feu à son tour. Mais au même instant, le *Hipper* disparaît dans un tourbillon de neige.

– Le radar! crie l'officier canonnier Wilson.

Dans son poste, le radariste tient un petit point lumineux sur son écran. Il rapproche le fil de visée sur ce spot et appuie sur une pédale. Automatiquement, les coordonnées du tir sont transmises au conjugateur de lancement du poste central, qui les digère, communiquant aussitôt aux pièces les données du tir : hausse et azimut. Un haut-parleur répète les distances sur la passerelle.

– Rapprochez-vous, dit Sherbrooke.

A ses yeux, il n'y a qu'une tactique possible : attaquer, harceler l'ennemi, jouer sur sa peur morbide des torpilles. Peu de chance de mettre au but à cette distance. Mais la peur des torpilles est plus utile pour sauver le convoi qu'un lancement prématuré.

– Bon Dieu, l'*Achates* est touché!

– Le *Hipper* change de route. Il abat sur bâbord. L'ennemi se replie!

– Suivez-le!

Soudain, le téléphone de la passerelle sonne :

– Ici la radio. Un message du croiseur *Sheffield* : « Me rapproche de vous, cap au 170. »

– Enfin! Mais à quelle distance sont-ils?

Seront-ils là dans quatre heures pour ramasser les cadavres, ou dans moins d'une heure pour s'opposer efficacement au *Hipper?* Et que se passera-t-il dans ce cas? Si les deux croiseurs anglais disposent de vingt-quatre pièces de 152, celles du *Hipper*, bien qu'au nombre de huit, sont du calibre 203. Le croiseur, dont la cuirasse est plus épaisse, peut aussi refuser le combat, car sa vitesse est supérieure. Mais le convoi alors sera sauvé. Naturellement, les Anglais ignorent encore la présence toute proche du cuirassé *Lützow!*

– Je n'y comprends rien, dit Sherbrooke. Le *Hipper* tient le convoi, il n'a qu'à foncer dedans pour le détruire; et voilà qu'il se dérobe vers le nord. Cherche-t-il à nous entraîner loin du convoi pour le livrer sans défense à une autre force? Signalez à l'*Obedient* et à l'*Obdurate* de le rallier. Nous n'en décollerons pas!

Un haut-parleur grésille :

– Passerelle! A cette vitesse, debout au vent, les embruns viennent glacer nos canons et rendent impossible la vision des lunettes de pointage!

– Réduisez à vingt-cinq nœuds.

Pendant ce temps, à huit milles de là, le convoi venait d'effectuer une abattée de quarante-cinq degrés vers le sud-est pour tenter de se dérober. Aux drisses de l'*Empire Archer* monta un ordre. Aussitôt, la corvette *Rhododendron* se détacha, et, avec le dernier cargo de la file, se mit à mouiller des bombes fumigènes. Bientôt, le convoi était entièrement masqué. Un grain de neige vint perfectionner ce travail d'artiste.

Dans « l'île des singes », la passerelle supérieure du cargo *Empire Archer*, le commodore Melduish, satisfait, esquissa un pas de danse. Mais soudain, il trébucha dans l'obscurité et se mit à jurer. Il avait perdu ses lunettes! Comme il les cherchait à tâtons, il les écrasa sur le sol de fer. Le commodore du JW-51 B était désormais aveugle! Heureusement, entre l'ennemi et eux, le petit groupe compact des destroyers s'était reformé.

Le *Hipper*, venant du sud, avait donc attaqué le convoi par le nord. A 7 h 15, le croiseur et ses contre-torpilleurs avaient en effet coupé le convoi... sans le voir. Ce n'est que dix minutes plus tard qu'apercevant des silhouettes dans la nuit il avait obliqué à l'est, naviguant prudemment au même cap que lui, dans l'incertitude des forces qu'il aurait à combattre. Puis, l'ayant reconnu, il le suivit à distance en vue d'attaquer à l'aube.

« Opérer de nuit contre des destroyers présente de trop grandes difficultés, écrivit l'amiral Kummetz, et seule la rapidité d'action peut résoudre le problème que posent d'éventuelles attaques à la torpille. »

Malheureusement, il avait trouvé le convoi une

heure trop tôt, le *Lützow* était encore à soixante-quinze milles dans le sud. Kummetz fit tenir le contact par ses contre-torpilleurs, que les destroyers britanniques reconnurent, comme on l'a vu. Le combat commençait. Lorsque le *Hipper* vit l'*Achates* tendre un rideau de fumée pour dissimuler le convoi, il ouvrit aussitôt le feu sur lui. Mais il fut surpris par l'attaque de Sherbrooke, et, craignant les torpilles, fit abattre sur bâbord, cap au nord, ce qui sauva l'*Achates*.

En fait, ce n'était qu'une feinte; Sherbrooke ménageait ses torpilles. Il avait réussi, sans en lancer une seule, à écarter momentanément l'ennemi du convoi.

Treize minutes plus tard, voyant qu'il a été joué, l'amiral Kummetz fait remettre le cap sur le convoi et concentre son tir sur l'*Onslow*.

A bord du destroyer, qui riposte avec seulement deux pièces, les deux autres étant enrayées, l'opérateur radar de la passerelle observe sur son écran le départ des coups de massue que le croiseur lui assène méthodiquement, et Sherbrooke dispose de quelques secondes pour s'écarter.

– Salve partie... Elle passe à droite.

– La barre à gauche toute.

Huit obus de 203 s'abattent à cent cinquante mètres du destroyer, puis huit autres.

– Bon Dieu! La dispersion est rudement faible!

– Salve partie... Elle arrive sur nous.

– La barre à droite toute.

La salve explose à gauche à moins de cent mètres.

– Salve partie... Elle arrive sur nous.

Un ébranlement énorme. Le *Hipper* tire avec des obus explosifs meurtriers projetant de nombreux éclats, qui balaient la plage arrière. L'un d'eux crève le bordé et pénètre dans le compartiment machines.

– Abattez en dedans, ordonne Sherbrooke.

– Salve partie... Elle arrive sur nous.

A nouveau, l'enfer. Sur la passerelle, on entend les éclats siffler dans une âcre odeur de cordite. La coque est criblée, mais sept obus sur huit sont tombés très à droite.

– Abattez en dedans.

– La machine signale une avarie.

– A gauche 10. Gouvernez au 60.

Les ordres de Sherbrooke sont fonction de ce qu'il sait se passer dans la tête du directeur de tir ennemi : coup à tribord, il va rectifier. Donc, la barre à droite...

– Salve partie... Elle arrive sur nous... Elle arrive sur nous!

Cette fois, l'opérateur radar a crié. Une seconde plus tard, il est mort.

Un obus frappe de plein fouet le destroyer, derrière la passerelle, ouvrant la cheminée, arrachant la soupape de la vapeur qui, libérée, se met à jaillir en sifflant. Un éclat pénètre dans le local radio, tuant un des deux opérateurs. D'autres criblent la conduite de tir de la passerelle, tuant un veilleur, frappant au visage le commandant Sherbrooke, qui s'effondre. Voici l'opérateur radio survivant. Il annonce calmement :

– Appareils de radio inutilisables. Second opérateur tué.

Mais pour l'officier de navigation Wiatt, il faut d'abord échapper au tir désormais bien réglé du croiseur allemand.

– A gauche 10!

Trop tard! Un nouvel obus de 203 explose sur l'avant. De la brèche béante jaillissent de hautes flammes, qui embrasent la poudre du canon 1 écrasé. La plupart des servants sont morts... Sous le pont, dans le poste d'équipage, les hommes de l'équipe de sécurité sont morts ou blessés, les incendies font rage aux points d'impact. Sur le pont, les munitions stockées prennent feu et commencent à éclater. Pour achever le désastre, un autre obus explose près du bord à l'avant, ouvrant de nombreuses voies d'eau dans la coque.

Mais déjà, Sherbrooke, essuyant le sang qui l'aveugle, a repris le commandement.

– A droite toute! Faites de la fumée. Réduisez à quinze nœuds.

Le destroyer se couche sous l'effet de la barre et les caisses d'obus vides basculent à la mer.

Ce virement brutal sauve le bâtiment. Les trois salves suivantes le manquent de peu, puis un grain de neige le masque à son agresseur. Lorsqu'il se dissipe, le *Hipper* concentre son feu sur l'*Orwell*, mais avant qu'il ait pu l'atteindre, le croiseur, brusquement, se dérobe vers l'est et cesse le feu. A nouveau, un grain de neige masque sa silhouette noire.

Les Anglais respirent. A bord de l'*Onslow*, on ramasse les blessés, on compte les morts. Le commandant refusant de descendre à l'infirmerie, le second fait monter le médecin, qui pâlit en voyant son visage massacré : l'œil gauche arraché pend sur la joue, le nez est fracturé, le front fendu, une pommette brisée. Et l'officier est toujours debout, donnant des ordres!

– Commandant, je suis obligé de vous demander de descendre.

– Vous ne pouvez pas me panser ici?

– Non, commandant.

A cet instant, le lieutenant King, qui est allé inspecter les fonds, annonce que la coque tient bon. On ne coule pas! Alors, Sherbrooke se tourne vers son second :

– Prenez la suite, Marchant. Ralliez le convoi, et restez entre lui et l'ennemi. Occupez-vous de réduire les incendies et tenez-moi au courant; je suis en dessous.

Puis le commandant gagne la chambre de veille, sous la passerelle, s'étend sur le canapé, et à la lueur d'un fanal se laisse enfin soigner. Quand le médecin sort de la chambre pour regagner l'infirmerie où affluent des dizaines de blessés, il doit réunir toutes ses forces pour ne pas défaillir.

« Le bâtiment donnait une bande effrayante, écrira-t-il plus tard. Partout de la fumée, une odeur de peinture brûlée! J'étais terrifié, j'avais l'impression que tout allait s'anéantir, mes genoux tremblaient. Et le commandant était blessé. Il avait été parmi nous comme un roc de force; tout le monde pouvait être atteint, mais pas lui! »

L'*Onslow* semble perdu. L'incendie fait rage à l'avant, alimenté par les caisses de cordite des obus. Des débris en feu tombent autour de la soute à munitions, tout peut sauter d'une seconde à l'autre. Les canonniers survivants parviennent à la noyer à temps, et jettent les projectiles du pont par-dessus bord. Puis, par la brèche béante, on déverse des tonnes d'eau dans le foyer grondant du poste avant.

Les antennes, le radar et des circuits électriques ont été détruits. L'artillerie est muselée, les deux pièces avant anéanties, les canons arrière bloqués par la glace et le manque d'électricité. La confusion la plus extrême règne à bord du bâtiment désemparé. Sur la passerelle, les timoniers, aveuglés par la fumée et la vapeur, ne peuvent même plus compter sur le radar. Le poste des maîtres brûle à l'avant. L'infirmerie commençant aussi à brûler, on se met à arroser les trente blessés avec les lances à incendie, pendant qu'à la lueur d'un fanal le médecin et quelques infirmiers tentent de les secourir.

Avec un bruit strident qui brise les nerfs, la vapeur continue à fuser par les soupapes démolies. Le bateau prend de plus en plus de gîte par bâbord, sous l'effet de la mer qui entre par les brèches de la coque. Maintenant, le feu a pris dans une chaufferie. Partout à bord, dans une fumée suffocante, une chaleur insoutenable, ou un froid terrible, il faut en même temps se battre contre le feu et contre l'eau.

Mais peu à peu, les hommes reprennent le dessus. Les machines se remettent à tourner après qu'on eut colmaté les fuites de vapeur et bouclé les cloisons étanches. On hisse une antenne de secours, qui transmet aussitôt à l'intention de l'amiral Burnett :

« *Onslow* touché, se retire vers le convoi en émettant de la fumée. Chef de flottille blessé. »

Retransmis par Burnett, le message tomba sur l'Amirauté à Londres, qui l'enregistra avec consternation. Mme Sherbrooke avait quitté son service la veille à midi, après avoir jeté un dernier regard sur la carte murale. Lorsqu'elle se présenta le lendemain pour reprendre son service, le message venait d'arriver. Un officier s'avança vers elle :

– Madame, le convoi a été attaqué par un raid de surface allemand. L'*Onslow* a été engagé et touché. Nous n'en savons pas davantage. La situation est grave, mais rien n'est encore désespéré. Nos croiseurs font route à toute vitesse vers le convoi. Si... si vous souhaitez rentrer chez vous, vous êtes naturellement dispensée du service.

Mme Sherbrooke pâlit, mais elle secoua la tête, et, sans un mot, prit son service.

Dans la mer de Barentz, la bataille continuait pour sauver le convoi. Le commandant Kinloch, de l'*Obedient*, avait pris le commandement de l'escorte et fit rallier les destroyers. Alors, on entendit un appel angoissé : « Dragueur *Bramble*. Un croiseur au 300. »

Le *Bramble*, le navire fantôme disparu dans la tempête! Le brave petit dragueur avait retrouvé le convoi et ralliait au canon... pour mourir.

Le croiseur allemand avait repris le contact à 16 h 36 contre ce qu'il croyait être un destroyer de flanc. Ce n'était que le *Bramble!* Que pouvait faire son unique canon de 101? Tel un éléphant qui piétine un lapin, le croiseur s'acharna contre lui pendant dix minutes, puis abandonna son épave au torpilleur *Eckholdt*, pour continuer à avancer vers le convoi. La visibilité devenait suffisante pour découvrir les cibles prises en tenaille entre lui et le *Lützow*, qui serait bientôt à portée de canon.

Pourquoi attendre, puisque les cibles étaient maintenant visibles à courte portée? Il eût fallu s'approcher! L'amiral Kummetz ne voulait prendre aucun risque.

Depuis deux heures, cinq destroyers le tenaient en échec, alors que le poids de la bordée d'obus de son escadre était dix fois supérieur!

Mais alors, pourquoi ne pas au moins lancer ses torpilleurs contre le convoi? « Il ne pouvait en être question, à cause du danger des confusions. Il m'eût été impossible de les regrouper autour de moi avant le retour de l'obscurité et je me serais trouvé sans escorte à une période critique. »

On croit rêver! En vérité, les chefs allemands étaient paralysés par les ordres restrictifs de Hitler. Et dans le sud, le cuirassé *Lützow*, malgré son écrasante supériorité, agissait avec autant de circonspection. C'est à 10 h 22 qu'il avait aperçu les feux de la bataille. Il gouverna alors à vitesse modérée pour intercepter l'ennemi, suivant le plan prévu. Au même moment, ses contre-torpilleurs repérèrent le convoi et foncèrent à l'attaque. Le commandant Stange, lui aussi, les rappela. C'était sa première épreuve du feu et il restait obnubilé par la crainte d'une surprise. On lit dans son journal de bord :

« Grains de neige, visibilité mauvaise, crépuscule très bref, ciel couvert. Plusieurs buts aperçus à travers les grains, mais pas d'identification possible. »

Le *Lützow* était en train de couper la route du convoi, dont il apercevait fugitivement les cargos entre trois et sept milles. S'agissait-il des cargos, ou des torpilleurs allemands qui couvraient le *Hipper?* ou pis encore, des maudits destroyers britanniques qui pouvaient à tout instant l'attaquer à la torpille? La ruse de l'amiral Kummetz, la fameuse tenaille, bien que réussie, se retournait contre lui! A 10 h 32, le commandant Stange signala au *Hipper :*

« Perdu de vue l'ennemi. »

Enfin, il le retrouva au sud, naviguant sur sa hanche bâbord, mais comme le groupe du *Hipper* tirait alors au nord sur le malheureux *Bramble*, le *Lützow* dut s'éloigner pour éviter d'encaisser un obus perdu ou de créer une confusion. Mettant à vingt-quatre nœuds, il tenta de le rallier, tandis qu'à trente et un nœuds le *Hipper* menait contre l'arrière du convoi, qui pour la première fois le découvrait avec épouvante, une bataille d'ombres.

Impossible de couler les cargos sans régler d'abord son compte à ce maudit destroyer *Achates*, qui, bien que déjà à demi désemparé par le premier engagement, continuait à protéger efficacement le convoi en le masquant avec de la fumée.

A 11 h 15, un obus frappe de plein fouet sa passerelle, que le lieutenant de vaisseau Peyton-Jones vient juste de quitter : « L'accès s'en trouvait barré. J'escaladai les restes de l'échelle et ne vis alors que ferrailles tordues et un amas d'objets non identifiables. Tout semblait avoir été aplati par un coup de marteau géant. »

Et partout des morts! Mort le commandant Johns, mort Marland, le second, et morts l'enseigne Highfield, et les timoniers, les veilleurs... Peyton-Jones, vingt-quatre ans, nullement préparé à cette tâche (il était chargé de l'administration), prenait le commandement de l'*Achates* en pleine bataille; mais pour combien de temps?

La barre bloquée, passerelle en feu, le destroyer désemparé tourne en rond à vingt-huit nœuds, avec une gîte de vingt degrés. Le compas, tous les appareils de navigation et la radio, ont été détruits.

Une nouvelle salve encadre le destroyer. Un obus ravage le poste central et détruit le tableau de distribution de l'énergie, mettant tout l'avant dans l'obscurité. Un autre crève la coque à bâbord, l'eau envahit la chaufferie 2. La bande augmente, on compte déjà quarante morts et autant de blessés, le bâtiment coule par l'avant, mais, sa barre remise manuellement à zéro, il continue à protéger le convoi en lâchant des torrents de fumée.

Un véritable acharnement au combat anime les hommes. A l'avant, un incendie menace de faire sauter les munitions d'un canon; on l'éteint. Tous les canonniers ont été tués; l'enseigne Davidson les remplace. Il ordonne à la pièce arrière d'ouvrir le feu. Le planton qui porte l'ordre (il n'y a plus de communications téléphoniques) est tué avant d'arriver.

L'*Achates* va couler lorsque soudain le *Hipper* cesse le feu. Peyton-Jones, qui donne directement ses ordres à la machine par le trou béant du pont, crie alors :

– Réduisez la vitesse à douze nœuds. Prenez un compas dans une embarcation et envoyez-moi Peter Wright.

L'ingénieur mécanicien est pessimiste :

– Ça va mal en bas. La chaufferie 2 est presque noyée, on maintient la pression tant qu'on peut, mais les hommes ont déjà de l'eau jusqu'à la ceinture; impossible d'aveugler la brèche.

– Où est le docteur MacFarlane?

– Tué, sans doute; impossible de le trouver. Et il y a des blessés partout!

Après l'*Achates*, le *Hipper* se mit à canonner l'*Obedient*, qui, à la suite de la mise hors de combat de l'*Onslow*, avait pris le commandement de l'escorte. Antennes coupées, le commandant Kinloch dut se résoudre à passer à son tour la direction des opérations au commandant Sclater, de l'*Obdurate*.

La distance de l'ennemi étant tombée à sept mille mètres, les destroyers purent enfin riposter, et quatre coups au but marquèrent la volonté farouche des Anglais de ne pas céder la place. Mais la situation du convoi, que ne protégeaient plus que trois destroyers, parut alors désespérée. Et malgré cela, l'amiral Kummetz hésitait toujours, tant était grande sa crainte des torpilles... et du Führer!

A 11 h 32, il émettait ce message : « Pas de croiseurs à proximité du convoi », quand soudain une salve de gros obus s'abattit autour de lui. Les croiseurs britanniques de l'amiral Burnett, *Sheffield* et *Jamaïca*, venaient enfin d'engager le combat à onze mille mètres.

L'amiral Burnett avait mis cap à l'ouest le 27 décembre pour se trouver le 29 au rendez-vous fixé au convoi B, au sud-ouest de l'île aux Ours. Là, personne. « La tempête a dû les retarder », songea l'amiral. Et il se mit à tourner en rond dans les parages, car il était hors de question d'envoyer un message radio.

Enfin, deux jours plus tard, le 31 décembre à 9 heures, les radars de l'escadre détectèrent deux échos à treize mille mètres, bientôt reconnus comme étant le chalutier *Vizalma* escortant un cargo égaré, le cap sur la Russie. A cet instant, le grondement sourd d'une canonnade se fit entendre au sud. « Enfin le convoi! » se dit Burnett. « Il est sans doute aux prises avec la Luftwaffe. En avant, cap au sud! »

Mais à 9 h 40 il captait le dramatique message de Sherbrooke : « JW-51 B attaqué par *Hipper* et torpilleurs. »

– Augmentez la vitesse à trente et un nœuds et rappelez aux postes de combat!

Crevant des montagnes liquides, inondés d'embruns aussitôt changés en glace, les croiseurs fonçaient sur l'océan, se dirigeant au canon vers la bataille. Il faisait un froid intense (moins neuf) et on devait sans cesse balancer les pièces et tourner les antennes des radars pour éviter de les voir geler.

Se doutant qu'il avait affaire à forte partie, Burnett manœuvra pour compenser son infériorité en demeurant dans l'obscurité, alors que l'ennemi se détacherait sur la lueur du crépuscule arctique.

A dix heures trente, ses radars avaient enfin identifié à treize mille mètres les deux buts principaux, le *Hipper* et le *Lützow*, qui naviguaient alors l'un vers l'autre. On ne voyait trace ni du convoi ni de son escorte, et Burnett crut un moment qu'ils avaient été anéantis.

Le cuirassé *Lützow*, après avoir joué à cache-cache avec les grains, avait enfin repéré le convoi et s'était mis à le canonner, mais aucun but ne fut enregistré. Seul le cargo *Calobre* reçut quelques éclats. A leur limite de portée, les destroyers anglais, tels des roquets aboyant contre un lion, tiraient contre l'Allemand. Mais le *Lützow* venait d'apercevoir l'engagement du *Hipper*. Délaissant le convoi, il le rallia.

C'est à 11 h 28, à l'occasion d'une abattée du *Hipper* qui s'en prenait au destroyer *Obedient*, que l'officier de tir du croiseur *Sheffield* l'identifia avec certitude :

– Distance 15 500 mètres, route au 270, vitesse 30 nœuds.

Aussitôt, les calculatrices crachent les données du tir; les lourdes tourelles s'ébranlent en faisant craquer leur gangue de glace, les volées des canons se dressent vers le ciel gris. Sur la passerelle, l'amiral Burnett ordonne :

– Commencez le feu !

Un grondement retentit sur tout le bâtiment, et douze obus de 152 partent à trois mille kilomètres-heure vers l'ennemi.

– Trop long! Distance quinze mille trois cents mètres. Feu !

Désormais, les deux croiseurs anglais matraquent les Allemands au rythme d'une salve toutes les vingt secondes, soit soixante-douze obus par minute! Pour les destroyers anglais, dont un seul, l'*Orwell*, est intact, et pour le chef d'escorte privé de radio, cette arrivée c'est enfin le secours qui les sauve de la destruction, qui eût précédé celle du convoi.

A bord du *Hipper*, où tout le monde était occupé à risposter à une attaque des destroyers (1), la surprise est totale. On ne soupçonne même pas que les croiseurs anglais, qui devraient être encore en Russie, peuvent être dans les parages! « Impossible d'identifier le tireur, lit-on dans son journal de bord. Sans doute un destroyer. L'observation vers le nord est difficile et le souffle de nos pièces gêne la passerelle. »

Le premier coup au but crève la coque du *Hipper* et

(1) Les trois destroyers survivants de l'escorte, conduits par l'*Obedient*, s'étaient placés entre le *Hipper* et le convoi pour le protéger.

un réservoir à mazout. Pêle-mêle, des flots de combustible et d'eau de mer envahissent la chaudière 3; il faut stopper la turbine tribord. De trente et un nœuds la vitesse tombe à vingt-huit, ce qui est catastrophique, car les croiseurs anglais sont désormais plus rapides. Aussitôt, le *Hipper*, abandonnant l'*Obedient*, se retourne comme un scorpion :

– Ouvrez le feu sur l'ennemi de tribord, dirigez-vous vers lui!

L'amiral Kummetz croit toujours avoir affaire à l'un de ces maudits roquets de l'escorte et compte lui régler son sort en trois salves. La première vient de partir, lorsque deux autres obus anglais explosent sur le *Hipper*, causant cinq morts et trente-quatre blessés.

– Incendie à l'arrière, dans le hangar-aviation.

L'autre obus a pénétré dans un compartiment sans exploser. Les deux adversaires foncent l'un vers l'autre à une vitesse relative de soixante nœuds. La distance tombe à sept mille trois cents mètres.

A cet instant, le planton remet à l'amiral Kummetz un message radio urgent : « De " amiral Nord " : ne prenez pas de risques inutiles. »

Kummetz hésite, puis, s'adressant au commandant :

– Rompez le combat. Route à l'ouest. Prévenez le *Lützow*.

Le *Hipper* vire alors de quatre-vingt-dix degrés pour se dérober vers l'ouest, tandis qu'un de ses contre-torpilleurs le masque d'un rideau de fumée. Aussitôt, le feu cesse.

Mais les Anglais ne se doutent nullement de la manœuvre de dérobement. Pour eux, l'instant reste dramatique. Que va faire l'adversaire? Que va-t-il sortir de cette fumée?

Soudain, à bord du *Sheffield*, un veilleur crie :

– Un bâtiment par bâbord avant! C'est un contre-torpilleur!

– Anglais, ou allemand?

L'inconnu fonce droit sur le *Sheffield*. Si c'est un

Allemand, il est en position idéale pour le torpilleur.

– Envoyez le signal de reconnaissance.

L'inconnu répond, mais les lettres ne sont pas les bonnes.

– Feu!

Le torpilleur allemand *Eckholdt*, qui arrive du nord après avoir achevé le dragueur *Bramble*, ne se trouve alors, par hasard, qu'à trois mille mètres du *Sheffield*; et la distance se réduit à vue d'œil. Mais ce n'est pas l'héroïsme qui le porte en avant! Seulement une tragique erreur. Il croit avoir en face de lui le *Hipper!*

A bord du croiseur anglais, l'amiral Burnett crie :

– Abordez-moi ce salaud!

– Route d'abordage!

C'est aussi la meilleure manière d'éviter les torpilles, en leur présentant l'étrave.

Sur la passerelle du *Eckholdt,* le commandant Schemmel, chef de flottille, et ses officiers, écarquillent les yeux pour tenter d'identifier les deux ombres qui se confondent sur un arrière-plan gris de plomb.

– C'est bien le *Hipper* et un de nos contre-torpilleurs, dit le commandant Schemmel. Faites route sur eux.

Mais la première salve du croiseur anglais explose autour de lui. L'Allemand est stupéfait et signale par ondes courtes :

– *Eckholdt* au *Hipper* : vous me canonnez!

– Non, répond le *Hipper*, c'est un croiseur anglais! Nous, nous faisons route au 280 et nous tirons vers le nord.

– Malédiction! Nous avons le cap sur l'ennemi! Préparez-vous à lancer les torpilles!

A cet instant, une pluie d'obus s'abat sur l'*Eckholdt*, six salves de 152. Les douze canons du *Sheffield* crachent le feu à bout portant. En quelques minutes, le contre-torpilleur est transformé en un cratère de flammes tourbillonnantes d'où jaillissent les débris d'acier broyés et les corps désarticulés des hommes.

– Mettez de la barre, dit alors avec flegme l'amiral anglais. Inutile maintenant d'abîmer votre étrave.

La septième salve frappe, tirée à moins de mille mètres. Le contre-torpilleur désemparé, stoppé sur la mer, flambe comme s'il était en bois! L'Anglais l'achève à bout portant. Même les pom-pom anti-aériens s'en donnent à cœur joie. Le *Bramble* est vengé!

Un deuxième contre-torpilleur, le *Beitzen*, suivait l'*Eckholdt*. Le croiseur *Jamaïca* le prit sous son feu, mais l'Allemand se déroba derrière un rideau de fumée et disparut dans le sud-ouest.

Tandis que se déroulait cette bataille d'ombres, quelque part dans le sud, à bord du cuirassé *Lützow*, on recherchait en vain le convoi fantôme. Et soudain, on le vit! Le rideau de brume et de neige s'écarta, emporté par une rafale. Dans le sud, les cargos s'éloignaient à petite vitesse, comme indifférents aux drames des bâtiments de guerre. Entre eux et le cuirassé, trois destroyers ravagés gardaient héroïquement leur poste.

Pour la seconde fois, l'Allemand tenait le convoi à sa merci, à moins de seize mille mètres.

– Ouvrez le feu! ordonne le commandant Stange.

Les obus de 280 s'abattent. On va d'abord neutraliser les destroyers. L'*Obdurate* encaisse durement, mais tient bon. Le jour baisse vite. A midi, le crépuscule polaire tombe, les ombres deviennent de plus en plus indistinctes, les adversaires se rapprochent.

A cet instant, un ordre de l'amiral Kummetz parvient du *Hipper* :

« A tous : rompre l'action et se replier vers l'ouest. »

– Je vous rallie, répond, à regret, le *Lützow*.

Fuyant les deux croiseurs britanniques, l'amiral Kummetz, malgré son écrasante supériorité, se replie en abandonnant l'*Eckholdt* à la mort. A bord du contre-torpilleur, l'incendie fait toujours rage. Une énorme fumée masque son pont dévasté où agonisent les marins. Il coule avec le chef de flottille Schemmel et tout son équipage.

A midi, l'obscurité revenue et la fumée ont séparé les adversaires. Cependant, la route du *Lützow* le place sur celle des croiseurs anglais! A 12 h 23, deux ombres surgissent de la pénombre. Sur la passerelle du cuirassé allemand, toutes les jumelles se braquent. Est-ce le *Hipper*?

– Faites le signal de reconnaissance.

A bord du croiseur amiral anglais, radar défaillant, on ne voit encore que les torpilleurs qui précèdent le *Lützow*. Le timonier crie :

– Il fait LLL.

– Signalez-lui la même chose, dit le commandant Clarke. On verra bien.

– Il émet GGG.

– Ouvrez le feu!

Alors, on aperçoit le *Lützow* qui tire à son tour. Les deux adversaires sont à huit mille mètres. Voyant de loin les éclairs de la canonnade, le *Hipper* se dirige sur la bataille. Cette fois, les Anglais ont en face d'eux une force regroupée les prenant en tenaille. L'amiral Burnett est lui aussi hanté par la crainte d'une attaque des torpilleurs, que favorise la pénombre. Il se dérobe.

– Abattez sur la droite. Vitesse maximum.

Il voit alors avec étonnement que le *Lützow* se dérobe aussi. L'ordre de Hitler de ne pas risquer les grands bâtiments vient à nouveau de sauver les Anglais et le convoi.

A 12 h 34, l'amiral Burnett remet cap à l'ouest pour garder le contact au radar avec l'ennemi, son unique préoccupation étant de protéger le convoi. Puis, lorsqu'il voit que les Allemands se replient définitivement, il met le cap au sud pour se rapprocher du convoi.

L'amiral Kummetz n'était pas fier de lui en abandonnant les naufragés de l'*Eckholdt*. Aussi fut-il soulagé de recevoir à 12 h 55 de l' « amiral Nord » l'ordre de rentrer immédiatement. Les services allemands de renseignements avaient enfin identifié les deux croiseurs anglais en captant leurs émissions. A cause des fortes rentrées d'eau dans la salle des machines, eau qui menaçait d'envahir les autres turbines, la vitesse du *Hipper* ne pouvait dépasser quinze nœuds, aussi le risque d'être coupé de ses bases par les Anglais, dont les cuirassés avaient dû être rameutés, était grand (1). L'amiral Kummetz ordonna un silence radio absolu.

Au cours de cet engagement, les bâtiments lourds allemands avaient tiré sept cent quarante coups de canon, les deux croiseurs anglais plus de mille. L'héroïque *Achates*, dont le rideau de fumée avait si efficacement protégé le convoi, avait été coulé. Il chavira dans des conditions dramatiques, ses grenades explosèrent et ses quatre-vingt-un rescapés ne purent être recueillis par un chalutier de l'escorte que longtemps après être restés dans l'eau glacée.

Ignorant la bataille, le chalutier armé *Vizalma* et son cargo arrivèrent sans encombre à Mourmansk, ainsi que le destroyer *Oribi*, perdu dans la tempête le 28 décembre. Les quatre autres cargos égarés parvinrent aussi en Russie, de sorte que le JW-51 B ne déplora aucune perte. Quant au destroyer *Onslow*, qui comptait dix-sept morts et trente-trois blessés, il parvint à se sauver d'extrême justesse malgré l'énorme brèche de son avant. Après avoir essuyé une violente tempête, il atteignit le golfe de Kola.

A l'Amirauté, une lourde angoisse persistait au sujet du commandant Sherbrooke. Douze heures après l'engagement, Londres avait seulement reçu ce laconique message : « *Onslow* désemparé fait route isolément sur Kola. » Un message ambigu avait précédé : « Chef de flottille hors de combat. » S'agissait-il du bateau ou de l'homme? Mme Sherbrooke espérait, ignorant que l'état de son mari semblait désespéré. On le transporta à Vaenga dans l'« hôpital » russe de fortune. Il avait un éclat d'obus entre les yeux, qu'il fut impossible d'extraire sans risque mortel. Et il était presque aveu-

(1) On se souvient que l'amiral Tovey avait pris la mer à la tête de la Home Fleet le 31 décembre. Il arrivera trop tard pour intervenir.

gle. Le laisser en Russie équivalait à sa mort. Il fut donc embarqué le 11 janvier à bord de l'*Obedient*, et transporté en Angleterre, où on le sauva. Le roi le décora de la *Victoria Cross*.

L'*Onslow* fut ramené le 4 février par Marchant et reçut à Scapa Flow un accueil triomphal. Grâce à l'extraordinaire ténacité de son commandant, du second et de l'équipage, et à l'agressivité de l'escorte, le convoi était sauf. L'échec cuisant des Allemands allait avoir des conséquences incalculables.

A sa résidence du Wolfschanze, Hitler ne dormit pas de la nuit, mais il ne reçut aucune information, car l'état-major de Berlin resta sans nouvelle des unités à la mer. C'est seulement le 31 décembre, peu avant midi, que l'amiral Krancke se présenta à lui. Il venait de recevoir le premier message de l'amiral Kummetz.

– Tout marche selon nos plans, mon Führer. Notre escadre tient le contact de l'ennemi. Kummetz confirme que l'escorte anglaise n'a pas de croiseurs.

Lors de la conférence de midi, Krancke montra le message de l'*U-354*, qui avait repéré le convoi et tenait toujours le contact : « 11 h 45. La bataille atteint son point culminant. Je ne vois que du rouge. »

Dans l'après-midi, on ne reçut qu'un bref message de Kummetz annonçant son retour. Hitler en conclut que le convoi était détruit. Il se frotta les mains et dit à tous ses visiteurs : « J'aurai une bonne nouvelle à annoncer au peuple allemand pour son 1er janvier! » Aussi fut-il stupéfait lorsque le soir on lui signala que l'agence britannique Reuter annonçait qu'au cours de l'engagement « un croiseur allemand avait été endommagé et s'était replié, un contre-torpilleur ennemi avait été coulé ». Il tonna :

– Pourquoi ne suis-je pas informé?

L'amiral Krancke tenta de l'apaiser.

– Nos bâtiments à la mer sont tenus au silence radio. Il faut attendre leur retour.

– Renseignez-vous!

Mais Raeder refusa d'ordonner aux bâtiments en mer d'émettre le moindre message qui trahirait leur position. Le *Hipper* endommagé pouvait à tout moment être rattrapé et coupé de sa base.

A vingt-deux heures trente, Krancke se présenta piteusement devant Hitler lors d'une conférence de routine.

– Nos forces ne sont pas encore rentrées. Elles ont trois heures de retard.

Hitler croyait encore à la destruction du convoi, et voulait l'annoncer d'urgence.

Le 1er janvier, rien ne vint. Il se mit à harceler Krancke au téléphone. Même Raeder ne savait toujours rien!

L'amiral Kummetz avait de bonnes raisons de garder le silence. Il avait de peu manqué d'être torpillé à l'entrée de l'Altafjord à 1 h 06 du matin par... un ancien U-Boot, l'*U-570*, capturé en 1941 et réarmé par les Anglais sous le nom de *Graph*!

A 2 h 45 de la nuit, l'état-major avait réclamé à Kummetz un rapport sur la bataille, mais la radio du *Hipper* était alors occupée avec les remorqueurs, aussi la réponse de l'amiral ne fut envoyée qu'à 4 h 10. Elle résumait l'engagement, sans souffler mot du convoi!

Cette maigre pitance fut remise à Hitler à son réveil. Il explosa. Raeder exigea alors d'autres détails en s'adressant à « l'amiral Nord ». Bien que responsable de l'opération, Carls n'en savait pas davantage! Cette fois, une tempête soufflait sur la Norvège, les téléphones et téléscripteurs étaient coupés, les communications radio interrompues.

A dix heures trente, Krancke se pointa dans la chambre de Hitler, qui venait de se lever. L'amiral aurait préféré se trouver sur la passerelle d'un bâtiment au combat! Comme seules nouvelles, on n'avait qu'un flash de l'agence britannique Reuter : le convoi avait atteint Mourmansk sans pertes!

– Propagande et mensonges! hurla le Führer, qui espérait encore.

Puis il se ravisa et regarda l'amiral sous le nez.

– A moins que vous ne me cachiez quelque chose?

Krancke demeura muet.

A midi, à la conférence d'état-major, on ne savait encore rien! A nouveau, Hitler explosa :

– Vous êtes tous des incapables, les marins! Les bâtiments de ligne sont inutiles, tous les amiraux manquent de compétence et d'audace. Vous crevez de frousse et n'osez même pas attaquer un convoi marchand mal défendu. Vingt-quatre heures après la bataille, moi, le chef suprême, je ne sais encore rien! Je vous ordonne de réclamer un rapport immédiat aux forces navales.

Enfin, de l'Altafjord, l'amiral Kummetz, qui venait de converser avec le commandant du *Lützow*, câbla :

« Le *Lützow* a observé *deux coups* au but. L'*Eckholdt* a coulé un destroyer ennemi (*sic*), les équipages se sont comportés de façon exemplaire. J'ai l'impression que tous les commandants ont fait de leur mieux, dans le cadre des instructions reçues. »

Ces instructions restrictives qui les avaient paralysés...

Hitler espérait encore qu'on lui annoncerait la destruction du convoi. Ce fut son vieil ennemi qui, à la BBC, le détrompa : Churchill lui-même confirmait l'arrivée du convoi intact à Mourmansk et la grande victoire de l'escorte.

A dix-sept heures, le Führer convoqua Krancke. Arpentant la pièce avec la plus grande agitation, il parlait de manière brutale et saccadée qui ne souffrait aucune réplique. L'amiral a rapporté le monologue :

– Me tenir ainsi, moi, le chef suprême des armées, dans l'ignorance du combat, constitue une impudence sans exemple. Cette attitude, comme la bataille elle-même, démontrent bien l'inutilité des grands bâtiments de combat. Leurs équipages demeurent dans l'oisiveté, sans le moindre désir de se battre et constituent uniquement un foyer révolutionnaire. Il suffit de leur faire prendre la mer pour qu'ils se couvrent de ridicule. Les marins allemands n'ont pas combattu jusqu'au bout, alors que les Anglais se battent jusqu'au dernier homme.

Le ton montait. Hitler hurlait :

– C'est la fin de la flotte de Haute mer! Vous entendez? J'ai pris la décision irrévocable de me débarrasser de ces cuirassés inutiles. On enverra tout à la casse, le blindage servira à fabriquer des chars, le personnel valable sera envoyé sur les sous-marins, les canons serviront à la défense des côtes. Prévenez le grand amiral!

Blanc d'émotion, l'amiral Krancke riposta :

– Ce sera, mon Führer, la victoire navale la moins chère jamais remportée par l'Angleterre.

– Sortez! Et appelez-moi Raeder!

« Je n'irai pas, fit répondre le grand amiral. Dites au Führer que je suis malade. Entre-temps, je vais essayer de connaître la vérité. »

La vérité! A dix-sept heures, le 1er janvier, l'amiral Klüber, de Narvik, put enfin avoir un entretien par radio-téléphone avec Kummetz. A phrases hachées, celui-ci s'expliqua :

– Je ne comprends pas que vous ayez eu l'impression d'un grand succès. Quand je n'ai pas de résultats, je n'en annonce pas!

– L'*U-354* a dit qu'il ne voyait que du rouge!

– Je n'ai pu vérifier cette impression! On ne se rend pas compte des difficultés de ma mission. Impossible d'atteindre le convoi avant d'avoir forcé l'écran de son escorte et de l'avoir détruite. Or je ne disposais que de deux heures de crépuscule, avec des risques grandissants d'attaques à la torpille. Une bataille d'ombres! Il y avait des nuages, des grains de neige, de la fumée partout! Les adversaires surgissaient de l'obscurité sur tous les bords, et on ne savait pas à qui on avait affaire, car le plus souvent ils demeuraient cachés, naviguant et même tirant au radar. On ne savait donc jamais si les bâtiments fugitivement entrevus étaient amis ou ennemis. On ignorait la présence des croiseurs, et l'*Eckholdt* en prit un pour le *Hipper*, ce qui provoqua sa perte.

– Avez-vous lancé des torpilles?

– Non; il n'y avait aucune visibilité et les buts étaient trop mobiles.

– Avez-vous *vu* le convoi?

– Oui, on a vu au moins six cargos... J'ai attiré sur moi les destroyers, suivant notre plan qui consistait à livrer le convoi sans défense au *Lützow*.

– Pourquoi celui-ci n'a-t-il pu alors détruire le convoi, désormais sans protection?

– Manque de visibilité... et de chance. L'escorte britannique s'est scindée en deux et notre cuirassé ne pouvait pas s'engager sans s'exposer à de graves risques. De même, nos contre-torpilleurs ne pouvaient attaquer le convoi sans renoncer à leur principale mission : la protection des deux grands bâtiments. Vous savez ce qu'en pense le Führer!

Le Führer... C'est seulement à 20 h 15 que Hitler reçut enfin le résultat négatif de la bataille. A la conférence de situation qui suivit, il réagit avec un illogisme qui caractérisait l'homme déjà malade de 1943 :

– Cette bataille n'a pas été poussée à fond! C'est caractéristique des navires allemands, alors que leurs adversaires britanniques se battent jusqu'au bout. Un chef militaire qui se comporte ainsi doit être immédiatement démonté de son commandement. Convoquez le grand amiral Raeder pour que je lui annonce ma décision de désarmer la flotte de Haute mer.

Hitler reçut Raeder le 6 janvier dans sa résidence du Wolfschanze, au milieu des pins (1). Le maréchal Keitel assistait à l'entretien, dont Raeder a rédigé un

(1) Entre-temps, Raeder avait approuvé l'action de Kummetz; il le confirma dans ses Mémoires : « De nombreuses forces légères escortant le convoi, il décida très judicieusement de maintenir ses bâtiments hors de portée des torpilles, conformément aux ordres lui prescrivant de ne pas les exposer dans ces conditions, alors défavorables. Ne pouvant obtenir une vue d'ensemble de la situation, très désavantagé du fait de la supériorité du radar anglais, et son bâtiment ayant été avarié, l'amiral Kummetz rompit le combat. »

minutieux procès-verbal. Le Führer ne lui laissa pas le temps d'ouvrir la bouche :

– La Marine allemande n'a jamais rien fait au cours des guerres, parce qu'elle manque d'hommes d'action décidés à combattre. Elle est donc inutile, et ce ne sont pas les révoltes de Kiel et de Wilhelmshaven, ni le sabordage de Scapa Flow, qui ont relevé son prestige. Le Führer, qui est un soldat, exige que tout combat commencé soit poussé à fond.

Muet et désapprobateur, Raeder encaissait stoïquement le flot de paroles.

– Alors que la situation est critique sur tous les fronts, les bâtiments de ligne croupissent inutilement à leur mouillage. Chaque fois qu'ils prennent la mer, les petites unités, qui, elles, se battent, doivent les escorter, les protéger! Désarmez les cuirassés!

Hitler parla ainsi pendant quatre-vingt-dix minutes, « d'une manière haineuse et passionnée », a écrit Raeder, et sans écouter ses objections : répercussions morales désastreuses dans le monde; tous les océans livrés sans combat à l'Angleterre; le Japon et l'Italie supportant seuls le poids de la guerre navale; enfin, toutes les forces ennemies désormais disponibles pour reconquérir la Méditerranée, les routes de l'Atlantique et de l'Arctique.

Quand il eut fini, dit Raeder, « je ne crus pas de ma dignité de contredire dans le détail ses déclarations sans objectivité. Il avait parlé avec la plus grande excitation, se comportant comme il ne l'avait jamais fait en ma présence. Il avait nettement perdu le contrôle de soi. Je demandai à lui parler seul à seul. Keitel et les deux sténographes quittèrent alors la pièce. »

– Mon Führer, étant donné que vous n'êtes pas d'accord avec ma manière de diriger la Kriegsmarine, je vous demande de me relever de mes fonctions, car il m'est impossible d'assumer mes tâches si je ne jouis pas de votre confiance.

– Non, non! Votre départ constituerait pour moi un nouveau fardeau; vous savez que la situation est critique devant Stalingrad... En partant, vous auriez l'air de m'accabler. Après tous les ennuis que me causent mes généraux, que le grand amiral m'épargne au moins des charges supplémentaires!

– Après votre condamnation de la Marine devant témoins, il m'est impossible de rester à mon poste; mon autorité a été trop ébranlée; le désarmement de la flotte l'achèverait. Pour ce qui est de l'effet négatif produit dans l'opinion par mon départ, on pourrait l'éviter; je ne quitterai pas la Marine, vous me nommerez à quelque poste honorifique pour préserver les apparences. Mon départ aura lieu le 30 janvier.

Accablé, Hitler céda.

– Le dixième anniversaire de mon arrivée au pouvoir... Vous me désignerez votre successeur.

– Carls, le plus ancien; ou Dönitz.

– Je ne veux pas de l'amiral Nord! Ce sera Dönitz. Ses sous-marins se battent, eux, et remportent des victoires.

Mais cette fois-ci, la victoire revenait au convoi JW-51 B et à ses escorteurs (1).

(1) Par la suite, Dönitz fit annuler l'ordre de Hitler. Une marine forme un tout, on ne saurait l'amputer de ses grands navires sans porter un coup fatal à l'ensemble. Même inactifs, les cuirassés allemands mobilisaient des forces adverses considérables.

16

LA DERNIÈRE BATAILLE DU *SCHARNHORST*

26 décembre 1943

Au cours de l'année 1943, les Alliés envoyèrent en Union soviétique cinq convois, qui passèrent sans autres dommages que ceux provoqués par les tempêtes continuelles. La Luftwaffe était occupée en Russie à endiguer la marée montante de l'Armée rouge. De leur côté, les Anglo-Américains avaient maîtrisé le problème de la lutte ASM, grâce aux perfectionnements du radar et de l'asdic, et à un radiogoniomètre permettant à l'escorte de situer elle-même les sous-marins. Il suffisait dès lors au convoi de changer de route. Les U-Boote, toujours soumis à la torture des quarts en surface dans la tempête, durent se contenter, ici et là, de torpiller sans risque des cargos qu'une avarie avait isolés du convoi.

Cependant, quelque chose se préparait. Non seulement l'amiral Dönitz n'avait pas désarmé les grands navires, mais il avait persuadé Hitler de faire passer en Norvège le cuirassé *Scharnhorst*, qui se trouvait alors en Baltique, et qui rejoignit en mars dans l'Altafjord le *Tirpitz* et le *Lützow*. Cette concentration eut pour effet de stopper les convois de l'été, à la grande colère de Staline.

En septembre, le *Tirpitz*, qu'aucun raid de bombardiers n'avait pu détruire, fut saboté à son mouillage au cours d'une opération hardie de commandos anglais à bord de sous-marins de poche. Cet événement considérable modifia la situation tactique dans les mers nordiques, et engagea les Alliés à reprendre les convois en novembre, en autorisant leurs cuirassés à croiser jusqu'en mer de Barentz. Si les JW-54 A et B et le JW-55 A, échappant à la surveillance allemande, passèrent sans provoquer de réaction, il n'en fut pas de même, nous allons le voir, pour le convoi suivant.

Chose curieuse, Dönitz, peut-être parce qu'il était un homme des sous-marins, ne tint pas compte des craintes de ses subordonnés. Il savait pourtant la grande nuit hivernale arctique peu propice aux attaques de surface du fait que les cuirassés allemands ne disposaient encore que de radars rudimentaires et se trouvaient donc très exposés aux attaques des destroyers. Quoi qu'il en soit, lorsque, le 22 décembre 1943, un observateur de la Luftwaffe signala un convoi, le JW-55 B (dix-neuf cargos), au large des îles Féroé, l'amiral mit en état d'alerte le *Scharnhorst* et lança la meute *Eisenbart* (Barbe de fer) à l'ouest de l'île aux Ours.

Au fond obscur de l'Altafjord, l'ordre d'appareillage retentit le 25 décembre à 14 h 15 pour dix-sept heures, malgré le temps détestable : vent de tempête et tourbillons de neige. Sur la passerelle du *Scharnhorst*, l'amiral Bey (qui remplaçait l'amiral Kummetz, souffrant) s'entretenait avec le commandant du cuirassé :

– Qu'en pensez-vous, Hintze?

– Les conditions sont très mauvaises, amiral, et avec ce temps, la Luftwaffe ne pourra pas nous couvrir.

Bey avait passé toute sa vie sur les torpilleurs; c'était par nature un fonceur.

– Oui, mais nous bénéficierons de l'effet de surprise. Voici le message que je viens de recevoir du sous-marin de Hansen : « Convoi carreau AB 6723, route au 60, vitesse huit nœuds. Vent sud force 7, neige, visibilité deux milles. » D'autres messages indiquent que l'escorte est faible, et seulement soutenue à l'arrière-plan par un croiseur et cinq destroyers.

Tandis que le cuirassé s'apprêtait à relever ses ancres, le capitaine de corvette Breuker, chef de l'artillerie, perché sur la « caisse à palabres », haranguait l'équipage aligné sur la plage arrière :

– Le *Scharnhorst* a reçu mission d'attaquer et de détruire un grand convoi qui navigue vers la Russie. L'opération a pour but de soulager le front de l'est, où nos camarades mènent un dur combat.

L'équipage l'interrompit avec des hourras frénétiques. Quelques matelots enthousiastes le portèrent en triomphe jusqu'à l'avant. Il se défendit mollement, puis se hâta vers la passerelle. Le commandant Hintze, qui avait vu le spectacle, sourit :

– Avec un pareil équipage, rien n'est impossible (1)! Allons-y, à dix-sept nœuds.

– Mais, commandant, les dragueurs n'en font que seize!

– Eh bien, ils sortiront les derniers!

Passé le dédale des fjords, une tempête énorme accueillit en mer le navire racé. Laissant derrière lui un sillage blanchâtre qu'éclairaient les pâles reflets d'une aurore boréale, le *Scharnhorst*, flanqué de ses cinq torpilleurs, fonçait à vingt-cinq nœuds vers son destin. Dans son salon capitonné, l'amiral Bey ouvrit alors les instructions cachetées :

« L'escadre attaquera le convoi le 26 décembre au début du jour (vers dix heures) si les conditions de visibilité et de temps sont favorables. Dans le cas contraire, on engagera seulement les torpilleurs. »

L'amiral Bey eut un petit rire. « Abandonner mes torpilleurs? Jamais! On ira tous ensemble à la bataille! »

Il monta sur la passerelle et fut saisi par le spectacle de puissance et d'ordre qu'offrait le *Sharnhorst*. Emporté par les 160 000 chevaux de ses turbines, les 35 000 tonnes du cuirassé ouvraient un sillon profond dans les murailles liquides qui accouraient du sud-

(1) Le cuirassé embarquait aussi quarante jeunes élèves officiers de l'Ecole Navale. C'était leur première grande sortie en mer!

ouest. Il contempla les trois tourelles, neuf pièces de 280; les douze canons de 150, les quatorze pièces antiaériennes de 105, les six tubes lance-torpilles. Oui, grâce à cet armement, avec sa cuirasse de trente centimètres et sa vitesse de trente-deux nœuds, le *Scharnhorst* paraissait invincible!

– Et les Anglais ignorent que nous avons le radar!

Dans la nuit arctique et ses tempêtes de neige, tout, effectivement, risquait de se jouer aux radars dont les fragiles antennes tournaient au sommet des mâts. En janvier 1943, les Allemands avaient enfin découvert le secret du radar centimétrique – le seul efficace pour la conduite nocturne du tir de l'artillerie navale – sur un bombardier anglais abattu à Rotterdam. Mais les deux « *funkmess* » *Seetakgerarte* du *Scharnhorst* restaient rudimentaires : portée cinq à dix milles, contre vingt à trente milles pour le radar anglais, qui seul avait en outre une définition de l'écho assez précise pour distinguer tous les types de bateaux.

Tandis que le cuirassé fonçait dans la nuit, les messages tombaient, envoyés par les postes à terre relayant les sous-marins et les rares avions qui pouvaient encore tenir l'air. Un U-Boot avait manqué un destroyer du convoi, mais donnait sa position. Les avions de patrouille maritime l'avaient aussi trouvé. Tous confirmaient que la Home Fleet n'était pas dans les parages. Enfin, à vingt-trois heures, l'amiral Bey reçut ce message de Dönitz :

« Attaquez le convoi. Exploitez audacieusement la situation tactique, ne terminez pas le combat sur un demi-succès. Mais rompez si des forces plus importantes se présentent. Je fais confiance à votre esprit offensif. Salut et victoire! »

Le 26 à 3 h 27, l'*U-601* signala : « Convoi carreau AB 6642. Vent du sud force 7, mer 7, visibilité 1 500 mètres. Les escorteurs me contraignent à plonger. »

A 7 h 15, le capitaine de corvette Lanz, officier de navigation du *Scharnhorst*, traça un trait de crayon sur la carte. L'amiral Bey se pencha.

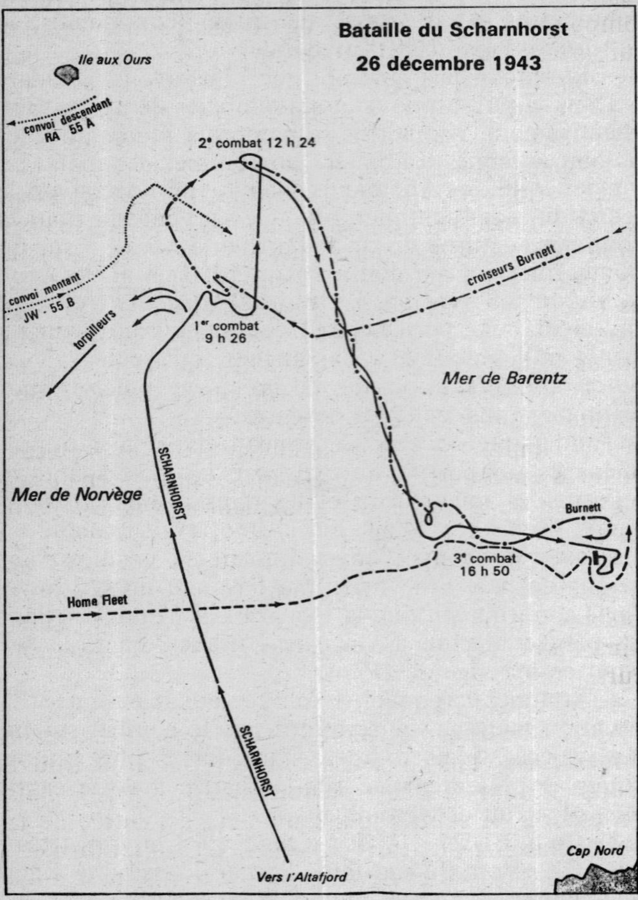
Bataille du Scharnhorst
26 décembre 1943
Ile aux Ours
convoi descendant
RA 55 A
2e combat 12 h 24
convoi montant
JW - 55 B
torpilleurs
1er combat
9 h 26
croiseurs Burnett
Mer de Barentz
SCHARNHORST
Mer de Norvège
Burnett
3e combat
16 h 50
Home Fleet
SCHARNHORST
Cap Nord
Vers l'Altafjord

– Oui, amiral; nous devrions maintenant être à moins de vingt milles à l'est du convoi.

L'amiral porta son regard à travers les vitres de la passerelle : à l'extérieur, l'obscurité opaque n'était rompue que par les reflets fugitifs des paquets de mer qui s'abattaient avec violence sur la plage avant, et par les tourbillons de neige.

– On sonnera le branle-bas de combat à 7 h 30. Ordre aux torpilleurs de se détacher et de se déployer en formation de recherche, route au 250.

Les torpilleurs virèrent de bord et mirent alors le cap à l'ouest, ce qui eut pour effet de les placer presque face à la tempête. Tanguant abominablement, les cinq navires se fondirent dans les ténèbres. Jumelles rivées aux yeux, cent veilleurs scrutaient la nuit opaque. Les mille neuf cent soixante-huit hommes du cuirassé et les quelque mille trois cents marins des torpilleurs avaient pris leur poste de combat, les canonniers sanglés à leur pièce pour éviter d'être éjectés. Impossible de circuler sur les ponts glacés. Quant à lancer des torpilles dans cette mer en furie! On aurait de la chance si l'armement ne gelait pas sur ses affûts!

A 9 h 26, tandis que les torpilleurs, déployés en râteau, s'étaient depuis longtemps perdus dans la nuit, soudain, en pleine tourmente de neige, la mer s'illumina au-dessus du *Scharnhorst*, éblouissant les veilleurs.

– Des obus éclairants!

Aussitôt, d'énormes gerbes de 203 explosèrent dans la mer. Ce n'était pas le *Scharnhorst* qui avait trouvé le convoi (alors à trente-six milles dans l'ouest), mais son escorte de soutien qui l'attendait à l'entrée de la mer de Barentz : les trois croiseurs de l'amiral Burnett, *Sheffield, Norfolk* et *Belfast*, qui, à trente-trois mille mètres, grâce à leurs radars, avaient découvert les Allemands!

Quant aux radars du *Scharnhorst*, ils n'avaient pas été mis en marche pour éviter d'être repérés! Lorsque l'ordre en fut donné, un obus anglais, avec une précision diabolique, frappa le mât et détruisit le radar d'artillerie. Les Allemands ne pouvaient désormais que régler approximativement leur tir sur les coups de départ ennemis, longs éclairs aveuglants crevant les tourbillons de neige.

– Objectif au 115. Environ douze mille mètres. Préparez-vous à tirer.

Mais l'amiral Bey s'approcha du commandant.

– Laissez tomber, Hintze. On n'est pas là pour se mesurer à l'escorte, mais pour détruire le convoi. Faites demi-tour en émettant de la fumée, et cherchons le convoi au nord, tandis que nos contre-torpilleurs le cherchent au sud.

Après avoir fait le demi-tour le plus rapide de sa carrière, le *Scharnhorst*, ripostant avec sa tourelle arrière, se perdit dans la nuit. Le combat avait duré dix minutes.

C'était désormais un bâtiment borgne qui recherchait le convoi dans l'obscurité. Mais dans une heure on aurait un peu de jour, et les U-Boote au contact diffuseraient sa position.

Les croiseurs de dix mille tonnes de l'amiral Burnett, ne pouvant donner plus de vingt-quatre nœuds dans la tempête, furent distancés par le *Scharnhorst*, qui en filait trente. Le convoi avait été détourné plein nord, et avançait à trente-cinq milles parallèlement au cuirassé allemand, dont les contre-torpilleurs, eux, s'éloignaient inutilement vers le sud. Une heure plus tard, le convoi, à cause de la banquise, revint à sa route est et navigua donc le cap sur le *Scharnhorst*, qui, averti par un sous-marin, vira de bord plein ouest à onze heures pour se diriger sur lui.

Contrairement aux espoirs des Allemands, la visibilité était toujours réduite, la courte aube polaire se bornant à une lueur blafarde sur une mer de plus en plus dure, battue par des rafales de neige. Radars, télépointeurs et périscopes inutilisables, les officiers de tir réduisaient leurs observations à la vue.

A 11 h 21, les veilleurs du *Scharnhorst* signalent

enfin des silhouettes à bâbord et à tribord. Le convoi?

– Objectif au 260. Distance dix mille mètres. Feu!

Tandis que les Allemands tentent de repérer les hautes colonnes de leurs salves autour des bâtiments adverses, soudain, a raconté le premier maître télépointeur Goedde, « une vive clarté jaune clair illumine le *Scharnhorst.* Trois ou quatre soleils jaune d'or planent surnaturellement, leur lumière aveuglante illuminant nos superstructures. Les contours des tourelles et des pièces, des passerelles et des ponts se détachent très nettement sur le fond de la neige qui tourbillonne. Des obus éclairants! »

Au lieu du convoi, ce sont encore ces diables de croiseurs de l'amiral Burnett! Après l'engagement de 9 h 26, l'amiral anglais est remonté à toute vitesse vers le nord-ouest pour couvrir le convoi, puis, virant de bord, après avoir récupéré quatre destroyers de l'escorte rapprochée, il a fait face au cuirassé surgi de la nuit, que ses radars ont repéré à vingt-sept mille mètres, bien avant d'être vu.

Le croiseur *Sheffield,* avec une précision redoutable, ouvre le feu à 12 h 24 et lance en avant ses destroyers. Mais déjà le *Scharnhorst* bat en retraite à vingt-huit nœuds. Dans la mer en furie, les destroyers ne parviennent pas à le rattraper, l'un d'eux se contentant de le canonner à six mille trois cents mètres, sans pouvoir le torpiller.

Les canons de 203 du *Norfolk* entrent alors dans la danse, mais le croiseur anglais est aussitôt encadré par les obus du *Scharnhorst.* Sa tourelle arrière est mise hors de combat et il s'en faut de peu que la soute n'explose. Un second obus frappe au centre, détruisant les radars, tuant six Anglais. A son tour, le croiseur amiral *Sheffield* encaisse des éclats en pleine coque, puis le feu cesse à quatorze mille mètres, faute de visibilité. Il a duré dix-sept minutes.

Le *Scharnhorst* n'a pas été touché, mais il bat en retraite et le convoi est sauvé. Malgré sa supériorité théorique, l'amiral Bey, privé de ses contre-torpilleurs et de son radar d'artillerie, a préféré abandonner le combat.

– Hintze, cap sur l'Altafjord, à la vitesse maximum.

Le commandant fait un signe à l'officier de navigation, qui, après un rapide calcul sur sa carte, annonce :

– Route au 160.

– Et rappelez les contre-torpilleurs.

Mais ceux-ci, qui, à huit milles près, viennent aussi de manquer le convoi, ne peuvent plus rattraper le *Scharnhorst*, trop rapide. Sur l'ordre de Bey, ils font route indépendamment sur leur base.

Après le bref crépuscule polaire, la nuit est à nouveau tombée. Le cuirassé, cette fois, fait face à la tempête au lieu d'être porté par elle. A une allure démentielle de vingt-huit nœuds, il crève les falaises liquides qui s'abattent sur sa plage avant et déferlent jusqu'aux tourelles. Grâce à l'unique radar encore en service, on perçoit le scoope d'un croiseur ennemi – un seul – qui colle à l'arrière à dix-huit mille mètres. Vainement, le cuirassé tente de le distancer. Il va y parvenir lorsqu'une accalmie passagère permet aux Anglais, en ordre dispersé, de conserver le contact.

Il n'y a pas d'autre ennemi, semble-t-il, dans les parages, mais tous les Allemands restent aux postes de combat, avalant en hâte un repas froid. Une angoisse sourde, incompréhensible, étreint les cœurs, puis c'est la surprise. A quinze heures trente, la voix du commandant Hintze retentit dans le circuit général :

– A tous. Un message radio en provenance de la Luftwaffe signale une escadre ennemie à cent cinquante milles à l'ouest. Ayez l'œil à tribord.

Que se passe-t-il? Entre dix et onze heures, un hydravion allemand Blohm & Voss, volant en pleine tempête, a repéré dans son radar et suivi une escadre sur la mer. Le pilote ne la voit pas, mais son instrument, bien que rudimentaire, permet à l'observateur de distinguer « un grand et plusieurs petits navires, vitesse élevée, route au sud-est ».

Cette information capitale a été transmise au chef-aviation des îles Lofoten, qui, en raison du délai de décryptage et des mauvaises conditions météorologiques, ne retransmit qu'à 13 h 41 à l'amiral « Mers nordiques » un message tronqué : « Plusieurs bâtiments repérés. »

On porte aussitôt la position sur la carte : nord-ouest du cap Nord, à soixante milles seulement de la côte. Route au sud-est, il ne peut pas s'agir du *Scharnhorst*, mais sûrement de ses torpilleurs, que Bey a dû renvoyer à leur base à cause de la tempête.

C'est seulement à l'amerrissage de l'hydravion et sur l'insistance du pilote Marx, un ancien officier de marine, que le chef-aviation se décide à envoyer l'information complète. Mais alors, s'il y a un gros bâtiment, ce ne peut être qu'une force ennemie, qui s'apprête à barrer la route du retour au *Scharnhorst*!

Ainsi, ce n'est qu'à quinze heures trente que le cuirassé en reçoit l'avis! Il est trop tard pour changer de route. Trente minutes plus tard, les klaxons d'alerte retentissent. Puis, dans les haut-parleurs du circuit général, on entend la voix angoissée du commandant Hintze :

– Camarades, on n'est pas sorti de ce pétrin! On avait un Anglais sur le dos qu'on n'a pu semer; le radar signale maintenant d'autres bâtiments à tribord. Veilleurs, ayez l'œil, ça va barder!

Des bâtiments à tribord? Ce ne peuvent être que les mystérieux fantômes signalés par la Luftwaffe!

– Silhouettes à l'avant, annonce déjà l'officier canonnier Breuker.

– La barre à gauche, cap au nord-est. Augmentez encore la vitesse!

Mais déjà c'est l'enfer. Des salves d'obus éclairants illuminent la mer. A moins de cent cinquante mètres, des gerbes gigantesques s'élèvent à bâbord, des obus de 356! Il n'y a qu'un grand cuirassé britannique pour lancer cela. Blême, l'amiral Bey comprend alors qu'il vient de se faire piéger par le chef de la Home Fleet. Il n'y a plus qu'à se battre. Il ordonne :

– Ouvrez le feu!

C'est le 23 décembre à vingt-trois heures que l'escadre britannique, commandée par l'amiral Fraser, successeur de l'amiral Tovey, avait, d'Islande, repris la mer après avoir convoyé jusqu'en Russie le JW-55 A, puis l'avoir ramené (RA-55 A). Or, l'état-major allemand était persuadé qu'après cette dure escorte l'escadre britannique ne pourrait couvrir la section B du JW-55. En raison de l'absence de visibilité, ni les U-Boote ni la Luftwaffe n'avaient repéré sa sortie pour le détromper.

La cuirasse et l'armement du cuirassé amiral *Duke of York* (41 000 tonnes, dix canons de 356), étaient très supérieurs à ceux du *Scharnhorst*, qui était cependant un peu plus rapide. L'escadre comptait en outre le croiseur *Jamaïca* et quatre destroyers.

Dans la soirée du 24 décembre, l'amiral Fraser, estimant que le *Scharnhorst* risquait d'attaquer le convoi, fonça en direction de l'est pour le couvrir, mais il se heurta le lendemain à une énorme tempête, qui réduisit sa vitesse à dix-sept nœuds.

Le 26 décembre, à 3 h 39, il recevait de l'Amirauté un message confirmant son intuition : selon l'information de l'espion d'Alta, précisée par une radiogoniométrie, le *Scharnhorst* avait effectivement quitté son mouillage. A 20 h 16, le 25 décembre, les services d'écoute britanniques avaient en effet capté, sans toutefois le déchiffrer, un message radio du *Scharnhorst* à l'amiral « Mers nordiques » : « Dans zone d'opérations, tempête probable 6 à 9. Torpilleurs handicapés pour le combat. Limitation de vitesse s'impose. »

Contrairement à ce qu'ont écrit beaucoup d'historiens, ce message, l'heure en fait foi, ne fut pas envoyé et capté lorsque le *Scharnhorst* était au large, ce qui eût constitué une imprudence grossière, mais dans les chenaux de sortie de l'Altafjord. Il donna toutefois un indice important aux Anglais grâce à la précision extraordinaire de leur radiogoniométrie.

Malheureusement, l'amiral Fraser ne pouvait arriver assez tôt pour sauver le convoi. Il le détourna donc vers le nord pour gagner du temps, ce qui lui permettra par la suite d'échapper de justesse au *Scharnhorst*, et signala aux croiseurs de Burnett qui arrivaient de Russie de se tenir prêts à combattre les Allemands. Ceci fait, il monta le piège classique. Faisant confiance à Burnett et à l'escorte pour protéger le convoi, il fonça vers le sud-est pour couper au *Scharnhorst* sa route de retour, en un point situé entre le convoi et l'Altafjord.

Mais la découverte de son escadre par l'hydravion de Marx aurait dû déjouer le piège. On a vu qu'en raison du manque de coordination entre la Kriegsmarine et la Luftwaffe (1) l'amiral Bey n'en fut avisé que trente minutes avant l'arrivée de Fraser; il était trop tard pour les Allemands.

Le piège ainsi tendu, le *Scharnhorst* s'y était jeté. Comprenant que la visibilité insuffisante ne lui permettrait pas de trouver rapidement le convoi, l'amiral Bey, renonçant à se mesurer avec les croiseurs de Burnett, et redoutant une charge de destroyers alors qu'il s'était imprudemment séparé des siens, avait rompu le combat, pour tomber exactement trois heures plus tard sur le cuirassé *Duke of York*, que les croiseurs de l'amiral Burnett avaient alerté lors des deux combats, et continuaient à guider pendant la poursuite.

C'est à 16 h 17 que le radar du *Duke of York* a repéré le *Scharnhorst* à quarante et un mille mètres. Aussitôt, l'amiral Fraser ordonne :

– Transmettez la position aux destroyers, qui se

(1) Il n'existait pas davantage d'instructions prescrivant à l'équipe radio du *Scharnhorst* la prise d'écoutes simultanées sur les ondes de la reconnaissance aérienne, ce que faisaient tous les bâtiments britanniques.

formeront en deux sections et prendront la formation préparatoire sur chaque bord de l'ennemi pour l'attaquer à la torpille.

A son tour, le radar de conduite de tir du cuirassé britannique capte l'ennemi lorsqu'il arrive à vingt-sept mille mètres.

A 16 h 47, le croiseur *Belfast*, du groupe Burnett, qui était au contact radar lors de la poursuite, lance des obus éclairants. Le *Duke of York* fait de même. Aussitôt, les énormes canons de 356 de l'amiral Fraser ouvrent le feu à onze mille cinq cents mètres, imités par ceux des croiseurs. C'est donc une véritable avalanche d'obus de tous calibres qui pleut sur le *Scharnhorst*, mais il se défend âprement, ses trois tourelles triples de 280 tirant aussi sans arrêt.

Cependant, un obus de 356 explose presque aussitôt à l'avant, mettant définitivement hors de combat la tourelle A. Le feu prend dans la soute à munitions et se communique à la soute voisine de la tourelle B, qu'il faut noyer. Le *Scharnhorst* est donc amputé des deux tiers de son artillerie principale, la seule qui, grâce à des obus de trois cents kilos, a une chance d'infliger au *Duke of York* une avarie mortelle.

Pendant vingt minutes, les deux cuirassés se martèlent furieusement. L'Anglais est encadré, mais il ne subit d'autre avarie qu'une rupture du radar d'artillerie, promptement remis en service par un volontaire, monté là-haut par un froid terrible.

Le radar n'est d'ailleurs plus nécessaire. Alors que l'Allemand ne voit de ses adversaires que les coups de départ, ceux-ci l'arrosent littéralement d'obus éclairants qui le livrent bien visible aux télémètres de l'artillerie.

Le *Scharnhorst* conserve cependant un espoir : la fuite. En effet, ses machines intactes, il est plus rapide que ses adversaires qui n'ont encore pu placer aucun coup mortel. En outre, la tempête empêche les destroyers de le rattraper. Peu à peu, écrasant des montagnes liquides, il s'en éloigne. La distance passe à quinze mille mètres, puis à dix-huit mille, mais à la grande stupeur des Allemands, grâce à leurs radars, les Anglais l'encadrent encore. Enfin, à 17 h 50, le commandant Hintze annonce dans le circuit général :

– Nous semons l'ennemi. Notre blindage a tenu (1)!

A 18 h 24, le feu cesse enfin. Le *Scharnhorst* va s'échapper, il est sauvé...

Non. Un des derniers obus de 356 le frappe à l'arrière, à l'aplomb de la tourelle C qui résiste, mais quelques instants plus tard un nouvel obus l'atteint par le travers, au niveau de la flottaison, avec une violence inouïe. La cuirasse de trente centimètres ne cède pas, mais le choc a été si violent (on l'a pris pour celui d'une torpille) que la chaudière n° 1 explose! La vapeur fuse alors partout, la vitesse tombe à huit nœuds.

Dans le blockhaus de commandement, l'amiral Bey regarde le commandant Hintze.

– C'est la fin?

– Peut-être pas. L'ingénieur König est de premier ordre.

Effectivement, en bas, les mécaniciens s'affairent. Il s'agit, malgré la vapeur brûlante qui a envahi le compartiment, d'isoler du collecteur principal la chaudière crevée. Ils y parviennent. Peu à peu, la pression remonte. Et bientôt, le *Scharnhorst* a retrouvé une vitesse acceptable : vingt-deux nœuds.

Mais pendant ce temps, le *Duke of York* a pu se rapprocher et ouvre à nouveau le feu, auquel répond une seule tourelle de 280 du *Scharnhorst*. Les croiseurs tirent aussi, et le cuirassé allemand leur réplique avec ses douze pièces de 150. Pendant trente-six minutes mortelles, le fer et le feu pleuvent sur le cuirassé accablé par le nombre. Vitesse réduite, il ne peut plus s'échapper. Le pont est ravagé, couvert de

(1) 305 mm de cuirasse pour la coque, et deux ponts blindés de 160 et 110 mm. Seul un obus de rupture de 356 (500 kg) tombant verticalement (donc tiré à très grande distance) pouvait le désemparer.

morts. Le hangar-aviation brûle, quatre tourelles jumelées de 150 sont muselées.

A travers le vacarme des explosions, l'ébranlement sourd des coups au départ, le sifflement sinistre des obus et le fracas continu de la mer qui s'écrase sur les ponts puis se retire en balayant indifféremment les blessés et les morts, on entend la voix rassurante du commandant Hintze :

– A tous : *Scharnhorst* toujours en avant!

C'est la fière devise du bâtiment. Mais quel espoir désormais d'échapper à l'anéantissement : la mort par le feu ou par le froid?

Et pourtant, un miracle se produit. Le *Scharnhorst* paraît accroître progressivement sa vitesse. A 19 h 20, la distance passe à vingt mille mètres et peu après le feu cesse de part et d'autre. Cet état de grâce dure seize minutes.

Mais il n'y a pas de miracle. L'amiral Fraser a ralenti et cessé le feu pour permettre à ses quatre destroyers d'attaquer.

Malgré leur handicap de tonnage, les lévriers des mers, escaladant les collines mouvantes tels des bêtes de race, ont déjà profité du ralentissement du *Scharnhorst* pour se placer sur ses deux flancs, puis ils gagnent peu à peu sur son avant. Enfin, sur la passerelle du *Duke of York*, un ordre claque, répété par les projecteurs :

– Les destroyers, attaquez!

Pour les jeunes commandants et pour les équipages, le grand moment est venu pour lequel, pendant des années, ils se sont entraînés. Le *Scorpion*, et le *Stord* (dont l'équipage est norvégien résistant) attaquent les premiers.

A bord du *Scharnhorst*, les marins allemands voient avec effroi les destroyers surgir de la nuit, à bâbord. Ayant pu assécher les soutes de sa tourelle B, le cuirassé ouvre alors le feu avec les deux tiers de ses pièces principales. Incroyable!

En dépit des gerbes énormes qui les encadrent, les destroyers continuent à leur cap sur la cible illuminée par leurs obus éclairants. Parvenus respectivement à mille cinq cents et mille neuf cents mètres, le *Scorpion* et le *Stord* lancent chacun huit torpilles. Le *Scharnhorst*, qui a mis la barre toute à tribord, évolue, il échappe aux premiers sillages, mais deux torpilles le frappent en son centre.

Puis un nouvel ennemi se présente à tribord. Profitant de l'évolution brutale du cuirassé, les deux autres destroyers, le *Savage* et le *Saumarez*, qui naviguent alors à trois mille mètres, passent à leur tour à l'attaque.

Les pièces du *Scharnhorst* les accablent : un déluge de feu – même les canons légers antiaériens tirent! Ignorant les obus, les destroyers lancent : le *Savage* d'abord, huit torpilles; le *Saumarez* ensuite, s'offrant même le luxe de fignoler son attaque. Il se rapproche jusqu'à mille six cents mètres – risque énorme – et lance quatre torpilles, puis se retire, à demi assommé, sur une seule machine, avec onze blessés et onze morts.

Les engins sont partis. Deux font but. A bord du *Scharnhorst*, les annonces terribles se succèdent sur la passerelle :

– Compartiments avant envahis!

– Chaufferie 2 envahie!

– Voie d'eau à l'arrière. Trois compartiments noyés. Vingt-cinq hommes sont prisonniers derrière les portes étanches.

– Un arbre d'hélice avarié.

L'amiral Bey, impassible, se tourne alors vers le commandant :

– Cap au nord, Hintze. Nous aurons peut-être ainsi une chance de sortir de cette saloperie. L'« amiral Nord » m'informe que tous les sous-marins et les torpilleurs disponibles nous sont envoyés à toute allure.

– Ils arriveront trop tard, amiral. Ah! si nous avions seulement eu nos cinq torpilleurs!

Dans le blockhaus de la passerelle, l'homme de barre, qui garde une vue restreinte sur l'avant grâce à l'un des trois périscopes, exécute la manœuvre. Le *Scharnhorst* navigue encore à vingt nœuds, mais, alourdi par l'eau qui envahit ses cales, il ralentit peu à peu. Le *Duke of York* s'est rapproché à neuf mille quatre cents mètres et a rouvert le feu à vingt heures.

– Il reste une chance, dit Hintze; les torpilles. N'oubliez pas que je suis un homme des torpilleurs! Je commanderai moi-même le lancement.

Cependant, sous l'orage d'acier, les nouvelles catastrophiques se succèdent :

– Poste de secours anéanti. Le médecin, l'aumônier et tous les infirmiers sont morts.

– Tourelle n° 2 de 150 hors de combat.

– Incendie dans la tourelle B de 280.

– On n'est plus maître de l'incendie du hangar-aviation.

– Les tourelles B et C n'ont plus de munitions.

– Portez-leur celles de la tourelle A, répond la passerelle.

Le *Duke of York* s'est rapproché à sept mille mètres. On aperçoit sa silhouette massive dans la nuit, éclairée par les salves de ses pièces. La vitesse du *Scharnhorst* tombe à cinq nœuds et il ne tire plus qu'avec quelques pièces de 150, sans précision.

– Le commandant, à tous les postes : le *Scharnhorst* combat jusqu'au dernier obus. Vive l'Allemagne!

Un veilleur crie :

– Des destroyers attaquent à l'arrière!

– Lancez nos torpilles, ordonne alors le commandant Hintze.

Mais elles se perdent dans la nuit. Il ne reste plus au cuirassé qu'à mourir. Il a déjà encaissé vingt obus de 356, des dizaines de moindre calibre, quatre torpilles, et refuse toujours de couler! L'amiral Fraser comprend alors qu'il n'en viendra pas à bout au canon.

– Achevez-le à la torpille!

Les croiseurs s'approchent et vident leurs tubes, sans résultat apparent; puis les destroyers. Le *Scharnhorst*, pilonné ainsi par mille obus de tous calibres, est maintenant stoppé sur la mer, masse fumante et flamboyante. Il a encaissé cette fois neuf torpilles! Mais il ne se rend pas, et quelques pièces moyennes tirent encore.

Lentement, le grand navire s'incline à tribord. Alors, Hintze ordonne :

– A tous les postes : détruisez les appareils secrets. Sabordez le bâtiment.

La gîte augmente.

– Aux postes d'évacuation!

Mais que reste-t-il des embarcations de sauvetage? Le pont n'est plus qu'un amas brûlant de ferrailles tordues, sur lesquelles les obus anglais continuent de s'abattre.

– Mettez vos ceintures. Préparez-vous à sauter.

C'est maintenant l'ultime rendez-vous avec cette vieille et implacable amie, la mer. Mais dans l'Arctique, la mer, c'est la mort!

Ils le savent bien, ceux de la tourelle n° 4 de 150 qui, refusant l'ordre d'abandon, tirent encore; et ceux-là, en haut, tout au sommet de la tour, mitrailleurs sublimes et inutiles, qui continuent à cribler le ciel noir des rafales rageuses de leurs mitrailleuses contre avions.

Le *Scharnhorst* se couche sur le flanc, les lames frappent le pont et la passerelle, quelques déferlantes couvrent d'embruns le sommet de la tour. Sous la lumière fantomatique des obus éclairants et le brasillement des incendies, dans la tempête de neige et de grêle qui a repris, impitoyable, on voit des grappes d'hommes sauter dans le vide, aussitôt emportés par les tourbillons de la mer.

Le *Scharnhorst* sombra à 20 h 45. Ce combat implacable avait duré quatre heures, et ses canons, ses machines, avaient tenu jusqu'au bout. Comme le bâtiment disparaissait, les hélices, hors de l'eau, tournant encore, on entendit des cris monter de la mer :

– Pour le *Scharnhorst*, hourra, hourra, hourra!

– Pour nos frères et pour la patrie, hourra!

Sur un radeau emporté par la tempête, un groupe de

survivants chantait la vieille complainte de la Kriegsmarine : « *Sur la tombe du marin ne fleurissent pas les roses.* »

Les destroyers anglais ne recueillirent que trente-six survivants. L'amiral Bey, le commandant Hintze, les deux cents officiers, les quarante aspirants et mille six cent quatre-vingt-douze gradés et matelots étaient morts.

Trois jours plus tard, le JW-55 B, intact, arrivait à Mourmansk.

Ainsi s'acheva la dernière grande bataille navale des convois de l'Arctique, la dernière aussi du IIIe Reich.

17

LES CONVOIS VICTORIEUX

Des trois ennemis des convois : les navires de ligne, les avions et les sous-marins, deux avaient disparu. Restaient les U-Boote, encore très agressifs, mais les équipages de 1944 n'étaient plus ceux des débuts, alors même que la défense ASM, grâce au porte-avions d'escorte, devenait efficace.

Restait aussi le vieil ennemi de l'homme : la tempête. Le convoi suivant (JW-56 A) en fit les frais, et dut rentrer en Islande pour réparer ses avaries et ressaisir ses cargaisons. Quant au B, il se heurta à une invention diabolique des Allemands : la torpille acoustique, guidée par le bruit des hélices. Un destroyer fut coulé, mais l'*U-314*, qui l'avait attaqué, ne put échapper à la vengeance de l'escorte.

En février 1944, un immense convoi de quarante-trois bateaux, escorté par un porte-avions, quatre croiseurs et dix-sept destroyers, dispersa une meute de quatorze sous-marins, dont trois furent coulés. Le convoi de retour, attaqué par quinze U-Boote, ne perdit qu'un seul cargo, alors que trois sous-marins étaient encore envoyés par le fond.

En avril, une meute de seize U-Boote fut lancée contre le JW-58, quarante-neuf cargos escortés par deux croiseurs, deux porte-avions, vingt destroyers et neuf corvettes, sous le commandement d'un vice-amiral. Quatre sous-marins furent coulés, aucun cargo ne fut perdu. On avait enfin trouvé une parade aux torpilles acoustiques : le bruiteur remorqué.

Les Allemands tentèrent alors de remettre le *Tirpitz* en service. Mais à peine était-il en état qu'une attaque hardie de l'aviation navale le paralysait à nouveau à son mouillage; il sera plus tard achevé à Tromsoë par l'aviation lourde.

Pendant l'hiver 1944-1945, quelque trente-deux U-Boote, équipés du schnorchel, leur permettant de naviguer aux diesels en plongée périscopique, tentèrent vainement de stopper les convois. Il faut ici rendre hommage au courage de ces sous-mariniers, qui opérèrent dans les conditions les plus dures qui puissent exister. Ils perdirent en quelques mois le tiers de leurs effectifs. Mais il convient aussi de souligner le courage héroïque des pilotes de l'aviation navale alliée. Ils risquaient leur vie presque chaque fois qu'ils décollaient de leur pont mouvant. Au retour, réservoirs à sec, ils craignaient de ne pas le retrouver. Lors de la reprise des attaques des bombardiers allemands, les chasseurs embarqués les repoussèrent en leur causant de lourdes pertes.

En 1944, deux cent quarante-trois navires marchands apportèrent ainsi en Russie le matériel militaire américain, qui allait permettre l'irrésistible offensive de l'Armée rouge. Il n'y eut que trois cargos coulés. La grande leçon des convois avait été la couverture aérienne par porte-avions, dont les appareils agissaient en liaison avec les escorteurs ASM.

Le dernier convoi appareilla de la Clyde le 12 mai 1945. « Il s'engagea, a rapporté un témoin, dans un océan surpris de ne plus entendre que la seule clameur des houles, de ne point rouler de cadavres, et les nuits de n'être plus illuminées que par les astres. » La guerre contre l'Allemagne était finie, les convois avaient remporté la bataille de l'Arctique, la plus obscure et la plus dure à laquelle marins et aviateurs aient jamais été confrontés.

Sur les 828 navires envoyés par les Alliés dans l'Arctique en 42 convois, et quelques isolés, 729 parvinrent en Union soviétique, 34 firent demi-tour et 65 furent coulés. Pour les convois de retour, sur 717 bateaux, 27 furent coulés et 8 firent demi-tour.

Le total des pertes s'élevait à 92 navires marchands : 41 par les U-Boote, 37 par la Luftwaffe, 3 par des navires de surface, 5 au port, 1 naufrage par tempête, 5 par champs de mines. 829 marins marchands alliés perdirent la vie dans ces naufrages.

Lors d'un discours qu'il prononça aux Communes, le Premier ministre Attlee donna le détail impressionnant des marchandises livrées à l'Union soviétique par l'Arctique : 5 218 chars, 7 411 avions, 4 020 véhicules militaires, 100 000 camions, 1 100 canons, 1 474 radars, 150 millions de projectiles, 48 360 kilomètres de câbles téléphoniques, un million de tonnes de vivres, des wagons, rails et locomotives, de l'outillage industriel, des pièces de rechange d'aviation, de l'essence d'avion, ainsi que les matières premières stratégiques de l'industrie de guerre, comme l'aluminium, le cuivre et le caoutchouc, des médicaments et des vêtements offerts à la population russe, sans parler, pour les soldats, des millions de paires de bottes que Churchill avait promis à Staline.

Au total, quatre millions de tonnes passèrent par l'Arctique, soit le quart de l'aide alliée à l'URSS, dont les premiers convois, exclusivement nordiques, retournèrent le cours de la guerre.

Les Alliés perdirent 2 croiseurs, 6 destroyers, 11 escorteurs, 1 sous-marin, 1 pétrolier, 1 navire de sauvetage, tandis que 1 944 marins militaires donnaient leur vie. De leur côté, les Allemands perdirent 2 cuirassés, 3 destroyers, 38 sous-marins et de nombreux avions.

L'aide alliée à l'Union soviétique, écrasée par les armées allemandes, eut un effet décisif, non seulement au plan stratégique, mais aussi psychologique. En voyant ces cargos entrer dans leurs ports, les combattants des steppes glacées ne se sentirent plus abandonnés. En 1941, la situation économique et militaire de l'URSS était désespérée; les lignes de communication, préalable de tout sauvetage, furent rétablies grâce aux dizaines de milliers de véhicules militaires qui redonnèrent à l'Armée rouge sa mobilité. Les soldats, qui mouraient de faim et de froid, reçurent vivres et vêtements. Ce sont les chars, débarqués à Arkhangelsk, qui jouèrent un rôle décisif pour sauver Moscou. Puis les blindés et les avions livrés permirent aux Russes de dégager Stalingrad et de passer enfin à la contre-offensive victorieuse, qui ne s'arrêta que dans les ruines fumantes de Berlin.

Les convois de Mourmansk furent une grande épopée silencieuse et ingrate dans la nuit de l'Arctique. Il convenait de ne pas oublier les souffrances de ses combattants, civils et militaires, marins et aviateurs.

Peut-être, un jour, la chape de plomb qui s'appesantit sur l'Union soviétique se lèvera-t-elle. L'information passera. La Russie éternelle et les peuples lointains de Sibérie apprendront alors avec émotion que les peuples d'Occident – bien que réputés « ennemis de classe », – leur avaient fraternellement tendu la main, au pire moment de leur histoire.

ANNEXES

Annexe 1

BILAN DES CONVOIS (ALLER)

CONVOIS	DÉPARTS	CARGOS	FONT DEMI-TOUR	COULÉS	CARGOS ARRIVÉS	ESCORTE (COULÉS)	NAVIRES DE GUERRE ALLEMANDS COULÉS	ARRIVÉES
PQ-0	Islande 21.8.41	7			7			Arkhangelsk 31.8.41
PQ-1	Islande 29.9.41	10			10			Arkhangelsk 11.10.41
PQ-2	Scapa 17.10.41	6			6			Arkhangelsk 30.10.41
PQ-3	Islande 9.11.41	8	1		7			Arkhangelsk 28.11.41
PQ-4	Islande 17.11.41	8			8			Arkhangelsk 28.11.41
PQ-5	Islande 27.11.41	7			7			Arkhangelsk 12.12.41
PQ-6	Islande 8.12.41	7			7			Mourmansk 20.12.41
PQ-7 A	Islande 26.12.41	2		1	1			Mourmansk 12.1.42
PQ-7 B	Islande 31.12.41	9			9			Mourmansk 11.1.42
PQ-8	Islande 8.1.42	8			8	des. *Matabelle*		Mourmansk 17.1.42
PQ-9	Islande 1.2.42	7			7			Mourmansk 10.2.42
PQ-10	Islande 1.2.42	3			3			
PQ-11	Loeh Ewe 6.2.42	13			13			Mourmansk 23.2.42

CONVOIS	DÉPARTS	CARGOS	FONT DEMI-TOUR	COULÉS	CARGOS ARRIVÉS	ESCORTE (COULÉS)	NAVIRES DE GUERRE ALLEMANDS COULÉS	ARRIVÉES
PQ-12	Islande 1.3.42	16			16			Mourmansk 12.3.42
PQ-13	Islande 20.3.42	19		5	14		torp. *Z.26* *U.585*	Mourmansk 1.4.42
PQ-14	Islande 8.4.42	24	16	1	7			Mourmansk 19.4.42
PQ-15	Islande 26.4.42	25		3	22	des. *Punjabi* s.-m. *Jastrab*		Mourmansk 5.5.42
PQ-16	Islande 21.5.42	35	2	7	26	cr. *Trinidad*		Mourmansk 30.5.42 et Arkhangelsk 2.6.42
PQ-17	Islande 27.6.42	35	2	22	11	rescue *Zamalek* pétrolier *Aldersdale*		Akhangel. II au 25.7.42
PQ-18	Loch Ewe 2.9.42	40		13	27		3 U-Boote : (*U.88, 457* et *589*)	Arkhangelsk 17.9.42
Isolés	Loch Ewe nov.42	15		8	7			Mourmansk nov.-déc.
JW-51 A	Loch Ewe 15.12.42	16			16			Mourmansk 25.12.42
JW-51 B	Loch Ewe 22.12.42	14			14	des. *Achates* drag. *Bramble*	torp. *Eckholdt*	Mourmansk 3.1.43
JW-52	Loch Ewe 17.1.43	14	1		13			Mourmansk 27.1.43
JW-53	Loch Ewe 15.2.43	28	6		22			Mourmansk 27.2.43
JW-54 A	Loch Ewe 15.11.43	18			18			Mourmansk 24.11.43
JW-54 B	Loch Ewe 22.11.43	14			14			Mourmansk 2.12.43
JW-55 A	Loch Ewe 12.12.43	19			19			Mourmansk 20.12.43
JW-55 B	Loch Ewe 20.12.43	19			19		Cu. *Scharnhorst*	Mourmansk 29.12.43

CONVOIS	DÉPARTS	CARGOS	FONT DEMI-TOUR	COULÉS	CARGOS ARRIVÉS	ESCORTE (COULÉS)	NAVIRES DE GUERRE ALLEMANDS COULÉS	ARRIVÉES
JW-56 A	Loch Ewe 12.1.44	20	5	3	12			Mourmansk 28.1.44
JW-56 B	Loch Ewe 22.1.44	16			16	des. *Hardy*	*U.314*	Mourmansk 1.2.44
JW-57	Loch Ewe 20.2.44	43			43	des. *Mahratta*	3 sous-marins	Mourmansk 28.2.44
JW-58	Loch Ewe 27.3.44	49	1		48		4 sous-marins *U.250* (juillet)	Mourmansk 5.4.44
JW-59	Loch Ewe 15.8.44	33			33	des. *Keith*		Mourmansk 25.8.44
JW-60	Loch Ewe 15.9.44	30			30			Mourmansk 23.9.44
JW-61 A	Loch Ewe 20.10.44	29			29		*U.673* et *U.957* (16 et 19 octobre) *U.1060*	Mourmansk 28.10.44
JW-61 B	Liverpool 31.10.44	2			2			Mourmansk 6.11.44
JW-62	Loch Ewe 29.11.44	30			30		3 sous-marins	Mourmansk 7.12.44
JW-63	Loch Ewe 30.12.44	35			35		4 sous-marins	Mourmansk 8.1.45
JW-64	Clyde 3.2.45	26			26	*Denbich Castle*	4 sous-marins	Mourmansk 13.2.45
JW-65	Clyde 11.3.45	24		2	22	ravit. *Lapwing*		Mourmansk 21.3.45
JW-66	Clyde 16.4.45	22			22			Mourmansk 25.4.45
JW-67	Clyde 12.5.45	23			23			Mourmansk 20.5.45
42 convois plus isolés	Total	828	34	65	729			

BILAN DES CONVOIS (RETOUR)

CONVOIS	DÉPART	CARGOS	FONT DEMI-TOUR	COULÉS	CARGOS ARRIVÉS	ESCORTE (COULÉS)	NAVIRES DE GUERRE ALLEMANDS COULÉS	ARRIVÉES
QP-1	Arkhangelsk 28.9.41	14			14			Scapa 9.10.41
QP-2	Arkhangelsk 2.11.41	12			12			Kirkwall 17.11.41
QP-3	Arkhangelsk 27.11.41	10	2		8			Islande 7.12.41
QP-4	Arkhangelsk 20.12.41	13	2		11			Islande 16.1.42
QP-5	Mourmansk 13.1.42	4			4			Islande 26.1.42
QP-6	Mourmansk 24.1.42	6			6			Islande 2.2.42
QP-7	Mourmansk 12.2.42	8			8			Islande 22.2.42
QP-8	Mourmansk 1.3.42	15		1	14			Islande 11.3.42
QP-9	Mourmansk 21.3.42	19			19			Islande 3.4.42
QP-10	Mourmansk 14.4.42	16	1	4	11			Islande 21.4.42
QP-11	Mourmansk 28.4.42	13		1	12	cr. *Edinburgh*	torp. *Schoemann*	Islande 7.5.42
QP-12	Mourmansk 21.5.42	15	1		14			Islande 29.5.42
QP-13	Mourmansk 27.6.42	35		5	30	des. *Niger*		Loch Ewe 7.7.42
QP-14	Arkhangelsk 13.9.42	15		3	12	des. *Somali* dragueur *Leda* pétr. *Grey-Ranger*	*U.253*	Loch Ewe 26.9.42
QP-15	Arkhangelsk 17.11.42	28		2	26			Loch Ewe 30.11.42
RA-51	Mourmansk 30.12.42	14			14			Loch Ewe 11.1.43
RA-52	Mourmansk 29.1.43	11		1	10			Loch Ewe 8.2.43
RA-53	Mourmansk 1.3.43	30		4	26			Loch Ewe 14.3.43

CONVOIS	DÉPART	CARGOS	FONT DEMI-TOUR	COULÉS	CARGOS ARRIVÉS	ESCORTE (COULÉS)	NAVIRES DE GUERRE ALLEMANDS COULÉS	ARRIVÉES
RA-54 A	Arkhangelsk 1.11.43	13			13			Loch Ewe 14.11.43
RA-54 B	Arkhangelsk 26.11.43	9			9			Loch Ewe 9.12.43
RA-55 A	Mourmansk 23.12.43	22	1		21			Loch Ewe 1.1.44
RA-55 B	Mourmansk 31.12.43	8			8			Loch Ewe 8.1.44
RA-56	Mourmansk 3.2.44	37			37		3 sous-marins	Loch Ewe 11.2.44
RA-57	Mourmansk 2.3.44	31		1	30			Loch Ewe 10.3.44
RA-58	Mourmansk 7.4.44	36			36			Loch Ewe 14.4.44
RA-59	Mourmansk 28.4.44	45		1	44			Loch Ewe 6.5.44
RA-59	Mourmansk 28.8.44	9			9			Loch Ewe 6.9.44
RA-60	Mourmansk 28.9.44	30		2	28			Loch Ewe 5.10.44
RA-61	Mourmansk 2.11.44	33			33			Loch Ewe 9.11.44
RA-61	Mourmansk 10.11.44	2			2		*U.771*	Clyde 16.11.44
RA-62	Mourmansk 10.12.44	28			28			Loch Ewe 19.12.44
RA-63	Mourmansk 11.1.45	30			30			Loch Ewe 21.1.45
RA-64	Mourmansk 17.2.45	34	1	2	31	corv. *Bluebell*		Loch Ewe 28.2.45
RA-65	Mourmansk 23.3.45	25			25			Kirkwall 31.3.45
RA-66	Mourmansk 29.4.45	24			24	des. *Goodall*	*U.320*	Clyde 8.5.45
RA-67	Mourmansk 23.5.45	23			23			Clyde 31.5.45
	Total	717	8	27	682			

Annexe 2

BÂTIMENTS DE GUERRE ALLEMANDS

cuirassé « Tirpitz »

Constructeur	:	Chantiers de Wilhelmshaven.
Mise en service	:	Septembre 1941.

Caractéristiques :

Longueur	:	241,50 m.
Largeur	:	36 m.
Tirant d'eau	:	8 m.
Déplacement	:	42 900 t.
Déplacement à pleine charge	:	56 000 t.
Moteurs	:	Turbines à engrenages. Chaudières à haute pression.
Armement	:	8 × 380 (4 tourelles jumelées). 12 × 150 (6 tourelles jumelées). 16 × 105 AA, 16 × 37 AA, 48 × 20 AA. 4 hydravions (2 catapultes).
Effectif	:	2 400 hommes.
Protection	:	Jusqu'à 38 cm de blindage en ceinture.

Performances :

Vitesse aux essais	:	32 nœuds.
Vitesse de service	:	30 à 31 nœuds.
Rayon d'action	:	9 000 milles.

Observations :

Jusqu'en 1943, le plus puissant cuirassé d'Occident. Bien que n'ayant jamais livré une véritable bataille navale, il a fait longtemps peser une menace mortelle sur l'Atlantique et l'Arctique et mobilisé par sa seule présence des forces considérables. Mis hors de combat le 23 septembre 1943 dans le fjord d'Alta par des sous-marins de poche britanniques, remis en service, puis détruit par la RAF à Tromsoë le 12 novembre 1944 (mille morts).

Constructeur	:	Chantiers de Wilhelmshaven.
Mise en service	:	Janvier 1939.

Caractéristiques :

Longueur	:	226 m.
Largeur	:	30 m.
Tirant d'eau	:	7,50 m.
Déplacement	:	26 000 t.
A pleine charge	:	35 000 t.
Moteurs	:	2 groupes de turbines à engrenages (chaudières à haute pression), combinés avec un groupe diesel. 160 000 CV, 3 hélices.
Armement	:	9 × 280 en trois tourelles. 12 × 150 (dont 4 tourelles jumelées). 14 × 105 AA (en tourelles jumelées). 16 × 37 AA (en tourelles jumelées). 6 tubes lance-torpilles. 4 hydravions (2 catapultes).
Effectif	:	1460 (paix) à 1968 hommes (guerre).
Protection	:	Ceinture de 75 à 305 mm. Pont : 60 à 110 mm. Blockhaus et tourelles 280 : 350 mm.

Performances :

Vitesse aux essais	:	32 nœuds.
Vitesse de service	:	29 à 30 nœuds.
Rayon d'action	:	7 000 milles. Plus du double aux diesels avec 6 000 t de mazout.

Observations :

Destiné à opérer en « corsaire raider » sur de très grandes distances. Utilise alors à allure réduite le seul groupe diesel actionnant l'hélice axiale. Coulé le 26 décembre 1943 au large du cap Nord par la Home Fleet.

Mise en service	:	*Lützow* à Kiel en avril 1933. *Scheer* à Wilhelmshaven en novembre 1934.

Caractéristiques :

Longueur	:	182 m.
Largeur	:	21,70 m.
Tirant d'eau	:	5 m.
Déplacement	:	10 000 t.
A pleine charge	:	13 000 t.
Moteurs	:	8 moteurs diesel de 6 750 CV chacun et turbines à engrenages. 154 000 CV.
Armement	:	6 × 280 et 8 de 150. 6 × 105 AA et 8 × 37 AA. 8 tubes lance-torpilles. 2 hydravions (1 catapulte).
Effectif	:	965 hommes.
Protection	:	127 mm maximum.

Performances :

Vitesse aux essais	:	30 nœuds.
Vitesse de service	:	28 nœuds.
Rayon d'action	:	18 000 milles à 13 nœuds.

Observations :

Malgré le faible tonnage, habile compromis pour tourner les limitations du traité de Washington. Bâtiments destinés à la guerre de course.

CONTRE-TORPILLEUR TYPE Z
(Trente-neuf construits. Unités plus puissantes à partir de *Z-17*)

Mise en service	:	1939 à 1944.

Caractéristiques :

Longueur	:	121 à 127 m.
Largeur	:	11,30 à 11,70 m.
Tirant d'eau	:	2,90 à 3 m.
Déplacement	:	2 200 à 2 640 t.
A pleine charge	:	2 300 à 2 700 t.
Moteurs	:	10 chaudières Schulz alimentant deux groupes de turbines à engrenages. Deux hélices. 70 000 CV.
Armement	:	4 × 127 (150 pour les derniers). 4 à 14 × 37 AA et 10 à 16 × 20 AA. 8 tubes lance-torpilles de 533 mm. 2 à 4 mortiers ASM. 40 à 60 mines.
Effectif	:	259 à 283 hommes.

Performances :

Vitesse maximum	:	32 à 34 nœuds.
Rayon d'action	:	4 400 à 5 900 milles à 19 nœuds.

Observations :

Z-23 à *Z-30* composaient la flottille de Kirkenes. Pertes de guerre dans l'Arctique : *Z-7 Schoemann, Z-16 Eckholdt,* et *Z-26.*

Après la guerre, la France se fit attribuer les *Z-5, 6, 25* et *31,* qui prirent les noms de *Desaix, Kléber, Hoche* et *Marceau.*

U-Boote type VII
(types A, B et C)

Constructeur	: Krupp à Kiel et autres.

Caractéristiques :

Longueur	: 63 à 66,50 m.
Largeur	: 5,80 à 6,20 m.
Déplacement	: 500 à 517 tonnes. 769 t avec combustible (type C). 871 t en plongée (type C).
Moteurs surface	: 2 diesels MAN 6 cyl. 1 400 CV chacun.
Moteurs plongée	: 2 moteurs électriques de 375 CV chacun (2 hélices).
Armement	: 1 × 88 ou 102. 1 à 4 canons de 20 AA. 5 tubes lance-torpilles de 533 mm (12 à 14 torpilles, ou 14 mines).
Effectif	: 35 à 40 hommes.
Protection	: Coque épaisse de 22 mm.
Détection	: Hydrophones, radiogoniomètre, et en juin 1942 un détecteur de radar Metox, et un asdic rudimentaire (S. Gerät) utilisé habituellement par les dragueurs pour détecter les mines.

Performances :

Vitesse en surface	: 17 à 18 nœuds.
Vitesse en plongée	: 8 nœuds.
Rayon d'action en surface	: 6 600 à 9 000 milles à 10 nœuds.
Rayon d'action en plongée	: 72 à 80 milles à 4 nœuds.
Profondeur autorisée	: 120 mètres (type C).
Profondeur limite	: 180 à 200 mètres (type C).

Observations :

Sur 1 162 sous-marins mis en service pendant la guerre, 659 sont du type VII. L'Allemagne construisit aussi des sous-marins de grande croisière de 1 200 tonnes, des ravitailleurs (vaches à lait) de 1 600 tonnes, et de petits mouilleurs de mines.

Annexe 3

AVIATION ALLEMANDE

Focke Wulf 200 « Kurier »

Rôle : Avion de grande patrouille maritime, observation, bombardement.

Caractéristiques :

Envergure	:	33 m.
Longueur	:	23,85 m.
Poids à vide	:	9 800 kg.
Poids en charge	:	15 500 kg.
Moteurs	:	4 BMW 132 dc de 880 CV chacun.
Armement	:	Bombes et mitrailleuses.
Equipage	:	6 hommes.

Performances :

Vitesse maximum	:	430 km/h.
Rayon d'action	:	2 300 km.
Plafond	:	8 500 m.

Observation :

Dérivé du quadrimoteur commercial *Kondor,* le *Kurier* est très utilisé comme patrouilleur maritime (« épervier ») à partir de Bordeaux-Mérignac pour l'Atlantique, et des aérodromes de Norvège pour l'Arctique. Utilisé aussi comme bombardier. Malgré l'opposition de Goering, le commandant Pettersen créa en février 1941 une escadre aérienne spéciale maritime (KG 40) pour suppléer à l'absence d'aviation navale. Elle comprenait : 1er groupe de FW-Kurier (Trondheim), 2e groupe de Heinkel 111 (Stavanger), 3e et 4e groupes de FW-Kurier (Cognac et Bordeaux), 5e groupe de Ju-88 (Vannes). Par la suite, le FW-200 servira surtout d'avion de renseignement, avec quelques Blohm & Voss 138 « Pingouins » lancés par catapulte. Les aérodromes de Norvège étaient à Tromsoë, Stavanger, Trondheim, Sörreisa, Kirkenès, Billefjord, et, près du cap Nord, Banak, Petsamo et Bardufoss.

Heinkel 111

Rôle : Bombardier torpilleur ou bombardier en altitude. Mouilleur de mines.

Caractéristiques :

Envergure	:	22,60 m.
Longueur	:	16,60 m.
Poids à vide	:	5 850 à 6 500 kg.
Poids en charge	:	11 300 à 13 200 kg.
Moteurs	:	2 Daimler-Benz 601 A de 1 150 CV chacun, ou 2 Jumo de 1 200 CV.
Armement	:	4 à 6 mitrailleuses, éventuellement un canon de 20. 2 tonnes de bombes ou deux torpilles marines, ou mines.
Equipage	:	4 à 6 hommes.

Performances :

Vitesse de croisière	:	370 km/h.
Vitesse maximum	:	440 km/h à 4 000 m.
Rayon d'action	:	2 300 à 4 250 km.
Plafond	:	7 350 à 9 140 m.

Observations :

Utilisé massivement pour torpiller les convois et escadres, en Méditerranée et dans l'Arctique. Très vulnérable aux chasseurs britanniques.

HEINKEL 115
(hydravion)

Rôle : Torpilleur et mouilleur de mines.

Caractéristiques :

Envergure	:	22,15 m.
Longueur	:	17 m.
Poids à vide	:	5 305 kg.
Poids en charge	:	9 100 kg.
Moteurs	:	2 BMW 132 N de 865 CV chacun.
Armement	:	2 mitrailleuses. 1 torpille ou 800 kg de bombes ou mines.
Equipage	:	4 hommes.

Performances :

Vitesse maximum niveau mer	:	300 km/h.
Vitesse maximum à 3 500 m	:	365 km/h.
Rayon d'action en charge	:	1 800 km (6 h à 300 km/h).
Rayon d'action sans charge	:	3 000 km.
Plafond	:	6 100 m.

Observations :

Huit records du monde. Hydravion très vulnérable aux attaques de chasseurs, mais utilisé massivement pour torpiller les convois de Mourmansk et mouiller des mines dans les rades et estuaires russes. Se pose partout dans les fjords et lacs qui abondent en Norvège.

JUNKERS 88

Rôle : Bombardement en piqué et en vol horizontal.

Caractéristiques :

Envergure	:	18,25 m.
Longueur	:	14,35 m.
Poids à vide	:	7 900 kg.
Poids en charge	:	11 000 à 12 500 kg.
Moteurs	:	2 Jumo 211 de 1 200 CV chacun.
Armement	:	4 à 5 mitrailleuses ou canons de 20. 4 bombes de 250 kg pour le piqué et 16 de 50 kg.
Equipage	:	4 hommes.

Performances :

Vitesse de croisière	:	420 km/h.
Vitesse maximum	:	517 km/h à 4 000 m.
Rayon d'action	:	1 500 à 4 500 km suivant la charge.
Plafond	:	9 000 m.

Observations :

Record du monde sur 2 000 km avec 2 tonnes de charge à 501 km/h. Utilisé massivement entre 1940 et 1945 sur les aérodromes de Norvège pour le bombardement en piqué des convois. Un viseur gyroscopique BZA couplé à un mini-ordinateur rend presque automatique le calcul du piqué, le lancement et la ressource.

ANNEXE 4

BÂTIMENTS DE GUERRE ALLIÉS

CUIRASSÉ « DUKE OF YORK » (Angleterre)

Constructeur	:	J. Brown à Clydebank.
Mise en service	:	Février 1942.

Caractéristiques :

Longueur	:	225,50 m.
Largeur	:	31,40 m.
Tirant d'eau	:	8,50 m.
Déplacement	:	35 000 t.
A pleine charge	:	41 000 t.
Moteurs	:	Turbines à engrenages Parsons, 6 chaudières à haute pression, 4 hélices : 152 000 CV.
Armement	:	10 × 356 (2 tourelles quadruples et 1 jumelée). 16 × 132 AA (8 tourelles jumelées). 32 × 40 AA (8 tourelles quadruples). Et mitrailleuses. 4 hydravions (1 catapulte).
Effectif	:	1 500 hommes.
Protection	:	Environ 30 centimètres sur la ceinture. Cloisons internes pare-torpilles.

Performances :

Vitesse aux essais	:	31 nœuds.
Vitesse de service	:	28 nœuds.

Observations :

Cuirassé battant pavillon du chef de la Home Fleet (amiraux Tovey, puis Fraser), a coulé le cuirassé *Scharnhorst* au nord du cap Nord le 26 décembre 1943.

CORVETTES TYPE « FLEUR »

Constructeur d'origine :	Hall à Aberdeen (Ecosse).
Mise en service (Angleterre et Canada) :	1939 à 1944.

Caractéristiques :

Longueur	: 62,50 m.
Largeur	: 10,10 m.
Tirant d'eau	: 5 m.
Déplacement	: 925 à 1 170 t.
A pleine charge	: 1 200 à 1 380 t.
Moteurs	: Machine à vapeur alternative 4 cylindres, 2 chaudières, 2 750 CV.
Armement	: 1 × 102. 1 × 40 AA quadruple, 2 × 20 AA et 2 mitrailleuses. 2 grenadeurs (60 grenades). 4 mortiers, 1 « hérisson » (en 1942).
Effectif	: 70 à 72 hommes.
Détection	: Asdic et radar.

Performances :

Vitesse	: 15 à 16 nœuds.
Rayon d'action	: 3 000 milles à 15 nœuds, 5 500 milles à 9 nœuds.

Observations :

Plus de trois cents corvettes furent construites pendant la guerre sur le modèle des coques de baleiniers d'Aberdeen. Ce fut le bâtiment ASM escorteur par excellence. Les FNFL en reçurent neuf : *Mimosa* (coulée en 1942), *Renoncule, Lobélia, Alysse* (coulée en 1943), *Aconit, Roselys* (cette dernière ayant fait les convois de Mourmansk), *Commandant Détroyat, Commandant Drogou, Commandant d'Etienne d'Orves.* Elles coulèrent plusieurs sous-marins.

Annexe 5

AVIATION BRITANNIQUE

Fairey « Swordfish »

Rôle : Bombardier embarqué, torpilleur et patrouilleur ASM

Caractéristiques :

Envergure	:	13,87 m.
Poids à vide	:	2 500 kg.
Poids en charge	:	3 500 kg.
Moteur	:	1 Bristol Pegasus 775 CV à 900 CV.
Armement	:	1 mitrailleuse et 860 kg de bombes ou grenades.
Equipage	:	2 hommes.
Détection	:	1 radar ASM.

Performances :

Vitesse maximum	:	285 km/h.
Rayon d'action	:	5 heures à 210 km/h.

Observations :

Avion de combat démodé en 1941 (le dernier biplace avec train fixe et cockpit ouvert), surnommé « Stringbag » (sac en ficelle). Mais très efficace dans la lutte ASM.

HAWKER « HURRICANE »
(version marine pour porte-avions et catapulte)

Rôle : Chasseur embarqué.

Caractéristiques :

Envergure	:	12,20 m.
Longueur	:	9,60 m.
Poids à vide	:	2 118 kg.
Poids en charge	:	2 994 kg.
Moteur	:	1 Rolls Royce de 1 050 CV.
Armement	:	8 mitrailleuses en 2 groupes quadruples dans les ailes, ou 4 canons de 20.
Equipage	:	1 homme.

Performances :

Vitesse de croisière	:	370 km/h.
Vitesse maximum	:	570 km/h.
Vitesse d'appontage	:	80 km/h.
Montée à 4 500 m	:	6 secondes.
Rayon d'action	:	965 km.
Plafond	:	11 900 m.

Observations :

Cet avion de combat de la marine est tiré du célèbre chasseur monoplace de la bataille d'Angleterre en 1940.

BIBLIOGRAPHIE

ANTIER (J.-J.), *Les Porte-avions et la maîtrise des mers* (R. Laffont, 1967).
Histoire mondiale du sous-marin (R. Laffont, 1968).
ARMSTRONG (T.), *The Northern sea route* (Cambridge, 1952).
BEKKERS (C.), *Mer maudite* (France-Empire, 1975).
BERTRAND Michel, *Les Escorteurs de la France Libre* (Presses de la Cité, 1984).
BLOND (G.), *Convois vers l'URSS* (Fayard, 1950).
BROOME (J.), *Convoy is to scatter* (Kimber, London, 1972).
BUSCH (F.O.), *Le Drame du* Scharnhorst (Julliard, 1953).
CARSE (R.), *The Ships and men of our merchant navy at war* (Morrow, New York).
There go the ships (id.)
DÖNITZ (amiral), *Dix ans et vingt jours* (Plon, 1959).
La Guerre en quarante questions (Table Ronde, 1969).
FRANK (W.), *U-Boote contre les marines alliées* (Arthaud, 1956).
GUIERRE (M.), *La Victoire des convois* (Amiot-Dumont, 1954).
HERMAN (F.), *Convois vers la Russie* (Corrêa, 1947).
HODSON (J.-L.), *British merchantmen at war* (London, 1944).
HUAN (C.), *L'Enigme des sous-marins soviétiques* (France-Empire, 1960).
IRVIN (D.), *The Destruction of convoy PQ-17* (Cassel, London, 1968).
ISAKOV (amiral), *The Red fleet in the Second world war* (Hutchinson, 1945).
KARWEINA (G.), *La Tragédie du PQ-17* (Mosaik Verlag, Hamburg, et France-Empire, 1965).
KOUZNETSOV (amiral), *Alerte aux flottes* (Moscou, 1974).
LEVASSEUR et RAYNAUD (J.), *Combats sur mer* (France-Empire, 1945).

MACINTYRE (D.), *Hallali dans l'Atlantique* (Presses de la Cité, 1957).
MITCHELL (M.), *Histoire maritime de la Russie* (Deux Rives, 1952).
MONSARRAT (N.), *Three corvettes* (1954).
MONTUSSÉ (J. DE), *Journal de bord d'un officier de la Roselys* (Revue Maritime, 1946).
MOORE (D), *Le Convoi de la mauvaise chance* (France-Empire, 1959).
MORISON (S.E.), *History of the naval operations in world war.*
MORSIER (P. DE), *Les Corvettes de la France Libre* (France-Empire, 1973).
MOUTON (P.), *L'Or de Staline* (Pen Duick, 1984).
OGDEN (M.), *La Bataille du cap Nord* (Presses de la Cité, 1964).
PATTISON (J.), *En convoi vers Mourmansk* (Plon, 1955).
PAWLOWICZ (B.), Garland *in convoy to Russia* (1943).
PEILLARD (L.), *Histoire générale de la guerre sous-marine* (R. Laffont, 1970).
Coulez le Tirpitz (R. Laffont, 1965).
POPE (D.), *72° north, the defeat of Hitler's navy* (New York, 1958), traduit chez France-Empire (1960) : *La Bataille de la mer de Barentz.*
RAEDER (amiral), *Ma vie* (France-Empire, 1958).
ROMAT (E.), *Combats en mer* (Hachette, 1962).
ROSKILL (S.W.), *La Flotte britannique en guerre* (Presses de la Cité, 1961).
SCHOFIELD (amiral), *Les Convois de Russie* (Presses de la Cité, 1965).
SOBOLEV (L.), *Marine rouge* (1947).
VIAN (amiral), *Exécution immédiate* (Presses de la Cité, 1960).
VULLIEZ (A.), *Victoria cross* (Bonne, 1949).
WIN (G.), *PQ-17* (Hutchinson, Londres, 1948).

Collectifs et périodiques

En français : Annuaire des *Flottes de combat.*
Revues : *Cols Bleus,* Bulletin des FNFL, *Revue Maritime, Marine.*
En allemand : *Der Krieg zur See. Zeitschrift für Seewesen.* Revues *Signal; Luftflotte Nord.*

En anglais : Annuaire *Jane's Fighting ships. The Mariners mirror.*
En américain : *US Naval Institute proceedings.*

Sources des archives consultées

Françaises : Archives et bibliothèque du service historique de la Marine à Vincennes. Musée de la Marine, Paris.
Allemandes : Archives de la *Bundesrepublik* et Institut historique. Bibliothèque de documentation contemporaine de Stuttgart. Conférences navales du Führer (traduites par R. Jouan).
Britanniques : Archives de l'Amirauté, *Ministry of Defense (Royal Navy).* Service historique de l'Air. *Imperial War Museum. Royal United service Institute.*
Américaines : Archives opérationnelles de l'*US Navy.* Office d'information de guerre des USA. *US National archives.*

REMERCIEMENTS

L'auteur remercie vivement les anciens des FNFL et de la Royal Navy qui ont bien voulu lui apporter leurs témoignages, la *Revue Maritime* et *Cols Bleus* pour la recherche des témoins et la documentation, Marc Lefèvre pour l'iconographie, et plus spécialement encore pour leur aide permanente, Yvette Antier et Jeannine Balland.

Cartographie : ASDEC.

IMPRIMÉ EN FRANCE PAR BRODARD ET TAUPIN
58, rue Jean Bleuzen - Vanves.
Usine de La Flèche, le 5 novembre 1986.
6840-5 - Nº d'Éditeur 2316, novembre 1986.

PRESSES POCKET - 8, rue Garancière - 75006 Paris
Tél. 46.34.12.80